FIND YOUR IMAGE

이미지메이킹

오선숙, 홍성순, 김지양, 김순하, 이지현, 강정민

IMAGE

MAKING

CONTENTS

CHAPTER 04

자세이미지

CHAPTER 05

커뮤니케이션 이미지

C O N T E N T S

PREFACE

호감이미지는 개인의 삶에 큰 힘이 된다

'좋은 인상'을 갖는 것은 많은 사람과의 원활한 소통이 요구되는 상황에서 대인관계뿐만 아니라 업무를 진행하는데 있어서 긍정적인 결과를 가져다준다. 이러한 이유로 이미지메이킹은 개인의 매력적인 이미지를 향상시켜서 자신의 존재에 대한 의미를 부여하고 개인의 브랜드 가치를 높여서 성공적인 삶에 도움을 주기도 한다.

우리가 사회생활을 하면서 타인에게 자신감과 능력을 보여주는 것은 퍼스널이미지의 역할과 중요성을 인지하기 때문이다. 이미지는 보여지는 시각적 이미지로 사회관계에서도 그 사람을 판단하는 사고의 기준이라고 본다. 따라서 이미지메이킹은 시대의 요구에 따라 퍼스널이미지가 지니고 있는 기준 외에 자신의 미의식과 가치관을 고려하여 내적, 외적인 모습에 반영될 때 가능하다고 할 수 있다.

이미지는 심리적, 정신적 특성으로 사람의 내면에 있는 생각, 습관, 감정, 욕구, 심성 및 태도 등의 내적 이미지와 표정, 자세, 헤어스타일, 패션, 메이크업, 매너, 화술 및 언어적 커뮤니케이션 등의 외적 이미지로 나누어진다. 또한 이미지는 어떤 사람을 생각할 때 떠오르는 형체를 만들고 그것을 이미지화시켜 편집하여 재구성을 하게 되어 개인이 생각과 감정들이 겉으로 자연스럽게 표현되어지는 것을 말한다.

이미지메이킹은 자신의 내적·외적 이미지를 파악해서 개성있는 스타일과 직업에 가장 적합하게 어울리는 이미지를 효과적으로 연출함으로써 대인관계를 증진시켜준다. 퍼스널이미지는 성공적인 자기실현과 삶의 질을 높이기 위한 자기변화에 의해서 통합적 자기계발 및 자기관리가 실현되려면 개인의 노력이 따른다. 즉, 자신이 추구하고자 하는 이미지를 찾아서 내가 가진 '고품격의 가치'를 극대화시키고, 자신을 표현할 수 있는 특징을 살리면서 상대방에게 호감가는 이미지 및 나만의 창의적인 인상을 만드는 것이다.

이미지메이킹 FIND YOUR IMAGE는?

본 교재는 퍼스널이미지를 형성하는 요소 및 이미지메이킹의 관리에 적합한 내적·외적·관계적 이미지를 통한 학습기반으로 구성되었다. 퍼스널이미지의 셀프매니지먼트는 자아이미지, 얼굴이미지, 자세이미지, 커뮤니케이션이미지, 매너이미지, 컬러이미지, 뷰티이미지, 패션이미지, 면접이미지를 각 장으로 구분해서 이미지에 대한 개요와 함께 긍정적이고 활력있는 퍼스널브랜딩 이미지를 관리하는 방법을 단계별로 제안하였다.

교재의 핵심은 각 챕터의 콘텐츠별 퍼스널이미지의 학습내용을 이해하고, 이미지메이킹의 경영 및 관리법에 의한 워크시트(Worksheet)에서는 자신의 특징을 진단하여 FIND YOUR IMAGE 한 후, 진단결과에 따라 추구하는 이미지를 어떻게 적용하여 활용할 것인지를 수행한다. 이미지메이킹의 학습활동을 포함하여 교육과 학습의 소통과 함께 학습자가 자기주도학습을 실천해 볼 수 있도록 하였다.

이미지메이킹은 사회생활에서의 나에 대한 자신감과 퍼스널이미지를 테크함으로서 자신의 부가가치를 상승시켜 타인에게 호감을 줄 수 있고 원만한 인간관계를 구축하여 삶의 질을 높일 수 있다. 또한 사회구성원으로서 개인의 자기실현과 이미지메이킹에 관심을 갖고 있는 분들에게 내적·외적·관계적 이미지에 영향을 줄 수 있는 지침서이며, 사회진출을 준비하는 사회초년생들에게 건전한 사고를 표현하여 내외적인 이미지로 만족스러운 이미지메이킹을 실천하는 가이드가 될 것으로 기대한다.

본 교재를 집필과 완성을 위해 다양한 방면에서 자료를 제공해 주신 분들과 출판에 노고를 아끼지 않으시고 많은 도움을 주신 도서출판 경춘사 임직원들에게 무한한 감사를 드립니다.

2022년 12월 저자일동

Chapter 01

이미지메이킹의 이해

학 습 목 표

사회생활에서 필요한 이미지의 특성을 이해하고, 퍼스널이미지의 형성 및 관리요소가 무엇인지를 파악한 후, 자신의 이미지를 분석하여 자신감있는 이미지메이킹의 전략을 세울 수 있다.

1. 퍼스널이미지의 개요

오늘날 글로벌시대로 변모되어 시대적인 환경이 급변하면서 인간은 사회적 존재로서 집단이나 조직과의 활동범위를 넓혀가며, 생활방식의 변화로 인하여 다양한 문화와 함께 인간관계를 형성하고 있다. 사회가 우리에게 요구하는 것이 많아지고, 개인의 성향과 각자의 스타일에 맞추어 다채로운 패러다임 속에서 새로운 양상을 보이고 있다. 또한 사회생활에서 끊임없이 누군가와 경쟁하는 시대에 살아가고 있으며, 자신의 인생목표를 향하여 비전과 성공에 도전하는 노력을 해왔다.

바쁜 현대인에게 삶에 있어서 때로는 무관심 속에서 퍼스널이미지를 놓쳐버리는 경우가 발생하기도 한다. 이러한 관점에서 이미지메이킹은 대인관계를 할 때에 호감의 법칙과 연결되므로 부정적인 자신의 이미지를 긍정적으로 변화시켜준다.

1) 퍼스널이미지의 특성

퍼스널이미지(Personal Image)는 사회를 살아가는 사회구성원으로서 각자가 추구하는 욕구는 개인차가 있으나 타인과의 소통을 위해서 남을 배려하는 매너를 지키고, 존중하려는 자신의 노력과 상대방에게 호감가는 인상을 만드는 것이 중요하다. 이는 상호 간의 협력관계를 촉진하는데 자신감 부여 및 진정한 자아형성으로 바람직한 인간관계가 성립될 수 있으며, 성취감에 의한 이미지경영을 성장시킬 수 있다.

이미지는 주위의 사람과 사물의 형태, 크기, 색상 등을 보면서 대상 및 대상물에 대해 정서를 느끼게 된다. 대인관계에 있어서 상대방의 외모와 행동으로 이미지를 인식하고 판단하여 자신의 감정을 겉으로 표현하기도 한다. 사물을 보고 느끼는 정도는 개인의 감정에 차이가 있으며, 상대방의 신체나 얼굴표정, 태도 등에 관한 전체적인 스타일이 확인되면 그에 따른 반응과 행동도 다르게 나타난다.

우리는 일상에서 사물과 접하면서 시각적으로 느껴지는 개인의 이미지에 대한 특성을 이해하고, 사회에 쉽게 적응할 수 있도록 자신의 이미지에 적합한 퍼스널이미지를 찾아서 분석하여 경영전략을 세울 수 있다. 그에 따른 이미지의 중요성을 인지함으로써 자신의 이미지를 형성하는데 이미지의 개념이 무엇인지를 살펴보도록 한다.

(1) 이미지의 개념

이미지(Image)는 어떤 사물에 대하여 마음에 떠오르는 직관적 인상을 의미하고, 사람이나 사물 등을 생각하면 어떤 대상으로부터 나타나는 현상이다. 즉, 인간의 마음속에 그려지는 사물의 감각적 영상을 가리키며, 주로 시각적인 것을 의미하지만 인간의 내면의 이미지에 따른 감각적인 심상(心象)도 이미지라고 한다.

이미지의 어원은 라틴어의 이마고(Imago)로서 동사형인 이미타리(Imitari)에서 유래되어 '모방하다(Imitate)'라는 뜻을 가진다. 이미지는 "어느 대상, 특히 사람의 외적 형태의 인조적 모방 또는 재현"이라 정의할 수 있다. 따라서 어떤 대상물에 대해 연상되는 느낌이나 마음속에 그려지는 형체를 말한다. 이미지의 대상은 심상(心象), 표상(表象), 영상(映像), 인상(印象) 등에 대조되어 인간사회에서 커뮤니티를 형성한다.

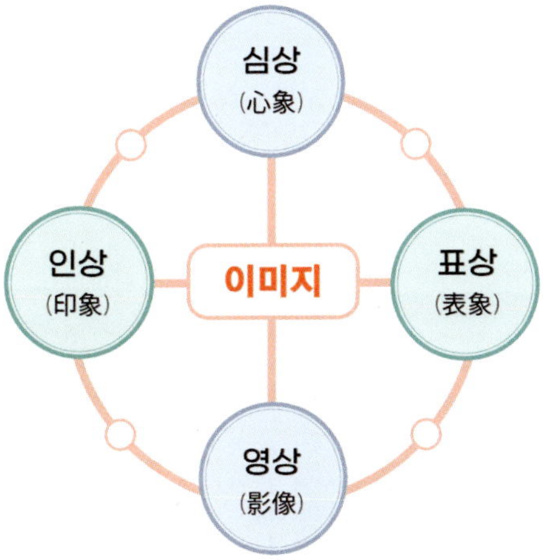

〈 그림 1-1 〉 커뮤니티의 이미지대상

이미지는 외부로부터 무엇인가를 인지하고, 태도와 행동으로 반응을 보이는 현상이며, 사물을 볼 때 그 형체는 어떤 관점에서 보느냐에 준하여 다양한 감정들이 표현된다. 이미지의 역할은 상대방의 얼굴 및 전체적으로 표현되는 외적인 모습에서 시각적인 이미지와 청각적인 이미지에 많은 영향을 주고 있다.

퍼스널이미지는 사회적인 개인의 상황과 역할에 맞게 추구하는 목표달성을 위해 이미지를 통합적으로 관리하는 행위이며, 주관적인 이미지로 향상시키는 일이다. 겉으로 표현되는 자신의 행동은 타인에게 무의식적으로 작용하기 때문에 상대방이 느끼는 인상, 분위기, 감각 등의 총체적인 뜻을 갖는다.

이미지는 상대방에 관한 전체적인 외모 및 체형, 얼굴의 생김새와 표정, 상호 소통을 위한 목소리, 옷차림, 자세 및 태도, 제스처, 매너 등 외적으로 나타나는 특성에 의해 어떠한 형체를 인식한다. 그리고 개인의 사고나 취향, 특유한 감정, 고유의 느낌이나 모습에서 자신의 이미지가 표출되는 것이다.

사람의 형태는 경험과 지각으로 인하여 이미지가 나타나기 때문에 개인차에 의해서 존재한다. 이것은 자신에게 어울리는 표현방식의 변화를 주어 적극적인 마음가짐과 일에 대한 열정적인 행동이 자신의 모습으로 발현된다. 인간의 스타일은 기호와 행동이 결합하여 개인의 특성으로 이루어진 하나의 양식이다. 또한 이미지는 가치관과 행동 및 특성이 조합되고, 타인에게 심상의 이미지로 각인된 후 개인이 소속된 사회적 규범에 따라 평가되는 상징적 형상체계를 생성하여 수용하게 한다.

예를 들어 우리 시각에 보이는 이미지는 특정한 사물의 크기, 방향, 각도, 길이 등이 실제와는 달리 보인다. 이미지에 대한 인식의 차이를 2가지로 나누어 보면 첫째, 이미지를 느끼는 대상에 대한 기억차이가 다르며, 둘째, 상황에 따른 인지차이로 나타나는 외적 현상에 따라 모든 사람에게 다르게 느껴질 수 있다.

〈 그림 1-2 〉 착시효과에 따른 이미지의 인지차이

〈 그림 1-2 〉는 게슈탈트 심리학에 언급된 루빈의 잔(Rubin's Vase)에서 전경과 배경(Figure & Ground)으로 인한 착시효과의 그림이다. 위의 그림을 보면 두 사람이 마주 보고 있는 것처럼 보이거나 와인 잔으로 보이기도 한다. 이 그림은 전경과 배경의 영향과 지각자의 특성에 의해서 같은 자극이라도 서로 다른 면을 지각할 수 있다. 현재 보고 있는 이미지는 우리의 시야에 들어오는 많은 자극 중 일부의 자극만이 주의를 받게 되고 나머지 수많은 자극은 주의를 받지 못한다. 이때 주의를 받는 대상을 전경이라 하고, 주의를 받지 못하는 대상이 배경이다. 그림을 인지하는 차이는 개인이 의도하는 표현방식에 따라 좌우대칭이 되기도 하고, 때로는 착시에 의한 시각적인 차이로 이미지가 달라 보이기도 한다.

〈 그림 1-3 〉은 실제로 둥근 원형이 정지되어 멈춰있는 상태이지만 중앙의 점을 중심으로 빙글빙글 도는 것과 같이 착시로 나타난다. 착시현상은 실제와 다르게 시각적인 현상이 느껴지는 인지과정에서 일어나는 것으로서 이를 착각이라고 한다. 착시는 선의 형태가 달라 보이는 것처럼 느껴질 수 있어서 원근감이 생기거나 다른 선에 교차하여 굵기와 간격에 차이가 있어 보인다. 착시의 원인은 장시간 같은 그림을 바라봄으로써 눈으로 보게 되는 물체가 뇌에 남아서 다른 정보가 연속적으로 들어와서 착시로 인한 사물의 본질이 왜곡되어 일어난다.

〈 그림 1-3 〉 선이미지의 착시현상 표현

이미지는 자신에게 있는 모습 그대로를 보여주거나 자신과 유사한 인물에 대해 닮고 싶어한다. 또 개인마다 겉으로 보이는 대상물을 보고 느끼는 감각적 분위기와 머릿속에 기억되는 가시적인 형태에 관한 뇌의 지각활동을 말한다. 대부분 이미지의 형성은 자신의 경험과 긍정적인 효과를 표현하기 위해서 시각적으로 구체화시킨다.

일반적으로 이미지는 내적 이미지와 외적 이미지로 구분한다. 사회심리학적 측면에서 내적 이미지는 개인의 인지적 · 감정적 · 신체적 특질이 자아로 형성되어 내재적 가치관과 외재적 행동이나 태도 등으로 투영되는 현상으로 나타난다. 외적 이미지는 사람마다 미의식의 가치기준이 다르므로 내적인 요소들이 겉으로 표현될 때 작용되지만, 이미지가 외부로 표출되는 것은 타인에 의해서 판단되어 결정되기 때문이다.

외적으로 드러나는 이미지는 헤어, 메이크업, 의상 등의 외모(Appearance)를 표현하고, 자신이 선천적인 생김새나 이미지관리를 바탕으로 형상화된다. 퍼스널이미지를 갖추기 위한 이미지의 요소에는 내외적인 이미지에 포괄된 얼굴이미지에 따른 첫인상과 표정관리, 매너 및 태도이미지, 커뮤니케이션의 관리, 보디랭귀지의 표현이미지, 개인의 선호색상과 연출의 컬러이미지, 연출에 따른 뷰티 및 패션이미지 등이 있다.

〈 그림 1-4 〉 이미지테크의 체크포인트

(2) 이미지메이킹의 개념

사회생활을 하는데 있어서 이미지메이킹(Image Making)은 상대와의 소통채널로 어떤 목표나 상황을 이미지화해서 실현하게 하는 메커니즘이다. 누구나 가지고 있는 이미지는 자신의 모습을 상대에게 호감이 가는 인상으로 창출하여 상황에 맞게 이미지화시키고 자신의 능력을 돋보이게 만드는 것이다.

이러한 행위는 퍼스널이미지를 극대화하기 위하여 표현되는 요소의 특성을 파악하여 자신을 관리하고, 개성과 취향을 살려서 호감형의 인상을 만들어 자신의 목표를 성취할 수 있도록 돕는다. 따라서 이미지메이킹은 자신의 이미지를 어떻게 연출하고, 상대방에게 어떠한 모습으로 이미지를 전달할 것인가를 생각하여 표출해야 한다. 또한 개인의 능력이나 호감도를 높일 수 있도록 자신의 이미지를 상황에 맞추어 자신의 장점은 살리고 단점을 보완하여 '나' 다운 모습으로 표현하는 방법이다.

개인의 이미지는 생김새와 같은 선천적인 요인과 환경 및 교육과 같은 사회문화적 요인 등의 후천적 학습과 경험을 토대로 형성되므로 자신이 배우고 성장하면서 노력하여 원하는 이미지를 만들어 갈 수 있다. 이를 위해서는 누구든지 내적, 외적인 이미지로 호감을 주는 최상의 이미지를 창출하도록 한다.

이미지메이킹이란 자신의 이미지를 진단하고 분석하여 사회적 역할에 맞게 이미지의 호감도를 높이는 요인을 인지하고, 개인에 따라서 내면의 잠재능력을 표출하는 이미지연출로서 경쟁력을 향상시키는 것이다. 그러므로 내적·외적인 이미지를 변화하여 품격있는 이미지로 만드는 것은 자신을 상황에 맞추어서 대인관계 능력과 어울리는 자신의 표현방식이며, 성공적인 자아실현과 여유로운 삶을 유지하기 위한 시도라고 할 수 있다.

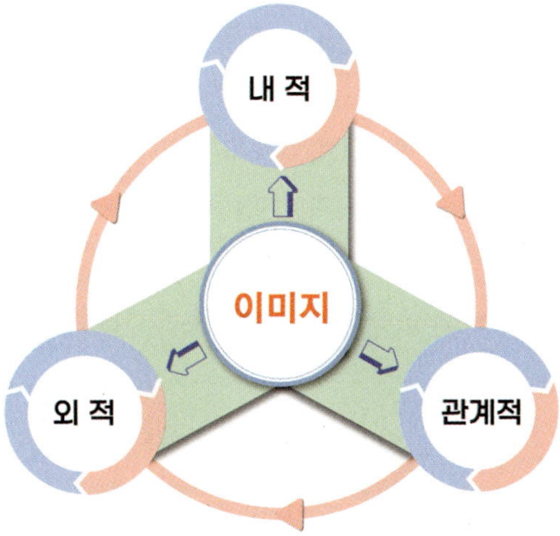

〈 그림 1-5 〉 퍼스널이미지의 분류

다시 말하면 이미지메이킹은 자아를 발견하는 기회이며 자신이 가지고 있는 독특한 이미지를 형성하는 과정이다. 이미지의 장점을 부각시키는 전환은 자아 존중감의 향상과 열등감을 극복하는 것 등의 긍정적인 인간관계의 형성을 돕는 원동력이 된다. 그래서 이미지를 생성할 때 자아를 올바르게 깨닫지 못하면 왜곡된 자아이미지를 만들기도 한다. 하지만 이미지메이킹에서 긍정적인 이미지는 개인에게 품격있는 가치를 지니게 하므로 기업이미지에 영향을 줄 뿐만 아니라 국가이미지에 중요한 역할을 한다. 비주얼 면에서는 추상적이고 관념적으로 보인다. 실제로는 행동을 좌우하는 이미지의 요인으로 개인의 특정한 이미지와 국가 및 기업의 이미지를 제공하기 위함이다.

2) 퍼스널이미지의 분류

이미지를 형성하는 것은 상대에게 보이는 감정에 의해 최상의 행복감과 성취감을 느끼게 되는 순간에 나타나는 인지적 현상이다. 이를 위한 자기실현은 인간의 본성에 관한 긍정의 가치를 인정하고, 내면의 힘으로 주어진 시간에 최선을 다하는 것을 요구하고 있다.

이미지는 개인의 능력을 갖추게 하는 현실적인 자아로 만들고 자신의 마음속에 또 다른 모습으로 나타날 수도 있다. 이는 자존감을 살리면서 이미지의 본질을 강화하기도 하며, 특정한 사회 속에서 대인 간에 상호교류가 형성된다. 자신이 속한 사회의 환경이나 문화에 반영하기 때문에 퍼스널이미지의 분류는 내적 이미지, 외적 이미지, 관계적 이미지로 나눠진다.

(1) 내적 이미지(Internal Image)

내적 이미지는 개인의 이미지를 결정하는데 인간의 내면에 특성을 나타내는 성격과 감정, 생각, 욕구, 습관, 감성 등과의 유기적인 결합체를 의미한다. 인간의 본질에 해당하는 내적 이미지는 긍정적인 요소를 담고 있으며, 바람직한 정신자세와 안정된 심리상태를 갖추는 것으로서 한 사람의 자아이미지를 구축하는 과정이다. 마음속에 내재한 내적 이미지는 인간의 심리적, 정신적, 감성적인 특성이 사람에 대한 고유의 성향과 독특한 상태에서 이미지를 갖고 있는 여러 현상으로 나타난다.

인간의 내적인 이미지는 주어진 여건 속에서 교육과 학습, 지식과 사고체계의 인지적 요소, 감정 등의 정서적 요소 및 천성적인 성격과 성향에 의해 개인의 사고와 가치관이 외적인 이미지로 나타나는 사회적인 관계형성에 작용하게 된다. 따라서 내적 이미지는 외적 이미지와 함께 음성과 언어로 표현되어 관계적(사회적) 이미지에도 영향을 미치게 하는 것이다. 결국 다른 사람을 평가하는 기준은 외적인 이미지메이킹으로 외모를 가꾸는 기본적인 것과 인간의 내면적인 가치에 부합되어 있는 외적 이미지가 상대방의 퍼스널이미지를 보면서 내적 이미지에 중점을 두어야 한다.

심리적 내면을 표현하는 내적 이미지는 개인의 사고방식 외에 가치관, 성격, 습관, 지적 수준, 태도, 인성 등으로 좌우된다. 인간은 평소 개인의 사고방식과 가치관에 의하여 생각을 행동으로 바꾸며, 행동은 습관을 변화시키고, 습관은 인성을 만든다. 또 인성은 다시 인간의 미래를 결정하는 요인까지도 영향을 줄 수 있다.

내적 이미지의 향상은 자아이미지의 기본요소들의 특성을 파악하고, 자아를 형성하는 데에 역할을 준다. 인격과 인품을 습관화하는 것은 마음을 다스려서 생각을 바르게 하여 자신만의 독창적인 캐릭터를 만들게 되고, 남을 위한 배려는 기본적으로 매너를 실천하며, 개인의 성향과 자신감을 높일 수 있게 표현력을 길러준다.

(2) 외적 이미지(External Image)

외적 이미지는 인간의 외면으로 나타나는 특성이 혼합된 유무형의 총체적 모습으로 외모에 해당하는 얼굴, 체형, 옷차림의 유형적 요소와 태도에 해당하는 표정, 음성, 자세, 제스처, 걸음걸이 등의 무형적 요소를 말한다. 타인에게 느껴지는 외적 이미지는 자신을 나타내는 개인의 심성, 인성, 사고와 감정, 생각과 습관, 욕구 등의 내적으로 형성된 이미지가 내포된 표정, 자세 및 언행 등이 외부로 표현되어 나타나는 현상을 가리킨다. 이러한 외적 이미지의 요소들은 외모에 대한 이미지의 객관적인 전략을 확보하게 되는 것이다. 또 타인을 지각할 때의 단서는 신체적인 특성 외에도 외관에 대한 전체적인 형상에 작용하는 체격, 건강 및 영양상태, 체취(體臭) 등을 포함하고 있다.

외적 이미지는 겉모습의 감각적인 인식을 바탕으로 첫인상과 같이 짧은 순간에 생성되는 특성을 보인다. 마음의 산물로서 결정된 이미지는 외적으로 드러나는 외모를 가꾸고, 생기있고 밝은 얼굴을 이미지메이킹해야 한다. 외적 이미지는 내적 이미지와의 관계성을 가지고 있으므로 외적인 이미지에 대한 긍정적인 사회적 반응이 내적인 성격 및 인성, 자아 존중감, 자신감 등에 영향을 줄 수 있기 때문이다.

내면의 본질이 외부로부터 나타나는 외적 이미지는 자신이 가지고 있는 진실성이 그대로 표현되려면 사회현상에 근접하여 현실적인 자기관리가 요구된다. 그리고 사회적 지위나 역할로써 각각 다르게 표현되어 상대에 대한 외모의 평가는 몇 초안에 첫인상 형성에 결정되는 부분이기도 하다.

상대방의 첫인상은 상황에 따른 외적인 이미지관리를 위해 자기경영 및 관리법을 습득하고, 자신의 스타일을 멋스럽게 만든다. 외적 이미지를 위한 방법은 개인의 인상형성에 강력한 영향을 주는 첫인상의 요소인 표정관리를 먼저 의식하고, 그 외에도 상대에게 내면의 생각이 밖으로 나타나게 되는 말에 대한 표현의 유연성과 경청하는 자세를 습관화시킨다.

외적 이미지는 자신의 얼굴특성에 맞는 메이크업, 체형과 얼굴형에 따른 헤어연출 방법을 숙지하여 전체적인 패션스타일을 강화한다.

(3) 관계적 이미지(Relational Image)

현대사회는 이미지를 통한 기업홍보와 감성디자인의 기획 및 개발, 퍼스널아이덴티티(Personal Identity)의 구축으로 인한 이미지연출이 사회적으로 요구되어 그에 따른 개인의 이미지메이킹에 대한 관심이 고조되고 있다.

인간은 자신의 존재를 드러내어 표현할 기회가 많아졌으며, 상대에게 인정을 받으려는 욕구가 매우 높아지고 있다. 누구에게나 외적으로 보이는 자신의 모습과 행동은 그 사람의 인품과 성격 등을 판단하는 기준이 된다. 이로써 관계적 이미지는 타인의 인상형성에 전반적으로 작용하고, 필요에 의한 다양성과 차별화로 대인관계에서 호감이미지를 부여하게 되는 것이다.

퍼스널이미지에 구축된 관계적 이미지는 원만한 대인관계와 삶에 도움을 주며, 본인이 가지고 있는 이미지에 대해 지각하고 있는 모든 것과 인간행동을 결정짓는 총체적인 요소이다. 그래서 타인과 나와의 상호관계 속에서 커뮤니케이션을 원활하게 해준다. 즉, 관계적 이미지는 인간관계에서 대인과 교류를 하면서 내외적 성향이 결합하여 관계적인 이미지가 타인에게 지각되는 현상의 이미지를 나타낸다.

관계적 이미지는 자신의 환경적 요인에 영향을 받아서 평가요인이 달라진다. 관계적으로 형성된 요소들은 사회적인 지위나 태도와 행동, 매너와 에티켓, 상대에 대한 신뢰감 및 인간관계의 친밀감, 이미지의 개선방법에 따른 호감도, 가정과 직장의 문화, 대인관계에서의 커뮤니케이션 대화법 등으로 각 요소들은 이미지 형성과 연계성을 지닌다. 이러한 요소로서 상대에게 호감있는 이미지를 갖는 것은 사회생활을 성공적으로 이끌어 갈 수 있다.

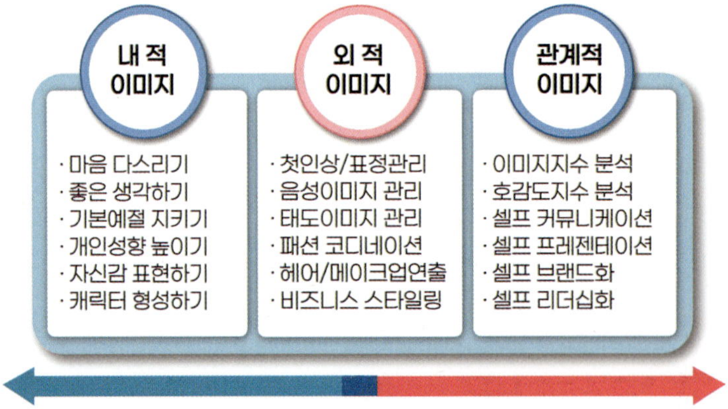

〈 그림 1-6 〉 이미지메이킹의 실제

3) 퍼스널이미지의 경영

퍼스널이미지는 자신에게 가장 잘 어울리는 이상적인 이미지메이킹을 위해서 자기경영에 따른 개인에 대한 모든 것을 총체적으로 관리하는 부분이다. 이는 자기계발뿐만 아니라 개발된 이미지를 유지하는 역할을 하며, 시간과 능력 외에도 내외적인 이미지 등에 관심을 둔다.

인간관계는 사람들 사이에 맺어지는 개인적이고 정서적인 관계를 통틀어 이르는 것으로서 인간은 누구나 상대에게 긍정적인 이미지를 보이고 싶어한다. 그러므로 매력적인 퍼스널이미지의 관리는 자신에게 가장 적합한 이미지를 연출하여 자신의 개성을 부각하는 호감스타일로 돋보이게 한다. 즉, 나만의 이미지경영은 외적인 모습뿐만 아니라 그 사람 전체에서 느껴지는 내면의 아름다움을 만들어가는 과정이므로 자신의 이미지를 상대방에게 적극적으로 전달하여 대인관계를 유지하는데 활력소가 된다.

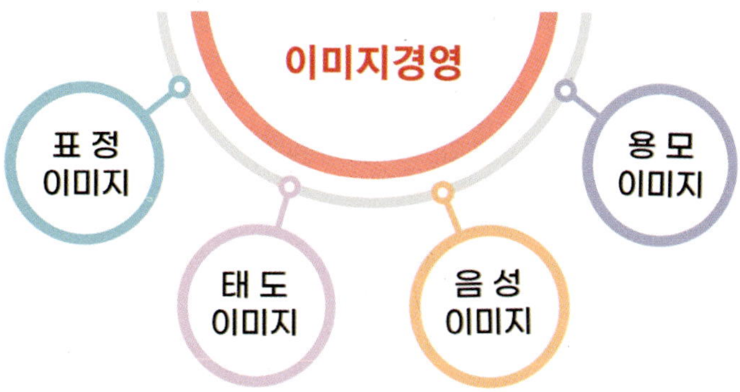

〈 그림 1-7 〉 이미지경영의 형성요소

(1) 이미지경영의 형성요소

이미지는 개인마다 각기 다른 정보들을 조합하거나 조직화하여 하나의 의미있는 형태로 지각하는 과정이다. 그래서 인지대상에 대한 정보는 누군가의 주관적 특성에 의해 수용 및 평가가 달라진다. 이미지는 지각대상에 대한 정보로 구성되어 있으며, 제공된 모든 정보를 수용하기가 어려우므로 자신에게 맞는 이미지의 특성과 핵심적인 속성을 중심으로 제한된 정보로만 이미지를 형성하는 것이다.

퍼스널이미지 경영은 사고와 행동을 타인에게 영향을 주게 되므로 바람직한 방향으로 끌어가는 모든 행위를 의미한다. 성공적인 이미지를 형성하는 요소에는 표정이미지, 태도이미지, 음성이미지, 용모이미지로 크게 나누어진다.

① 표정이미지(Expression Image)

표정은 마음속에 심리적인 감정의 모습이며, 눈과 입의 표정에 의한 얼굴이미지로 상대방의 첫인상에 따라서 퍼스널이미지를 관리하는 요소이다. 미소를 띤 얼굴표정은 첫인상을 밝게 하며, 상대에게 진실한 성품을 지닌 사람으로 보이게 하므로 얼굴의 부드러운 인상을 만드는 이미지형성에 신경을 써야한다.

타인과 소통할 때 무표정한 얼굴은 상대의 마음을 경직되게 하므로 미소짓는 표정을 습관화한다. 매력적인 표정은 상대방과 대면했을 경우, 타인에게 호감을 주고 생기가 있는 밝은 이미지로 원만한 대인관계를 형성하기 때문에 주기적으로 얼굴근육을 자연스럽게 움직이면서 훈련하여 이미지를 관리하도록 한다.

② 태도이미지(Attitude Image)

태도는 어떤 일이나 상황에 직면했을 때 갖는 견해나 자세가 그 사람의 인격을 나타내는 매체로써 외적으로 표현되는 이미지의 요소이다. 겉으로 보이지 않는 인격을 나타내는 태도는 누구에게나 예의를 갖추고 바른 자세와 행동을 취하므로 품위있게 관리를 해야한다. 이는 누군가와 만나면 말을 하지 않아도 표현되는 올바른 자세 하나만으로도 상대방에게 따뜻한 마음과 존경심을 전하게 된다. 또한 태도는 상황에 따라 자신의 이미지를 결정하는 습관화된 자세와 말할 때의 제스처 등을 표현한다면 직장생활에서나 인간관계에서 훌륭한 태도이미지를 갖추게 되어 호감인상을 줄 수 있다.

③ 음성이미지(Voice Image)

음성은 사람의 발음기관에서 나오는 구체적이고 물리적인 소리로서 인간관계에서 서로의 언어를 교환하여 생각을 전달하는 커뮤니케이션의 기본요소이다. 목소리는 말과 행동을 표현하는데 사람의 인성과 인격을 판단하는 역할을 한다. 매력적인 목소리는 개인차가 있기는 하나 외모보다도 훨씬 크게 작용하여 상대방의 품격이 있는 자신의 파워를 발휘할 수 있다. 타인과 대화를 할 때는 말 한마디가 상대에게 호감을 주듯, 존댓말과 바른 언어를 사용하여 존경한다는 뜻으로 자신의 마음을 전하고, 올바른 대화법으로 친절하게 응대하는 목소리를 훈련하여 퍼스널이미지를 실행해야 한다.

④ 용모이미지(Appearance Image)

용모는 사람의 얼굴과 신체의 모습 및 차림새를 의미하여 자신의 외모에 대해 헤어스타일과 메이크업, 패션스타일 등을 표현하는 외적인 요소를 말한다. 외모(Appearance)는 상대방에게 호감을 줄 수 있는 개인의 특성과 성향에 따라 다르게 전달된다. 단정한 용모는 내적 이미지와 함께 연출되는 부분이므로 상대에게 신뢰감과 친근감이 발생한다. 따라서 퍼스널이미지에 잘 어울리는 용모이미지는 자신의 개성에 따른 스타일로서 얼굴형에 어울리는 헤어스타일, 피부색에 맞는 자연스러운 메이크업, 체형에 어울리는 패션스타일과의 전체적인 조화를 이루도록 자신있게 표현할 수 있어야 한다.

(2) 이미지경영의 관리요소

퍼스널이미지는 사회의 최소단위인 개인의 정체성(Personal Identity) 구축을 통해서 만들어지기 때문에 기업이나 국가이미지에 영향을 주게 된다. 국가이미지는 특정국가에 갖는 인식의 총제로서 그 나라의 역사, 정치, 문화, 외교, 경제, 사회 및 예술적 요소 등이 종합적으로 작용하는 것이다. 한 나라 또는 그 나라 사람들에 대한 주관적인 묘사는 국가이미지로 표현된다. 심리적 친근함이 바탕이 되는 특정 국가에 관해서 종합적이고 복합적인 국가이미지는 국가 경쟁력으로 확장될 수 있다는 것을 의미한다. 그러므로 개인이 이미지를 관리하는 것은 자신이 속한 집단과 문화에 사회적 영향을 받게 되고, 나아가 기업이나 국가이미지 향상에 긍정적인 효과를 미칠 수 있다.

퍼스널브랜드는 기업과 브랜드를 대표한다는 관점에서 자신만의 개성있는 스타십으로 시간, 장소 및 상황(TPO : Time, Place, Occasion)에 따라 적합한 표정, 태도, 음성 및 용모이미지를 개발하고 자신을 구축하여 발전시킨다. 원만한 사회생활을 위해서는 개인의 이미지를 브랜드화시켜 차별화된 퍼스널이미지를 필수적인 요소로 인식하고 시대변화에 세분화의 행동요소에 맞는 자신의 외적 이미지를 관리한다.

① 매너좋은 사람이 되라(Manner Man-Powering)

어떠한 상황에서든 상대방을 배려하는 사람은 매력적으로 보인다. 매너는 인간관계를 형성하면서 의식적으로나 무의식적으로 표현하는 행동이 삶을 풍요롭게 하고 자신의 품격을 유지할 수 있다. 호감을 주는 매너연출은 일상생활에서 자신이 세련되고 품격있는 사람으로 보이게 하여 타인으로부터 존경을 받을 수 있도록 한다. 또 자기 일에 관해서 적극적인 책임감을 향상시킬 뿐만 아니라 사회생활을 할 때 직장 내에서든 어느 모임에서든지 원만한 대인관계를 위한 성과에 큰 영향을 준다.

② 보디랭귀지를 표현하라(Body Language Showing)

커뮤니케이션은 말의 전달력을 높이는데 대화내용에 적합한 보디랭귀지를 활용하는 것이 효과적이다. 세련된 커뮤니케이션은 상대를 바라보고 바른 자세로 정확한 발음 및 경어를 사용함과 동시에 제스처를 적절하게 활용하는 것이다. 상대방과 의사소통 시에 표정 및 제스처 등의 비언어적인 표현이 부족한 경우는 정보의 전달력이 낮아지게 되고 이로 인해 서로의 느낌과 의미가 충분히 전달되지 않는다. 따라서 커뮤니케이션할 때는 전달하고자 하는 내용의 정확한 언어적 표현과 함께 상황에 맞는 표정과 손동작을 구사하면서 표현해야 한다.

③ 보이스를 단련시켜라(Voice Training)

상대방과 대화 시의 목소리는 사람의 목에서 나오는 소리로서 발음체의 진동으로 공기 등에 생기는 파동을 말한다. 소리의 크기는 성대의 진폭에 의해 결정되며, 높이는 진동수에 따라 정해진다. 환상적인 목소리는 사람마다 개인차가 있으며, 특히 말하는 사람의 사회적 지위를 느낄 수 있게 한다. 음성은 사람마다 건강과 기분상태에 따라서 다르지만 내용을 잘 전달할 수 있도록 명확하게 발음을 연습하는 것이 기본이다. 말을 할 때 의사전달력을 높여주기 위해서는 음성의 기본요소를 파악하여 타인의 배려를 의식적으로 생각한다면 품격있는 목소리로 퍼스널 이미지가 형성된다.

④ 스타십을 의식하라(Star-ship Minding)

비주얼(Visual)은 환경적, 문화적 패러다임이 시대적으로 바뀜에 따라 개성에 맞게 독특한 이미지메이킹을 하고, 자신만의 차별적 특성을 개발하여 스타십을 갖도록 한다. 또한 외부와 인터뷰를 할 때는 자연스러운 표정과 전달하고자 하는 내용에 맞게 보디랭귀지를 적절하게 표현하고, 매사에 스스로가 스타십을 의식하여 이미지를 관리한다면 셀프리더의 프로다운 이미지를 연출할 수 있다.

⑤ 커뮤니케이션 능력을 길러라(Communication Learning)

인간관계에서 의사전달 능력은 퍼스널이미지 관리의 필수조건이다. 효과적인 커뮤니케이션은 어떤 목적을 지닌 행위에 대한 성과가 나타나는 것으로서 그 사람의 인격이나 목소리보다 표정, 제스처, 태도 등의 비언어적 시각적 이미지가 크게 작용한다. 인간관계에서 커뮤니케이션 능력은 전달하고자 하는 내용의 올바른 언어적 표현과 경청하는 자세, 미소 띤 표정, 아이콘택 및 대화의 맞장구 등의 비언어적인 요소를 활용하여 발전시킬 수 있다.

⑥ 표정을 관리하라(Face Keeping)

표정관리는 처음 만나는 사람이나 지인을 만났을 때 상대방의 기억에 남기 위해서 부드러운 표정을 전달하는 것이다. 얼굴근육을 단련시키는 것은 표정관리에 매우 효과적이므로 입가에 미소를 띠면서 표현해야 한다. 무표정한 얼굴은 상대의 마음을 닫게 하므로 호감인상과 표정관리를 잘하기 위해서 입꼬리를 위로 향하는 습관을 기르고, 생활 속에서 스마일 표현방법을 의식하여 미소짓는 연습을 반복한다.

⑦ 패션감각을 키워라(Fashion Coordinations)

패션스타일은 신체적 특성을 파악하여 얼굴형과 체형에 맞는 스타일을 코디네이션하고, 신체에 어울리는 색채와 현대적인 디자인을 선택한다. 상대에게 신뢰감을 주는 복장은 청결하고 단아한 차림으로 분위기에 어울리는 헤어스타일, 얼굴형에 어울리는 메이크업과 깔끔한 연출로서 자신감이 있는 자세와 태도를 갖춘다. 비즈니스 시에는 기본 정장을 입는 것이 매너이므로 정장을 착용할 때는 세련된 패션스타일링 연출에 신경을 쓰도록 한다.

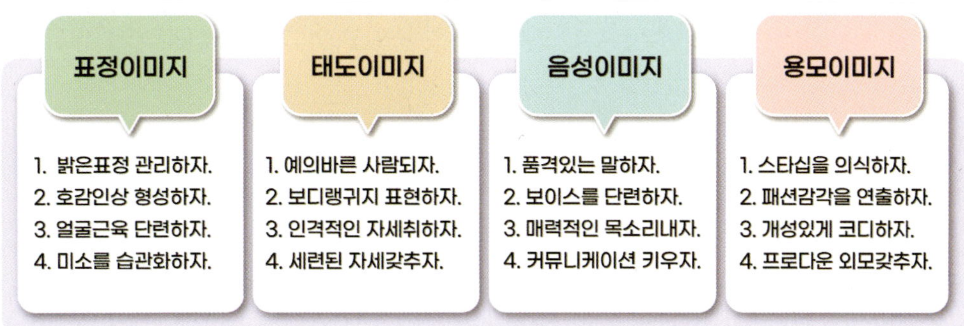

〈 그림 1-8 〉 이미지의 형성요소에 따른 관리법

2. 이미지메이킹의 경영

1) 퍼스널이미지의 분석

퍼스널이미지를 분석하는 것은 내외적으로 나타나는 사람의 외모와 성격, 성향이 다른 사람들에게 어떻게 보이는가를 알아보고, 객관적, 주관적인 자아가 타인들과 어떠한 차이가 있는지를 발견하기 위해서이다. 개인의 이미지지수를 체크하여 분석할 경우, 퍼스널이미지의 향상요인이 무엇인지를 파악하여 자신을 새롭게 변화하는 기술적인 방법을 터득할 수 있다.

(1) 이미지지수 체크

자신의 이미지는 기본 이미지 외에 이미지의 형성과정에 필요한 요소이다. 자신의 이미지지수에 요구되는 사항을 검토해 보고, 퍼스널이미지 관리요소인 매너, 스피치, 표정, 리더십 등을 자가진단하여 이미지메이킹할 때 내외적인 요소들을 보완할 수 있다. 퍼스널이미지를 구성하고 있는 이미지지수는 바람직한 개인의 마인드가 형성된 이미지체크(Image Check)로서 자신의 내외적인 이미지의 문항에 자신과 해당하는 항목을 표시한다.

이미지의 체크포인트는 직장 내의 한사람으로서 기업이나 회사에 자극을 주게 되며, 이미지를 연출하는데 국가이미지의 형성까지 영향을 받는다. 또한 사회적 요인이 개인의 행동에 어떠한 영향을 주는지, 왜 필요한지를 알려준다.

내적 이미지

- ☐ 자기를 사랑한다.
- ☐ 긍정적이고 적극적인 성격이다.
- ☐ 인생의 뚜렷한 희망과 목표가 있다.
- ☐ 나쁜 습관보다 좋은 습관을 더 많이 가지고 있다.
- ☐ 상대가 자기를 어떻게 생각할까를 의식하는 편이다.
- ☐ 감정적이기보다는 이성적이다.
- ☐ 화날 때는 심호흡을 하며 흥분을 가라앉힌다.
- ☐ 자기계발을 다루는 서적을 즐겨 읽는다.

- ☐ 연극, 음악회 등의 문화행사에 적극적으로 참여한다.
- ☐ 이해력과 판단력이 빠른 편이다.
- ☐ 무력감과 우울증에서 빠르게 벗어날 수 있다.
- ☐ 미래의 성공적인 이미지를 자주 그린다.
- ☐ 매일 짧게라도 기도나 명상을 한다.
- ☐ 사람들을 만나는 것이 즐겁다.
- ☐ 대인관계가 원만하다.
- ☐ 남에게 말한 약속은 반드시 지키려고 노력한다.
- ☐ 생각하고 고민하기보다는 먼저 행동으로 옮긴다.
- ☐ 인사성이 바르고 친절하다.
- ☐ 스트레스가 쌓이면 취미생활로 푼다.
- ☐ 시간약속을 중요시하며 잘 지키는 편이다.
- ☐ 친구와 의미없이 보내면 시간이 아깝다는 생각이 든다.
- ☐ 하루의 수면시간은 다섯시간 내외다.
- ☐ 아침형 인간이다.
- ☐ 자신의 사전에 심심하고 무료한 시간이란 있을 수 없다.
- ☐ 자신에게 닮고 싶은 이미지모델이 있다.

외적 이미지

- ☐ 대체로 자신의 외모에 만족한다.
- ☐ 평소 잘 웃는 편이다.
- ☐ 사진 찍는 것을 좋아한다.
- ☐ 사람을 처음 만났을 때 웃으면서 악수할 수 있다.
- ☐ 거울이 있으면 습관적으로 몸 전체의 표정을 살펴본다.
- ☐ 매력적인 사람을 만나면 외적 이미지를 관찰한다.
- ☐ 직장 상사로부터 꾸중을 들을 때 멋쩍은 미소를 띤다.
- ☐ 사람들 앞에 나서는 것이 전혀 두렵지 않다.
- ☐ 화장(면도)을 자연스럽게 잘하는 편이다.

- ▢ 머리염색은 자연스러운 갈색머리를 선호한다.
- ▢ 얼굴에 트러블이 생기면 피부과에서 치료를 받는다.
- ▢ 체중이 늘어나면 즉시 다이어트에 들어간다.
- ▢ 자신의 피부색에 어울리는 컬러를 알고 있다.
- ▢ 자기체형의 결점을 커버하는 패션감각이 있다.
- ▢ 튀는 패션컬러는 별로 좋아하지 않는다.
- ▢ 깔끔하고 단정한 패션스타일을 좋아한다.
- ▢ 상황에 맞게 옷을 입을 줄 안다.
- ▢ 여러 종류의 스카프(넥타이)를 가지고 있다.
- ▢ 때에 따라 향수를 뿌린다.
- ▢ 겨울보다 노출할 수 있는 여름이 더 좋다.
- ▢ 정중한 인사를 할 수 있다.
- ▢ 악수를 세련되게 할 수 있다.
- ▢ 자세가 반듯하다.
- ▢ 걸음걸이가 당당하다.
- ▢ 몸짓과 제스처가 우아하고 품격이 흐른다.

(2) 이미지지수 평가

퍼스널이미지를 파악하기 위한 지수평가 방법은 먼저 내적 이미지와 외적 이미지를 평가하는 해당항목을 표시한다. 다음은 자신에게 해당하는 항목이 몇 개인지를 확인하고, 그 개수에 해당하는 체크결과를 내외적인 이미지 좌표에 점을 찍어 교차하는 자신의 영역을 찾는다.

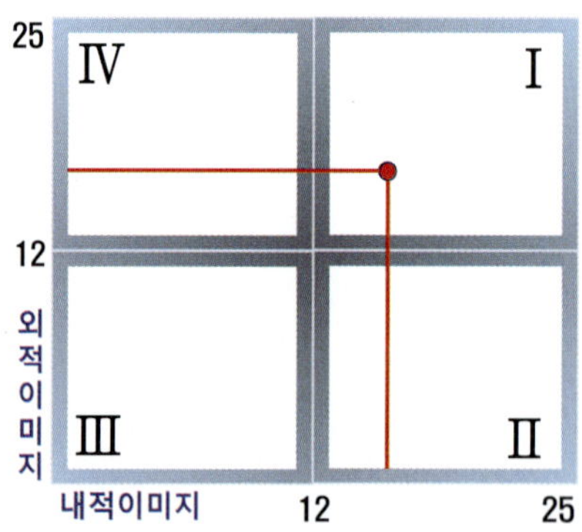

〈 그림 1-9 〉 내외적 이미지의 진단체크

(3) 이미지지수 평가영역

퍼스널이미지는 개인의 이미지 지수영역을 찾아서 내가 현재 있는 영역에서 부족한 점은 보완할 수 있다. 자신의 장점은 퍼스널이미지 리더십경영을 위해 최선의 노력이 필요하므로 주어진 삶을 유지할 수 있도록 자기계발에 신중하게 생각하여야 한다.

① Ⅰ영역 : 자신은 내적 이미지와 외적 이미지를 잘 갖추고 있는 편

평소 긍정적이고 능동적이며, 적극적인 타입으로 삶에 대한 의욕도 대단히 강한 편이다. 퍼스널이미지의 강점으로 나타나는 자신만의 개성과 매력을 지속해서 개발한다면 호감있는 퍼스널이미지의 내외적인 이미지표현과 연출로서 무리없이 목표달성을 할 수 있다.

② Ⅱ영역 : 자신은 외모보다 내적 이미지의 가치를 중시하는 편

때로는 외적 이미지를 추구하는 사람에게서 우월감을 느낀다. 그러나 외모지상주의라는 현대문화에 직면하여 자기의 생각을 바꾼다. 자신에게 변화에 적응할 수 있는 잠재력으로 외적 이미지의 중요성을 인식하고 변화한다면 빠른 속도로 경쟁력을 높일 수 있다. 자신의 적성에 감각적인 외적 이미지가 추구되어 매력적인 사람이 될 가능성을 가진다.

③ Ⅲ영역 : 자신은 내적 이미지와 외적 이미지에 관심이 부족한 편

어떤 일을 해도 안 된다는 패배의식이 있으며 자신감이 부족하고 매사에 소극적인 사람이다. 이 영역에 속한 사람은 외적 이미지를 구축하고 내적 이미지를 강화하면 긍정적이고 적극적으로 변화된 자신을 발견하게 될 것이다.

④ Ⅳ영역 : 자신은 외적 이미지에 치중하는 편

지적 능력을 키우기 위해 독서량을 늘리거나 자기계발 프로그램에 적극적인 참여로서 내적 이미지를 추구할 필요성이 있다. 전략적인 차원에서 상황에 맞는 외적 이미지 연출은 내면을 돋보이게 하는 힘이 된다. 타고난 감각을 바탕으로 자신의 능력을 최대한 끌어올리는데 충분한 가능성이 있다.

2) 퍼스널이미지의 전략

이미지메이킹은 현대사회가 요구하는 이미지를 고려하여 연출해야 한다. 일단 퍼스널이미지는 개인의 장점을 부각시키고, 단점을 보완하여 사회구성원으로서 개인별, 직업별, 기업별로 갖추어야 할 이미지가 무엇인지를 파악하여 호감가는 이미지를 만들어야 한다.

퍼스널이미지는 내가 속한 기업의 이미지가 되고, 기업이미지가 곧 국가의 이미지로 형성되어 국가의 위상을 높이는데 크게 작용을 한다. 결국 기업과 국가이미지로 힘을 발휘하여 경쟁력을 갖추게 된다. 기업이미지는 특정 기업에 대해 떠오르는 인상과 이미지로 기업의 비전, 사명, 역할 및 리더의 가치관과 리더십의 유형으로 형성되는 경우가 많다. 이것은 조직의 문화와 구성원들의 행동에 영향을 주는 사람들이 선도하게 되어 개인의 이미지를 추구하는 목표를 이루게 한다. 대체로 기업을 끌어가는 리더들은 행동으로 경영을 하기 때문에 시대의 흐름에 맞는 이미지 변신을 추구하는 것이다. 개인이 가진 고유한 특징을 브랜드화하여 특정분야에 대해 경쟁력이 있는 나만의 가치를 높이는 퍼스널브랜딩은 정치인, 기업인, 전문가 등의 이미지메이킹전략으로 활용되고 있다.

(1) 정치인 이미지

정치인의 이미지전략은 사회적으로 지도자들의 리더십을 자신의 이미지에 맞도록 얼마나 잘 이해하고 있는지를 파악하는 것부터 시작된다. 지도자로서 해야 할 역할은 그 시대의 변화를 인지하고, 국민이 원하는 성향이 무엇인지를 알 수가 있다. 그리고 지도자들은 다양한 이해관계의 집단과 사회문제 등을 공정하고 정의롭게 통솔하고 관용하는 이미지를 구축하고 관리하여 정치적인 통합을 이끌 수 있는 해결능력을 키워나간다.

정치인의 이미지를 관리하는 요소는 첫째, 활력이 넘치는 리더로서의 자신감이다. 둘째, 관용을 보여주는 외적 이미지로는 안정감이 있고 자연스러운 모습과 부드러운 미소를 띤 인상이다. 셋째, 신뢰감이 있는 인격자로서 국민의 소통과 화합을 끌어낼 수 있는 설득력이 필요하다. 따라서 정치인들은 국민의 요구를 탐색하고 이에 부응하여 국가의 안전과 발전을 선도하는 이미지관리 요소를 구축하여 관리해야 한다.

(2) 기업인 이미지

기업이미지는 직접적으로 대중매체를 통해서 전달되는 의도적인 이미지와 회사의 경영철학이나 직원의 서비스가 그대로 전달되는 간접적인 이미지가 있다.

오늘날 이윤을 창출하는 기업은 대중에게 신뢰감을 주는 기업의 비전과 사명 등의 구체적이고 전략적인 기업이미지를 정립해야 한다. 기업이미지 구축은 비전 및 사명, 기업의 역할을 명확하게 하여 기업의 행동을 수립하는 것이 기업이미지(CI : Corporate Identity) 전략이다. 기업은 비즈니스 환경의 변화에 따라 CI리뉴얼(Corporate Identity Renewal)을 하면서 이를 위해 모니터링과 컨설팅을 토대로 새로운 비전과 사명을 기획하고 기업에 부합하는 정체성을 수정 및 보완하여 이미지를 재구축하기도 한다.

기업의 이미지를 개선할 사항으로는 첫째, 기업의 경영방침이나 기업의 윤리의식 등의 기존의 패러다임을 변화시킨다. 둘째, 고객확보를 위한 브랜드의 새로운 상품을 개발하여 시장전략에 힘을 기울인다. 셋째, 고객의 서비스를 최대화하는데 직원들의 의식변화를 고취하도록 한다.

(3) 전문인 이미지

전문인은 전문분야에서 자기만의 차별화된 특별한 가치와 역량을 보유하고 있는 스페셜리스트이다. 모든 분야는 전문지식에 따른 직업적 특성이 다르지만, 전문인의 이미지전략은 타인으로부터 인정받는 전문성에 적합한 퍼스널이미지가 무엇인지를 분석한다. 이는 지적인 인격 및 품격있는 매너를 갖추도록 알맞은 이미지요소를 보완하고 관리해야 한다.

전문가의 프로다운 이미지관리를 위해서는 지적 이미지의 전달체인 학력과 경력을 쌓고, 자신의 능력을 타인과 차별성있는 기술력을 터득해서 주기적으로 관리하여 자신감이 있는 지적인 세련미를 연출한다.

(4) 직장인 이미지

직장인은 회사의 구성원으로서 각자의 업무공간에서 상사나 주변 동료로부터 실력을 인정받기를 원한다. 사회적으로 잠재된 무한한 장점들을 보여주며, 성공적인 미래를 향해 자신에게 도움이 되지 않는 체면은 의식하지 않는다. 다만, 회사 내에서 타인에게 불편함을 주지 않는 퍼스널이미지가 돋보이는 독창적인 이미지를 연출한다.

직장인으로서 개인의 이미지관리는 첫째, 성실한 태도와 적극적인 자세로 임한다. 둘째, 능력향상을 위해 끊임없는 자기계발을 한다. 셋째, 언제나 여유로운 이미지를 유지하며, 자신이 속한 부서에서 꼭 필요로 하는 사람이 되도록 한다.

WORKSHEET

1. 이미지를 형성하는 요소인 현재 자신의 이미지를 살펴보자.

구 분	나의 모습	비 고
표 정 이미지		
음 성 이미지		
태 도 이미지		
용 모 이미지		

2. 자신의 성공적인 이미지메이킹 5단계를 설계해보자.

번 호	내 용	설 계	체크포인트
1	자신을 알라! (Know Yourself)		
2	자신을 계발하라! (Develop Yourself)		
3	자신을 포장하라! (Package Yourself)		
4	자신을 팔아라! (Market Yourself)		
5	자신에게 진실해라! (Be True Yourself)		

WORKSHEET

3. 내외적인 이미지를 진단하여 자신의 긍정적인 면을 찾아보자.

구분	문항	이미지 내용	Yes	No
내적 이미지	1	모든 일을 긍정적으로 생각한다.		
	2	나의 장점이 무엇인지를 알고 있다.		
	3	스스로 자신에게 만족한다.		
	4	사람들과 잘 어울린다.		
	5	나는 끈기가 있는 사람이다.		
	6	내가 성공할 것을 믿는다.		
	7	나의 비전을 알고 있다.		
	8	주위 사람들에게 감사함을 느끼고 있다.		
	9	사람들의 이야기에 귀를 기울인다.		
	10	미래를 위해 배우고, 변화하고, 성장하는 과정이다.		
	11	상대의 충고를 수용할 줄 안다.		
	12	구체적인 목표나 계획을 세워 놓았다.		
	13	나의 부족한 점이 무엇인지 알고 있다.		
	14	나는 목표를 향해 도전하는 사람이다.		
	15	불안함과 허무함, 위기감을 잘 느끼지 않는다.		
외적 이미지	1	나는 웃는 얼굴에 자신이 있다.		
	2	나의 신체 유형을 알고 있다.		
	3	나에게 어울리는 컬러를 알고 있다.		
	4	나의 결점을 커버하는 패션스타일을 알고 있다.		
	5	상황에 맞는 헤어스타일을 연출할 수 있다.		
	6	나는 평소 머릿결 관리를 한다.		
	7	나는 거울을 자주 본다.		
	8	깔끔하고 단정하다는 말을 많이 듣는다.		
	9	내 피부색을 알고 그에 맞는 메이크업을 한다.		
	10	나는 체중과 체력관리를 꾸준히 한다.		

02

Chapter 02

자아이미지

학 습 목 표

내적 이미지와 상호작용을 하는 자아에 대한 개념을 인지하고, 자아에 관한 기본 및 구성요소를 이해하여 원만한 대인관계를 형성하도록 이미지경영 마인드를 갖추어 자신의 내면을 충족시킬 수 있다.

1. 자아이미지의 이해

인간은 사회생활에서 개인의 행복감을 만족시키기 위해 경제적인 안정과 원만한 인간관계가 성립되어 살아가기를 원한다. 인생의 목표는 각자의 생활형태 및 욕구가 다르지만 어떠한 대상이든 누가 더 노력했는지, 더 나은 삶을 추구하는지의 차이가 있기 마련이다. 삶의 궁극적인 목적은 사회구성원으로서 자신의 내면에 자아(自我)가 존재하여 최선의 노력으로 성공하려는 욕구가 내재되어 있다.

자아이미지의 중요성은 기본적으로 사회적, 심리적인 메커니즘의 상상력을 지향하는 다양한 목표를 달성하는 것이 성공을 결정짓는 일이다. 자아이미지를 이끌어가기 위해서는 개인의 역량에 맞출 수 있는 적절한 성취감과 자신이 신뢰하고 믿을 만한 자아를 발견하여 창의적이고 자유롭게 표현할 수 있어야 한다.

1) 자아이미지의 개념

자아(Self)는 내외적 성향으로 타인으로부터 자신을 구별짓는 것뿐만 아니라, 나만의 개성과 강점으로 부각한다면 자아형성으로 인해서 상대방에게 긍정적인 평가를 받을 수 있는 자아이미지의 요소 중에 하나이다.

자아이미지는 자신에 관한 지각이 포함되어 있어서 나를 바라보는 성격과 외부 세계가 자신을 어떻게 인지하는지에 대한 지각과 태도이다. 즉 사회적으로 결정된 준거집단 내에서 지각하고 생각하는 사고와 느낌 등의 총체적인 것을 의미한다.

심리학자들은 자아이미지를 개인이 가지고 있는 자화상이라고도 표현한다. 이는 퍼스널이미지가 현실적 및 이상적 자아이미지로서 내적 이미지와 외적 이미지로 구분한다. 자아는 각각 상반된 요소를 모두 포함하고 있으므로 내외적 이미지가 혼재되어 있다.

자아이미지는 자아개념과 같은 뜻이며, 다양한 환경 속에서 타인과의 커뮤니티가 형성되는 사회적, 가치적 존재라고 할 수 있다. 일단 자아가 형성되면 유입되는 외부적인 정보는 선택적으로 지각되고, 이를 조직화하는 방식으로 일관성있게 인지하려고 한다. 따라서 올바른 이미지 구축은 인생에서 삶의 방향을 결정짓는 요소이기 때문에 자아이미지에 대한 기본요소와 구성요소가 무엇인지를 알아보자.

(1) 자아이미지의 기본요소

인간은 주어진 다양한 여건과 환경 속에서 여러 가지 외부의 영향을 받고 성장하면서 가치관이 형성된다. 가치관은 한 사람에게 나타나는 모든 사고와 행동의 기반이 되어 그 가치관에 따라서 생각하고 행동하게 되는 태도로 나타난다. 태도는 다시 행동을 유도하고 상대방에게 평가되는 퍼스널이미지의 기초가 된다.

1928년 미국의 심리학자인 윌리엄 몰턴 마스턴(William Moulton Marston)에 의하면 사람들은 태어나서 성장하고 현재에 이르기까지 나름대로 독특한 동기요인에 의해 일정한 방식으로 행동을 하게 되고, 이러한 것들은 하나의 경향을 이루어 개인에게 행동유형이 나타난다고 하였다. 즉, 자아이미지 형성은 감각과 지각, 욕구와 행동, 개인의 라이프스타일 외에도 많은 요소에 의해 영향을 받는다.

① 감각과 지각(Sensation & Perception)

감각(感覺)은 주변 환경에서 자극에너지를 수용하고 표상하는 감각 수용기와 신경계의 감각기관을 비롯하여 원초적인 감각에 대응하여 개인의 느낌을 지칭하는 주관적인 경험이다. 지각(知覺)은 자신이 느끼는 감각을 선택하고, 외부대상을 인식하는 것을 말한다.

감각과 지각은 신체의 오감을 통해서 감각으로 인지되고 조직화하여 머릿속에 저장하게 된다. 장기나 단기적으로 저장된 기억은 경험으로 인해 느껴진 것을 표상하기 위해 외부환경으로부터 물리적 에너지를 탐지하고, 그것을 신경신호로 전달하게 되는 것이다.

② 욕구와 행동(Needs & Behavior)

인간의 행동은 내적인 욕구가 외부의 환경적인 요소와 상호작용하는 과정에서 이루어지는 현상이다. 인간의 욕구는 삶을 유지하는데 필요하므로 끊임없이 발생하고, 충족된 욕구는 개인의 가치관이 다양한 방식의 행동을 실행하도록 도와준다.

미국의 심리학자 아브라함 매슬로우(Abraham H. Maslow)는 인간의 욕구를 발현하였다. 인간의 욕구단계는 5가지 욕구로 구별하여 기본적인 단계인 생리적 욕구가 충족된 후, 하나의 욕구가 충족되면 다음 단계의 높은 욕구가 나타나서 이를 충족하고자 한다. 인간에게 가장 먼저 요구되는 욕구는 다음 단계에서 달성하려는 욕구보다 강하고 그 욕구가 만족하였을 때만 다음 단계의 욕구로 전이되어 궁극적으로 자아실현의 욕구에 중점을 둔 이론이다.

③ 라이프스타일(Life Style)

자아인식은 삶의 성찰을 통해 내가 누구이며, 무엇을 할 수 있는지를 객관적으로 자기를 지각하는 것이다. 그리고 주어진 시간과 장소에서 다른 사람과의 관계 속에서 이치에 맞는 행위를 보여주고 차별화된 특징으로 표현하게 한다.

라이프스타일은 사람이 살아가는 생활양식(生活樣式)이다. 생활방식은 각자 추구하는 삶의 형태가 개인에 따라서 차이가 있다. 삶의 패턴은 환경적인 요인, 시대적 상황 등에 크게 영향을 받아서 자신의 특성에 따른 성격 및 성향이 달라지며, 객관적인 가치관, 인생관, 문화관, 직업관, 이성 및 결혼관, 세계관 등에 반영된다.

그러므로 우리의 생활양식은 남을 의식하는 것보다 자아를 바르게 갖추어 삶을 살아간다면 개인의 정체성과 조화가 이루어져 문화적 상징이 생성한다고 볼 수 있다.

〈 그림 2-1 〉 매슬로우 인간의 욕구단계

(2) 자아이미지의 구성요소

인간의 삶의 패턴과 사고방식은 관례적인 습관이 사고에 의해서 상호 보완적으로 작용하여 타인에게 언어로 구사되고 태도와 행동으로 나타나서 이미지를 형성한다. 자아와 연결되는 이미지는 개인의 비전과 브랜드 구축을 위해서 자신의 내면에 정체성을 제대로 파악하고, 현재의 나로서 현실을 인정하는 것에서부터 시작된다.

자아이미지의 관리는 개인의 욕구와 습관에 의하여 작용하여 성립한다. 이에 수반되는 이미지의 요소는 표정과 외모, 언어와 자세, 감정과 생각, 행동에 영향을 주므로 성격, 습관, 인격, 가치관 등의 모든 것과 연관되어 있다.

① 성격(Personal Character)

성격은 개인이 지닌 특유한 성질이나 품성으로 타인과 구별하는 심리적 특성 및 전체적인 인상에 대한 독특한 개성이다. 즉, 일상생활의 습관으로부터 자신만의 고유한 사고방식이나 행동양식을 뜻한다. 성격은 타인에 의해 지각된 사고와 감정, 습관적 행동에 관한 느낌으로 정체성(Identity)이나 자아(Ego)를 대표하며 태도를 결정짓는다.

이와 관련된 연구를 보면 인류가 추구하는 행복한 일상생활을 하는 사람들의 성격특성으로 나타나는 것은 타인들과 잘 어울리는 사교적인 외향성과 성실성, 상냥함 외에 경험에 대한 도전정신 등을 제시하였다. 그 결과, 정신적으로 행복하다고 느끼는 경우는 유전적인 긍정적 특질과 관계가 깊다고 한다. 성격이 원만한 사람은 타인에 대한 배려심에서 우러나오는 감정을 보면 남에게 양보하거나 봉사할 때 행복감을 많이 느낀다고 하였다. 이는 자기관리와 체계성을 의미하여 가치가 있는 성취감을 느낄 수 있으며, 마음속에서 내재되어 있는 긍정적인 자세로서 내면의 감정과 밀접한 관계가 있다.

② 습관(Habit)

습관은 오랫동안 되풀이하여 몸에 익숙한 채로 굳어진 개인적인 행동이다. 이것은 과거의 어떠한 일이나 사건에 대한 반응이 축적되어 반복적으로 나타나는 신체의 무의식적 반응으로 볼 수 있다. 그리고 평상시 생활태도에서 습득된 결과이고 선천적 반응과는 구별되어진다.

습관은 거의 무의식적으로 행해지는 것으로 선천적이기보다는 후천적인 행동을 가리킨다. 또한 강화와 반복으로 인하여 긍정적으로 발전하는데 강화는 어떤 행동을 유발한 자극이 되풀이될 때마다 나타나는 행동이다. 이러한 행동은 반복될수록 더욱더 자동적이긴 하지만 어떤 습관들은 한번의 경험으로 형성되는 정서와 관련된다.

인간의 뇌는 말과 행동, 그 외에 감정변화에 따라 뇌의 영역이 새롭게 형성된다. 긍정적 습관에 의하여 형성된 영역은 부정적 습관이 인지된 내용보다도 강하게 작용할 수 있다.

③ 인격(Personality)

인격은 사람으로서의 됨됨이를 의미하며, 사람의 품격을 말한다. 또 성격에 지적이며 도덕적인 요소를 추가한 개념이다. 인격은 또한 최고의 가치를 두는 태도를 철학에서는 인격주의라고 하며, 인간으로서 당연히 갖추어야 할 자세 또는 인간을 인간답게 하는 본성을 옹호하고 실현하는 입장에서 인격을 억압하여 자신이 느끼는 정신적·물질적 장애에서 벗어나려는 문화운동을 휴머니즘이라 한다.

인격의 개념은 원래 서양의 가면극의 어원인 '페르소나(Persona)'이다. 인간이 자율적인 의지로 결정과 선택을 하고, 주변 상황에 대하여 합리적 판단할 수 있는 본질적 의미를 지닌다. 그러므로 인격은 자기결정의 힘을 가지고 있는 자유로운 존재이다. 즉, 인간은 스스로 복종해야 하는 자신의 특별한 본성, 법칙, 형식 등을 가지고 있다. 동시에 모든 인격적 행위 때문에 그것들을 표현하고 초월해야 하는 실천사항이며, 일상생활에서 추구해야 할 도덕적 성품이 개인적으로 자유롭게 존재한다는 것이다.

인격(Personality)을 동양과 서양으로 비교해보면 서양에서는 철학적, 신학적으로 정의하여 이성적 본성의 개별적 실체라고 밝혔다. 이성적 본성은 정신의 본성이나 정신적 본질을 의미하며, 개별적 실체는 궁극적이고 대치될 수 없으며 나눌 수도 없는 자립을 뜻한다. 동양에서는 갖춘 자를 성인군자(聖人君子)라 표현하였고, 군자가 갖추어야 할 덕목을 지키며 타인에 대해 배려를 함으로써 인(仁)의 중요성을 강조하였다.

〈 그림 2-2 〉 자아이미지의 구성요소

④ 가치관(Values)

가치관은 인간이 자기를 포함한 세계나 어떤 대상에 대하여 부여하는 가치와 의의에 관한 견해나 입장으로서 옳은 것, 옳지 않은 것, 또는 해야 할 것, 하지 말아야 할 것 등에 관해서 일반적인 생각을 나타낸다. 인간은 삶의 목표를 이루기 위한 세부적 계획을 세우고 한 개인의 목표가 일관적으로 구체화하여 추구할 수 있는 행복을 실현해야 한다.

자신이 설정한 인생목표는 개인에 따라 달라질 수 있으나 대부분은 개인이 추구하는 행복한 삶을 이루고자 하는 욕구와 동기로부터 비롯된다. 행복이란 과연 어떠한 개념인지를 확실히 인지하고 가치관을 확고하게 하여 자아를 형성할 수 있다.

인류가 추구하는 행복에 대한 가치관은 시대별로 그 가치가 다양하게 변화되어왔다. 인간의 최종목표는 자신이 설정한 목표에 효율적으로 도달하기 위한 과정과 절차 속에서 삶의 의미와 방향성, 목표에 대한 동기를 부여하고 실천하는 것으로 삶의 원동력으로 작용한다.

2) 자아이미지의 특성

자아는 내면으로부터 우러나오는 자연스러운 아름다움을 바탕으로 하여 긍정적인 내적 이미지가 개인의 성향에 적용되어 외적으로 표현되는 것이다. 그러므로 자아가 수반된 이미지는 한 사람의 가치관, 신념 및 인격, 성격 외에 지적 수준 등이 외부적으로 표출되며, 자아실현에 도달하고 내적인 가치를 높이는 올바른 인성과 긍정적 사고, 타인에 대한 배려와 상대방을 존중하는 생활습관을 기른다.

자아이미지는 평상시에 사회적으로 결정된 준거체계에 의해서 자신에 대해 갖는 지각이다. 이것은 뚜렷한 목표의식을 갖추기 위해 지각과 행동, 또는 퍼스널이미지를 부각시켜서 특징을 살리거나 최고의 이미지를 발휘한다.

(1) 자아이미지의 유형

우리는 사회를 지탱하면서 '나는 누구인가?'라는 것을 깨닫는다. 인간이 사회생활의 주체가 되어 '나'라는 존재감과 과거의 경험을 바탕으로 현재 상태를 타인에게 전달하고, 자신의 모습을 보여주기도 한다.

외부환경에 영향을 받아 형성된 자아는 개인의 가치관에 의해 올바른 사고와 행동을 할 때 강화되고 공동체의 건전한 사회적 가치관으로 확립된다. 반면, 사회에 미치는 부정적 영향으로는 인간이 서로 다른 가치관을 가지고, 자신의 욕구 충족에만 몰입되어 있다면 사회 공동체의 윤리적, 도덕적, 또는 규범적인 연대성이 쉽게 무너질 수 있다.

자아의 구성요소인 외적인 자아에서 나타나는 사회적 자아는 타인과의 인간관계에서 자신이 보는 관념체계를 진술하여 자신에게 어떤 느낌인지에 따라 현대사회가 원하는 외모와 밀접한 연관성을 갖는다.

이러한 측면에서 자아이미지는 실제적, 상황적, 이상적, 사회적, 표현적 이미지로 분류한다.

① 실제적 자아이미지

실제적 자아이미지는 인간이 살아가면서 행하는 가장 기본적인 자아이론이다. 실제적인 뜻은 자신이 지각하는 이미지로서 물리적, 신체적 자아를 포함하고 자신을 어떻게 지각하는가에 달려있다. 실제적이라는 의미는 생각이나 느낌 따위를 말이나 글 등으로 나타내는 것이며 가정이나 가족, 자신의 신체와 정신, 기타 소유물 등을 말한다. 실제적 자아이미지는 사람들에게 있는 그대로의 모습으로 자아를 표현하게 되므로 현재 생활에 대해 스스로가 가지고 있는 성향의 집합체이기도 하다.

② 상황적 자아이미지

상황적 자아이미지는 상황에 따라서 유동적으로 변할 수 있는 이론이다. 상황적이라는 의미는 어떤 일과 현상 따위가 이루어지거나 처해 있는 일정한 때의 모습과 형편을 말한다. 사람들은 특정한 상황을 접하게 되면 타인이 상대에 대해 지각하는 이미지와 상대가 가진 본래의 이미지가 혼합되어 상황적 자아이미지를 만들어낸다. 그래서 개인의 특정 상황에서 상대방이 자신에 대해 이해하고 관심을 두기를 바라는 이미지이다.

③ 이상적 자아이미지

이상적 자아이미지는 자기 생각대로 지각하기 때문에 이루어지는 자아이론이다. 이상적이란 원래 생각할 수 있는 범위 안에서 가장 완전하다고 여겨지는 것이다. 이것은 누구에게나 가장 높은 가치를 부여하게 되는 자아이미지의 개념이며, 실제적 자아이미지와 이상적 자아이미지가 근접할수록 인간의 행복지수가 높아지므로 타인이나 사회적 집단과 관련이 있다.

④ 사회적 자아이미지

사회적 자아이미지는 타인의 언어와 행동을 보고 자아를 돌아보는 자아이론이다. 사전적 의미는 공동생활을 하는 사람들의 조직화된 집단이나 세계와 관계된 것으로서 타인에게 보여주는 자신의 이미지에 대한 지각이라고 한다. 자신의 객관적인 입장에서 사회적으로 나타나는 이미지는 자신 또는 타인에게 표현하고자 하는 이미지를 뜻한다.

⑤ 표현적 자아이미지

표현적 자아이미지는 자아이미지의 유형에서 최근에 연구되고 있는 자아이론이다. 표현적이란 생각이나 느낌 따위를 말이나 글 등으로 나타내는 것이며, 다양한 방향으로 상품성을 지닌 미디어와 여러 매체들 속에서 자아가 인식된다. 이는 타인의 이미지와 이상적 자아이미지가 결합하여 자신의 이미지를 마케팅에 응용하고 자신의 강점을 타인에게 표현하여 자신의 이미지를 형성하는 것이다.

〈 그림 2-3 〉 자아이미지에 대한 인지차이

(2) 자아이미지의 형성요소

자아이미지는 개인의 이미지를 결정하는 인성, 생각, 습관, 욕구, 감정 등의 결합체이다. 내적 이미지를 구성하고 있는 요소들에 의해서 내적 이미지의 강화는 평소 긍정적 사고를 기본으로 하는 생활태도와 자신을 소중한 존재로 인식하여 사소한 열등감에서 벗어나 자신의 마음의 상태를 전제로 한다.

이들 결합체는 자아이미지를 형성하는 요소들과 긍정적으로 보이거나 느껴지는 품성과 인격, 진정성 등의 요소가 조합되어 인지적 편안함을 만들고, 호감이나 유사성을 느끼게 하여 논리적이거나 감성적인 설득력과 신뢰감을 올리는데 도움을 준다. 이에 따른 내적 이미지 요소는 긍정적인 사고, 자아 존중감, 열등감 해소, 마인드 수련에 관한 내용을 살펴볼 수 있다.

① 긍정적 사고(Positive Thinking)

긍정적 사고는 어떤 생각이나 사실 따위를 옳다고 인정하는 것이며, 무엇을 헤아리고 판단하여 심상이나 지식을 사용하는 마음의 작용이다. 인간생활에 의한 긍정적인 사고는 자율성을 보장받아서 삶에 대한 뚜렷한 목적의식을 가지고 현실을 수용하면서 자신이 처한 한계를 극복하고 인내하는 것을 의미한다.

긍정적 사고는 결과보다는 일의 과정 자체에 의미를 두고 현실 그대로 받아들이는 사고방식이라고 한다. 그리고 어떠한 상황에서라도 긍정적인 면을 발견하여 개인적인 성장계기로 고려되는 주체적인 태도를 보인다. 긍정적 태도는 현재 상태에서 새로운 삶의 방향과 그 의미를 발전시키는 적극적인 자세로부터 나타나는 것이다.

② 자아 존중감(Self Esteem)

자아 존중감은 자기 자신이 가치가 있고 소중하며, 유능하고 긍정적인 존재라고 믿는 마음이라고 할 수 있다. 그래서 스스로에 대한 객관적이고 중립적인 판단이라기보다 주관적 판단으로 개인행동을 결정짓는 요소이다. 자신을 존중하는 삶은 존재에 대한 필요성과 인간으로서 존엄성을 지키는 바른 자세이기도 하다.

이것은 삶에 대한 가치관과 행동, 감정 및 건강한 사고와 자아 실현성 등 심리적인 요인뿐 아니라 인간의 생활영역 전반에 공존하는 사회적 요소로 반영된다.

자아 존중감이 높은 사람은 정체성이 제대로 확립된 자신감으로 창조적이며 긍정적이고 적극적인 생활을 하는 경우가 많다. 그러나 자아 존중감이 낮은 사람은 그 반대의 삶을 살아가는 경우가 많다. 자아 존중감은 사회생활에 필요한 자신의 장점을 특화시키고 단점을 보완하여 자신만의 독특한 셀프브랜드를 구축할 수 있다.

〈 그림 2-4 〉 자아이미지의 형성요소

③ 열등감 해소(Inferiority Complex Solution)

열등감은 자신이 남보다 못하거나 가치를 낮추어 평가하는 마음을 나타내며, 타인과 비교하여 남보다 부족하다고 인지했을 때 느끼는 감정을 말한다. 열등감이 생기는 원인은 지극히 주관적인 기준에서 형성되는 것으로 자신의 출생과 성장배경, 신체적인 외모, 학력과 경력, 수입 및 교육정도, 환경 등에 따라 다양하게 나타난다. 열등감을 해소하는 방법은 내적 자아와 최적의 방법을 선택하여 자신이 무엇을 원하는지를 파악하고, 자신의 열등감에 대한 내면을 표현할 수 있는 방법을 찾는다.

사람마다 차이가 있는 열등감은 내가 원하는 성향으로 창출시킬 수 있으나 열등감에서 벗어나지 못하는 삶은 긍정적인 이미지형성에 절대적인 저해요인으로 이어진다. 특히, 이미지경영은 어느 조직이나 그룹에서 지도자가 되기 위해서 자신의 전문분야에서 기술력을 향상시키고 그 이상의 인격으로 존경받는 최상의 심미적인 이미지를 관리하는 것이 바람직하다.

④ 마인드 수련(Mind Training)

과학기술의 발달과 정보의 다양화로 인한 물질문명이 발달한 현대사회는 경제적, 물질적으로 풍요를 가져왔지만, 인간의 정신세계는 급변하는 세상에 대한 두려움, 인간적 소외감 등으로 새로운 에너지를 찾아 방황하는 경우가 증가하고 있다. 정신적으로 발생하는 사회의 문제들은 대부분 마음을 다스리지 못하는 것으로부터 비롯된다.

삶을 행복하게 살아가는 사람들은 타인을 위한 배려심을 가지고 있으며, 상대를 있는 그대로 수용하는 자세를 지녀 자신의 내면을 성장시키기 위해 노력한다. 행복한 삶은 내면에 존재하는 열등감을 내려놓는 자세로 스트레스를 줄이고, 평소에 감사하는 마음을 받아들이는 연습으로 인해 이루어낼 수 있다.

〈 그림 2-5 〉 내적 이미지 향상을 위한 해소법

현대인들은 복잡한 사회환경 때문에 외부로부터 받는 스트레스로 공허한 마음, 심리적 안정과 내적인 충만함을 채우고자 한다. 주로 명상이나 요가, 선(禪)과 같은 정신적 수행을 하면서 내면세계의 자아를 만나려는 사람들이 증가하는 추세이다.

마음을 다스리는 정신수양은 자기 존재에 대한 끊임없는 성찰을 시도하고, 외부로부터 오는 경계를 수용하여 긍정적인 마인드를 성장시키는 일이다.

2. 자아이미지의 관리

현대사회에서 겉으로 보이는 외모, 스타일, 신장 등의 외적 이미지가 첫인상으로 정해진다면 그 이후에 형성되는 이미지는 내적 이미지를 결정짓는다. 내적인 자아이미지는 내면적 성향인 성격, 인성, 잠재능력 등이 외적 요소와 결합하여 바람직한 모습으로 사회가 요구하는 시대상에 맞는 이미지를 만든다.

자신에게 가치있는 이미지는 자신의 강점을 강화해 나가며 자기경영에 대한 피드백을 해보는 것이다. 또한 스스로 이미지를 더욱 돋보이고 성공하기를 원하는 기본적인 자아에 대하여 충분히 이해하도록 한다.

1) 자아이미지의 경영

자신을 위한 이미지경영은 사회구조 안에서 인간관계 형성 및 관리를 위해 첫인상부터 차별화, 개성화, 전문화된 자아이미지를 형성하고 나아가 리더로서의 자기계발로서 품격있는 브랜드를 구축하는 것이다.

자아이미지가 잘 형성된 개인브랜드는 대중들 사이에서 관심이 증폭되고 있는 사람들의 외적 가치(Visual Quality)가 타인에게 인식되고 있다. 사회적으로 타인에게 보이지 않게 평가되고 있는 셀프브랜드는 자아이미지 경영에 있어서 자신만의 브랜드를 갖출 수밖에 없다.

그래서 자기경영은 개인의 노력으로 과거에 이루었던 것들을 재확인하여 스스로를 인정하고, 긍정적인 자질을 시각화하여 마음 속에 다짐하면서 창조적인 또 다른 생각들을 재구상할 수 있으며 목표로 하는 마인드를 실현할 수 있다.

(1) 이미지의 브랜드경영

성공한 사람들의 이미지는 대체적으로 개개인 모두가 독특한 특징과 개성을 지니고 있다. 사회적 관계 속에서의 자아이미지는 자신의 가치와 자질, 특성 등에 의해 어떻게 인식되고 있는가에 따라 달라지는 경향이 있으므로 나만의 장점이 브랜드화한 이미지를 경영할 필요가 있다.

이러한 관점에서 셀프브랜딩은 퍼스널이미지를 형성하고 관리 및 강화하는데 독창적인 자질을 갖출 수 있는지의 문제가 따른다. 특히, 어느 조직이나 그룹에서 지도자가 되기 위해서는 각자의 전문분야에서 기술력을 향상하고 그 이상의 인격으로 존경받는 이미지를 관리하는 것이 바람직하다.

셀프브랜드를 형성하는 요소는 개인의 학력, 경력 외에도 자신이 즐기는 생활습관에서 취미와 특기사항 등이 있다. 그러므로 자아이미지는 경영 차원에서 내외적으로 요건들을 관리하고, 브랜드이미지를 더 발전시켜야 한다.

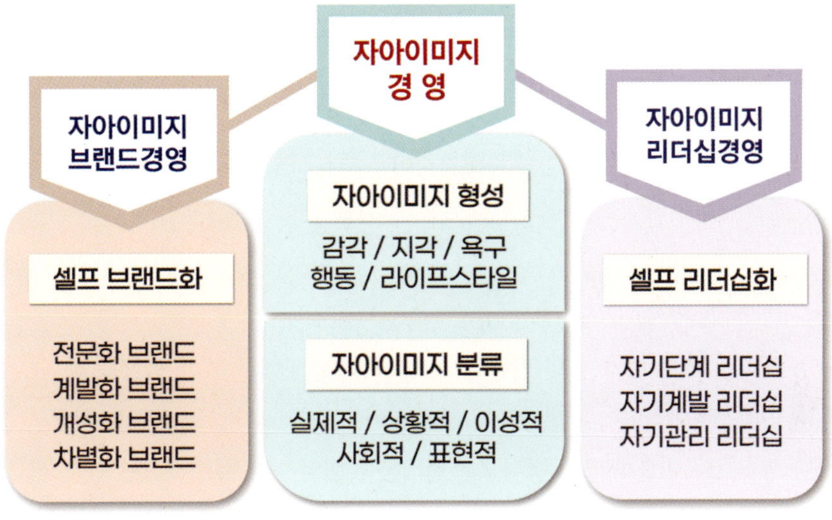

〈 그림 2-6 〉 자아이미지의 경영

① 전문화 브랜드(Specialization Brand)

전문화는 셀프브랜딩에서 자신의 이미지를 위해서 자기분야에서 하나의 특수한 영역을 집중시켜서 비전을 제시해야 한다. 셀프브랜드는 경쟁력이 있는 힘과 전략이 필요하므로 남보다 뛰어난 전문분야에서 지식과 기술을 쌓고 뛰어난 역량을 기르도록 한다. 따라서 독자적인 기술이나 독특한 제품, 창의적인 방법 등의 역량을 강화해서 전문화하거나 아니면 다른 영역으로 다각화를 고려해본다.

② 계발화 브랜드(Development Brand)

셀프브랜드의 경영은 본인이 추구하는 퍼스널이미지를 형성하고 주도적인 자기계발에 끊임없는 도전을 해야 한다. 그리고 국가나 사회에서 자기가 소속된 분야나 조직 내에서 미래의 발전을 도모하는데 꾸준한 노력이 필요하다. 셀프브랜딩은 진취적인 성과와 함께 사람의 마음을 움직이는 퍼스널이미지를 확립하고 자존감을 유지하면서 언제든지 시간과 기회로 자기경영에 충실하게 임한다.

③ 개성화 브랜드(Individuation Brand)

셀프브랜드는 가치나 자질, 특성 및 개성 등을 확립하고 관리하도록 한다. 이를 위해서는 자신만의 개성있는 이미지를 관리하여 인맥관리 또한 중요한 요건이 된다. 상대방과의 약속은 꼭 실천하기 위해 노력하고, 자신감과 독창적인 창의력을 적절하고 자연스럽게 표현하고, 최상의 만족을 얻도록 하는 것이다.

셀프브랜드 관리는 다양한 매체의 소셜미디어를 활용하고 개성이 재확립될 수 있도록 하여 타인에게 신뢰하거나 믿을 만한 사람으로 인식하도록 한다.

④ 차별화 브랜드(Differentiation Brand)

자신의 직무 및 취미·여가 등의 활동은 셀프이미지 경영에 중요한 역할을 하므로 타인에게 창의적인 사람으로 인식되어 개별성을 지니게 한다. 차별화된 퍼스널브랜드 경영을 위해 자신을 독특한 방식으로 연출하고, 지속적으로 관리를 하면서 이를 실천하려면 적극적인 자세뿐만 아니라 타인과 다른 자아에 관한 셀프브랜딩의 특성을 의식적으로 반복하여 인간관계의 네트워킹에 주력하도록 한다.

(2) 이미지의 리더십경영

리더(Leader)는 자신 스스로 관리하면서 타인을 이끄는 사람으로 남을 선도하면서 누군가에게 영향력을 행사한다. 자신을 관리하고 통제하는 능력으로 타인을 끌어주는 것은 서로에게 힘이 되어주기 위한 자신에 대한 셀프리더십을 관리하여 발휘될 수 있다.

리더십(leadership)은 미래의 사건을 예측하거나 기적을 행하는 능력과 같은 재능을 갖추고 있는 지도력을 말한다. 미래를 예측하는 리더는 자기의 생각과 비전을 구성원들에게 효과적으로 제시하고 통찰력, 예측과 분석, 그리고 시대적 상황과 배경에 의해 가변적인 능력을 감당할 수 있어야 한다. 지도자의 경영마인드는 어느 조직에서든 인적 네트워킹의 관계를 사회적, 국가적, 정치적으로 통제하고 능력을 조절하여 전략적으로 운영하고, 타인보다 타고난 리더쉽으로 이러한 역할을 활용하는 것이다.

① 자기단계 리더십(Self-step leadership)

셀프 리더십은 지속적인 삶을 유지하고 영위하는데 부족한 것에 대한 채움이 강조되는 시대에 살고 있다. 현대사회는 너무나 빠른 환경변화와 다양한 욕구 속에서도 자신을 계발하고 관리하는 것이 요구되고 있으므로 단계별로 살펴본다.

셀프리더십 경영단계에서 리더십을 향상하는 것은 자신의 가치를 극대화하고, 원하는 목표에 도달하도록 하는 것이며, 잠재적인 재능을 발견하여 자신감을 키우는 것 또한 주도적으로 자신을 이겨내는 진정한 지도자가 되어야 한다.

② 자기계발 리더십(Self-development leadership)

자기계발을 위한 리더십은 자신의 인격과 행동, 긍정적 자아이미지를 형성하고 운영하는 기초가 되는 것으로 자신을 바꾸고 관리하는 것부터 집중해야 한다. 리더십은 개인의 모든 경험과 타의 모범이 되는 태도를 통해 무의식적으로 형성되기도 한다.

그러므로 자신을 위한 셀프리더십은 개인의 직무와 연관된 업무의 수행을 증진시키고, 새로운 지식과 기술의 수용에 따른 활용 등에 의해서 개선된 행동적 변환이 가능하다. 또한 내면에 잠재된 사상과 인성을 포함한 재능 및 능력을 밖으로 드러내어 발휘할 수 있도록 역량적 가능성을 일깨워 준다.

③ 자기관리 리더십(Self-management leadership)

일상에서 자신을 관리하고 조정하는 것은 많은 에너지가 요구되므로 다양한 환경과 상황에 적응하거나 마찰하는 과정에서 스스로 극복해야 한다. 이미지관리에 적극적인 사람은 직장에서 전문직업인으로 인정받을 수 있으며, 사회구성원으로서 존재가치를 의식하게 된다.

성공적인 자기관리는 일과에서 일정을 점검하고, 나만의 스타일에 맞는 계획을 수립하여 운영하는 주도적 생활방식이 가능하다. 개인의 스케줄관리를 하는 경우는 업무의 효율성을 극대화하기 위하여 실행에 대한 구체적인 계획을 세우는 것에서부터, 세부적인 계획에 따라 일을 처리하는 것까지 업무완성도를 높이는데 매우 효율적이다.

2) 자아이미지의 전략

타인의 이미지에서 겉으로 보이는 외모, 스타일, 신장 등의 외적 이미지가 첫인상으로 정해진다면 그 이후에 형성되는 이미지는 내적 이미지를 결정짓는다. 자아이미지는 내면적 성향에 어울리는 바람직한 이미지를 만든다.

직업과 개성에 맞는 이미지는 나의 이미지지수를 진단하고, 이를 분석해서 성공적 자아실현과 삶의 질을 높이기 위한 자아이미지를 통합적으로 관리하는 과정이다.

자아이미지가 부각된 셀프브랜드는 긍정적인 이미지를 확립하기 위해서 항상 책임감을 갖는 언어와 행동을 바르게 유지하는 것이 효과적이다.

(1) 내적 이미지전략

자아이미지를 강화한 브랜드이미지의 전략은 국가의 경쟁력을 향상하는 수단이 된다. 이를 바탕으로 국민 한 사람의 내면의 이미지가 커질수록 국가이미지도 성장하며, 브랜드 구축에 창의적인 전략을 활용하는 것이 퍼스널이미지라고 볼 수 있다.

① 자신감을 강화시켜라!

자신감을 강화하는 것은 이미지를 경영하는데 있어서 기본적으로 상대방의 기억 속에서 좋은 인상을 남게 하는 것이다. 이미지는 상황에 따라 사회가 원하는 인재상이 달라지고 있으므로 자신감을 느끼고 시대에 맞게 호감을 주는 인상을 만들어 주어야 한다.

② 커리어를 창조시켜라!

환경에 따라서 커리어를 창조하는 것은 개인의 적응력과 자신을 관리하는 커리어와 능력을 향상하는 것을 주도하고, 경험과 관련된 자립적 의사결정을 지원하는 직업군에 매우 관심을 두도록 한다. 대부분의 성공한 사람들은 자신의 노력으로 목표를 이루어 냈다.

③ 휴머니즘을 상승시켜라!

사회생활에서 인간의 아름다움을 상승시키는 것은 직장에서의 자신만의 존재가치이다. 국가 및 사회의 여러 제도가 형성되면 각 계층에서 객관적 제도와 개인적 욕구 사이에 갈등이 생기기 마련이다. 휴머니즘은 인간성에 대한 왜곡과 억압에 저항하는 흐름이 전개되므로 남을 존중하기 위해서는 먼저 인간적인 면을 피드백하고 그 시대상에 적합한 인간적인 배려와 교양의 원동력이 적용되어야 한다.

(2) 외적 이미지 전략

자신에게 가치있는 외적 이미지는 자신의 강점을 강화해 나가면서 자기경영에 대한 이미지를 피드백해본다. 또한 스스로 이미지를 더욱 돋보이고 성공하기를 원하는 개인의 성향과 적절한 욕구충족을 위해 기본적인 자아에 대하여 충분히 이해하도록 한다.

① 자신의 가치를 상승시켜라!

퍼스널이미지의 가치는 라이프스타일에서 외모가 차지하는 경쟁력에 영향을 미치게 된다. 자신감있는 외모로 나타내는 퍼스널이미지는 이성에게나 비즈니스 상대에게 있어서 사회적인 역할을 하며, 자신의 가치가 그대로 표현되기 때문에 이미지를 상승시킬 수 있다.

② 자신의 매너를 지켜라!

우리의 삶에서 매너이미지는 인간관계에서 지켜야 할 기본 상식이므로 예의바른 언행을 해야한다. 사회생활에서 타인을 위한 사소한 배려는 상대에게 감동을 줄 수 있으며 인간관계회복에 유익하므로 언제든지 매너를 습관화하여 상대에게 존중하는 마음을 외적으로 자연스럽게 표현하도록 한다.

③ 행동으로 실천하라!

외적인 자세이미지는 성공을 좌우하는데 제일 먼저 자세나 태도가 행동에 영향을 주게 된다. 행동은 말이 먼저 앞서가기보다는 말을 표현하기 전에 열정적인 의지력을 보여줌으로써 타인에게 신뢰감을 줄 수 있다. 이미지를 통한 멋진 모습은 생각으로만 그치지 않고, 겉으로 표출하여 실천하는 것이 바람직하다.

WORKSHEET

1. 자신의 내적인 셀프리더십을 위한 경영사례를 찾아보자.

제1단계 인식하기 〈셀프리더의 이해〉	제2단계 진단하기 〈셀프리더의 미션〉	제3단계 실천하기 〈삶의 목표지향〉
1) 리더십의 요소	1) 자아의식 표현	1) 과거바라보기
2) 리더십의 관계	2) 비전제시	2) 현재그려보기
3) 영향력 요인	3) 효능감 상승	3) 미래계획하기

2. 자신의 열등감을 느끼는 정도를 체크해보자.

번 호	열 등 감 내 용	전혀 (1)	별로 (2)	보통 (3)	가끔 (4)	항상 (5)
1	나는 키가 큰 사람을 보면					
2	사교성이 좋은 사람을 보면					
3	학력이 높거나 공부를 잘하는 사람을 보면					
4	집이 크거나 잘 사는 사람을 보면					
5	얼굴이 잘생긴 사람을 보면					
6	여러 사람 앞에서 말을 잘하는 사람을 보면					
7	운동을 잘하는 사람을 보면					
8	상대가 멋진 이성과 교제하는 것을 보면					
9	몸매가 날씬한 사람을 보면					
10	사회적 지위가 높은 사람을 보면					
11	능력이 탁월한 사람을 보면					
12	가족끼리 화합하고 행복한 사람을 보면					
13	다리가 긴 사람을 보면					
14	유머나 재치가 풍부한 사람을 보면					
15	노래를 잘하는 사람을 보면					
16	친척 중에 명성이 있는 유명인을 둔 사람을 보면					
17	자세와 태도가 반듯한 사람을 보면					
18	성격이 좋고 원만한 사람을 보면					
19	좋은 직장이나 학교에 다니는 사람을 보면					
20	가문이 훌륭한 사람을 보면					

신체적 항목		사회적 항목		능력적 한목		가정적 항목	
1		2		3		4	
5		6		7		8	
9		10		11		12	
13		14		15		16	
17		18		19		20	
소 계		소 계		소 계		소 계	
전체합계							

▶ 진단결과 : 전체합계 점수가 높은 순서대로 열등감이 높은 상태
신체적 열등감(20)/사회적 열등감(10)/능력적 열등감(5)/가정적 열등감(7)인 경우 신체적 열등감이 가장 높고, 사회적/가정적/능력적 열등감이 높다는 뜻임.

WORKSHEET

3. 자아이미지의 구성요소에 대한 내용을 검토해보자.

요 소	체 크 내 용	YES	NO
긍정적 사 고	1. 평소 낙관적으로 생각하는 편이다.		
	2. 하루의 생활이 매우 즐겁다.		
	3. 표정이 밝고 활기차다고 느낀다.		
	4. 나의 미래는 좋은 일이 많을 것이다.		
자 아 존중감	5. 객관적으로 좋은 사람이다.		
	6. 자신의 주변 환경에 감사하다.		
	7. 자신을 스스로 보호할 줄 안다.		
	8. 자기계발을 위해서 경제적으로 투자한다.		
열등감 해 소	9. 단점보다 장점을 찾으려고 노력한다.		
	10. 콤플렉스를 줄이기 위해 노력한다.		
	11. 자신의 매력을 지속적으로 계발한다.		
	12. 열등을 중요하게 생각하지 않는다.		
마인드 수 련	13. 가끔 홀로 있는 시간을 갖는다.		
	14. 취미생활로 스트레스를 해결한다.		
	15. 명상이나 요가를 즐기고 있다.		
	16. 현재의 마음을 글로 써볼 때가 있다.		

03

Chapter 03

얼굴이미지

학습목표

대인관계에서 호감유무를 결정짓는 첫인상의 개념과 결정요소를 이해하고, 자신의 이미지에 맞는 매력적인 인상을 만들기 위한 얼굴 및 표정트레이닝으로 셀프이미지를 관리할 수 있다.

1. 첫인상의 개요

상대방과의 처음 만남은 그 사람에 대한 인상을 형성하고 대인관계를 이어갈 수 있는 소중한 순간이다. 사람을 만날 때 형성되는 첫인상은 상대에게 갖게 되는 최초의 이미지인 동시에 타인에게 자신에 대한 정보를 전하는 첫 번째 단계이다. 우리는 다른 사람과 처음 만나서 극히 짧은 시간동안 상대의 정보를 파악하여 평가와 결론을 내리게 된다. 첫인상은 상대방에게 느끼는 호감의 유무를 결정하기 때문에 성공적인 사회생활에 미치는 영향력이 크고, 사회적 상호작용의 시작이자 추후 대인관계의 결정요인이 될 수 있다. 그러므로 타인에 대한 인상형성의 영향요인과 대인정보에 따른 처리방식을 이해하는 것이 필요하다. 이와 관련하여 첫인상의 개념과 효과를 이해하고 결정요소를 알아보도록 한다.

1) 첫인상의 개념

첫인상은 처음 만나는 사람에게 전달되는 정보를 개인의 인지구조에 의해 각인되고 주관적으로 판단되는 과정에서 형성된다. 첫인상(First Impression)은 사람에 대해 느끼는 첫번째 이미지이며 타인에게 자신의 모습을 기억시키는 순간에 각인되는 이미지이다. 상대방의 진정한 모습을 알기 위해서는 말과 행동을 종합하여 판단해야 한다. 그러나 첫인상에 호감을 느끼고 지속적으로 인간관계가 원만하게 이어갈 수 있으며, 반대로 비호감의 첫인상은 상대방에게 관심을 받지 못하면 자기표현의 기회가 적어져서 만남이 지속되지 않는 경향이 있다.

상대방에게 호감을 주는 첫인상은 단순히 외모가 탁월하다는 것을 의미하는 것이 아니다. 매력적인 외모를 가졌더라도 비호감인 사람이 있고, 매력적인 외모가 아니더라도 다른 요인에 의해서 첫인상이 오래 남는 경우가 있다. 이러한 인상은 선천적인 생김새와 인생의 경험, 그리고 학습 등으로 얻어진 총체적인 산물이다.

이러한 첫인상의 특징은 신속성, 일회성, 일방성을 가진다. 첫인상은 상대방과 매우 짧은 시간에 인상이 각인되는 신속성과 단 한번에 이루어지는 일회성을 갖게되어 처음 인식된 정보와 판단은 오래도록 기억된다. 일방성은 처음 만났을 때의 인상은 자신이 느끼는 것이 아니라 타인에 의해 형성된다. 즉, 첫인상은 가치관과 성격, 태도 등의 내적 특성이 파악되지 않더라도 그를 만난 타인의 가치관과 경험에 의해 일방적으로 인식되어 형성된다.

긍정적인 첫인상을 형성하기 위해서는 이와 관련된 특징을 이해하고 이미지를 개선하면서 노력하는 것이 바람직하다. 사회에서 요구되는 인상의 특성과 장단점을 잘 파악하여 이미지메이킹하면 호감이 있는 인상을 만들 수 있다.

2) 첫인상의 효과

상대방에게 느낀 첫인상은 오랫동안 기억되어 관계형성에 영향을 미치고, 처음 접하는 그 사람의 정보에 의해 좌우되거나 맥락에 따라서 결정될 수도 있다. 이것은 한번 결정되면 바꾸기가 매우 어렵고, 한번의 잘못으로도 상대에게 나쁜 인상으로 보일 수 있으므로 유의해야 한다. 첫인상은 태어날 때부터 결정되는 것이 아니라 살아가면서 형성되는 것이므로 스스로 노력하여 개선할 수 있다. 따라서 자신의 이미지를 객관적으로 파악하고 적극적으로 노력하여 타인에게 호감가는 첫인상을 주도록 하여야 한다.

대인관계에서 개인의 인상을 형성하는 과정에는 상대에게 주는 정보와 지각자의 상호작용에 따라서 초두효과, 후광효과, 맥락효과, 부정성효과로 살펴볼 수가 있다.

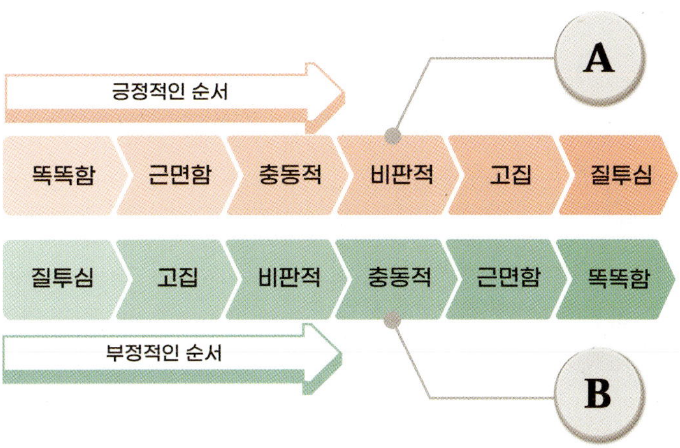

〈 그림 3-1 〉 첫인상의 초두효과

(1) 초두효과(Primacy Effect)

초두효과는 먼저 제시된 정보가 나중에 제시된 정보보다 더 강력한 영향력을 미치는 현상이다. 심리학자 솔로몬 애쉬(Solomon Asch)는 〈 그림 3-1 〉과 같이 A와 B, 두 사람의 성격에 대한 정보를 제시하고 실험을 진행했다. A에 대한 정보는 '똑똑하다, 근면하다, 충동적이다, 비판적이다, 고집스럽다, 질투심이 많다'였다. 반면 B에 대한 정보는 '질투심이 많다, 고집스럽다, 비판적이다, 충동적이다, 근면하다, 지적이다'의 정보를 제시하였다. 그 결과, 실험참가자들은 긍정적인 정보가 먼저 제시되었던 A에 대해 더 호의적으로 느낀다는 것을 알 수 있었다. 그러나 A와 B에 대한 정보는 말의 순서만 다르게 배열했을 뿐 동일한 내용이었다. 이 실험은 긍정적인 정보가 먼저 제시되었을 때 상대방은 훨씬 더 긍정적인 평가를 한다는 것을 보여준다. 초두효과가 일어나는 이유는 뇌가 입력되는 모든 정보를 저장할 수 없기 때문에 선택적으로 정보를 받아들이게 되는데, 이때 처음 들어온 정보가 더 잘 기억하게 된다는 것이다.

사람에 대한 인상평가는 그 사람에 대한 어떤 정보를 먼저 받았는지에 따라 상대방은 완전히 다른 인상을 형성하게 된다. 결국 첫인상의 형성은 처음 주어지는 정보에 의한 영향력이 크다고 할 수 있으며, 이를 통해 초두효과의 중요성을 알 수 있다.

(2) 후광효과(Hallo Effect)

후광효과는 어떤 사람이 가지고 있는 두드러진 특성이 그 사람의 다른 특성을 평가하는데 전반적인 영향을 미치는 효과이다. 후광은 어떤 사물의 뒤에서 더욱 빛나게 하는 배경이라는 뜻으로, 예를 들어 어떤 사람의 외모가 뛰어나면 그 사람의 다른 단점도 매력적으로 보인다는 것이다. 한번 내린 긍정적인 혹은 부정적인 인상평가는 다른 영역의 대인평가에도 영향을 준다. 상대방과 처음 만났을 때 호감을 주는 평가요인에 따라서 그 사람에 대한 다른 특성도 평가받게 된다. 이는 지각자의 논리성과 추론을 통한 지적 합리화 과정이라고 할 수 있다. 이러한 후광효과 요인은 외모, 학력, 사회적 배경 등 다양하다.

〈 그림 3-2 〉 첫인상의 후광효과

〈 그림 3-3 〉 첫인상의 맥락효과

(3) 맥락효과(Context Effect)

맥락효과는 처음 제시된 정보가 나중에 들어오는 정보의 처리지침을 만들고 전반적인 맥락을 제공하는 현상이다. 이것은 사전에 노출되는 단서들에 의하여 인식이 편향되는 효과로서, 맥락이 과정에 영향을 미치는 하향식 처리방식이다. 맥락효과는 〈 그림 3-3 〉과 같이 처음 보이는 정보의 맥락에 의해서 알파벳 B 또는 숫자 13을 연상하게 된다.

일반적으로 먼저 가지게 된 고정관념이나 선입견 등을 바탕으로 호감이 있는 인상을 준 사람의 행동은 좋게 평가하고, 비호감의 인상을 주는 사람의 행동은 나쁘게 평가하게 된다. 이것은 첫인상이 좋은 사람이 머리가 똑똑하다고 하면 그 사람을 현명하고 지혜로운 사람으로 판단한다. 하지만 첫인상이 나쁜 사람이 머리가 명석하다는 것을 알게 되면 그 사람을 교활한 사람이라고 생각하게 된다. 맥락효과는 자극에 관한 인식과 지각과정에 대한 환경적 요소의 영향을 설명하는 것으로 사회문화적 경험과 관습 등에 의해 달라질 수 있다.

(4) 부정성효과(Negativity Effect)

부정성효과는 어떤 사람에 대한 긍정적인 측면보다 부정적인 측면이 인상형성에 더 많은 영향을 미치는 효과이다. 긍정적인 장점들이 많은 사람을 만났을 때 호감도가 상승하지만, 그에 대한 부정적인 면이 두드러지면 호감도가 떨어지게 된다. 예를 들면 어떤 사람이 착하고 성실하지만 약속을 항상 안 지킨다는 말을 들으면, 부정적 정보에 더 많은 영향을 받아서 그 사람의 이미지가 부정적으로 형성된다.

호감이 있는 첫인상은 부정적인 정보를 접하더라도 쉽게 나쁜 쪽으로 바뀌지 않을 수 있으나

〈 그림 3-4 〉 첫인상의 부정성효과

한번 나쁘게 인식된 첫인상은 긍정적 정보가 적용되어도 호감가는 인상으로 바뀌기가 쉽지 않다. 부정적인 정보는 긍정적인 정보보다 인상평가에 더욱 중요하게 작용되며, 부정적인 정보가 긍정적인 정보보다 인상형성에 더 많은 영향을 줄 수 있다.

3) 첫인상의 요소

우리의 일상생활은 타인과의 만남으로 이루어지고, 서로의 관계 속에서 상대방이 어떤 사람인가를 파악한다. 인간관계에서 형성되는 인상은 상대방의 행동을 결정하는 원인이 되고, 상대방과의 지속적인 관계를 유지하면서 재확인하거나 수정하여 관계를 만들어간다. 사람들은 타인을 만났을 때 가장 먼저 외적 이미지 요소에 의해 인상을 형성하지만, 시간이 지나면서 외적 요소뿐만 아니라 내적인 여러 요소가 작용하여 인상을 만든다.

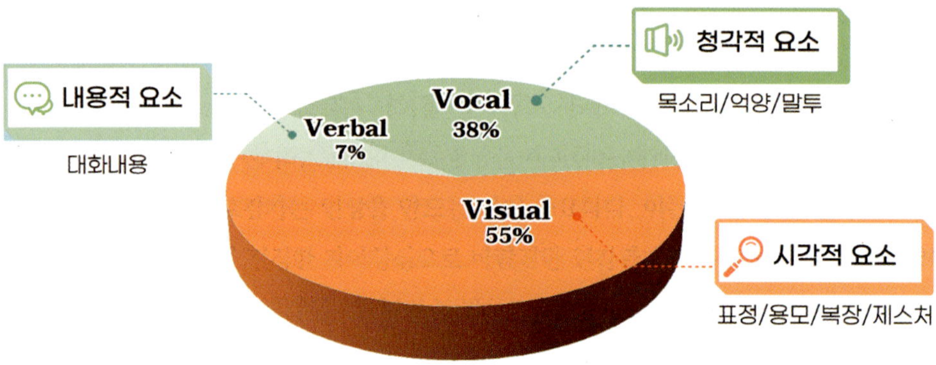

〈 그림 3-5 〉 첫인상의 이미지 결정요소

사회심리학자 앨버트 메라비언(Albert Mehrabian)의 연구에 의하면 개인의 첫인상을 결정하는 요소는 용모와 복장, 자세와 제스처 등의 시각적 요소가 차지하는 비율이 55%로 가장 높고, 청각적 요소인 목소리의 억양과 말투가 38%, 전달하고자 하는 내용은 7%로 나타났다. 이는 첫 만남에서 청각적 요소나 말의 내용보다 시각적 요소가 더욱 중요함을 알려주고 있다. 이처럼 상대방이 느끼는 첫인상은 머릿속에 시각적인 영상으로 남게 된다. 즉, 첫인상은 어떤 사람을 만났을 때 시각적 요소가 가장 크게 첫인상에 영향을 미치며, 다음으로 청각적 요소와 내용적 요소가 그 사람의 첫인상을 좌우하게 되는 것이다.

심리학자 알포트(Gordon Willard Allport)는 사람을 처음 만나면 30초 이내에 그 사람의 이미지가 결정된다고 하였다. 사람들은 처음 만난 사람의 얼굴과 옷차림, 표정과 목소리, 태도 등이 상대방에게 정보로 전달되어 매우 짧은 시간 안에 한정된 정보만으로 상대에 대한 전반적인 인상을 형성한다. 최근 뇌과학자 폴 왈렌(Paul J. Whalen)의 연구에 의하면, 우리는 뇌의 편도체를 통해 0.1초도 안 되는 사이 매우 짧은 순간에 이루어지듯이 상대방에 대한 호감도와 신뢰도를 평가한다고 한다.

첫인상은 상대에게 한번 나쁜 인상을 심어주면 호감있는 인상으로 바꾸는 데에 오랜 노력과 시간이 소요되므로 스스로 끊임없는 노력이 필요하다. 이를 위해서 첫 만남에서 가정 먼저 상대방에게 보이는 얼굴이미지와 표정관리를 알아보고 개선하도록 한다.

2. 얼굴이미지 관리

얼굴은 상대방에게 시각적으로 가장 먼저 보이기 때문에 첫인상에 큰 영향을 준다. 얼굴이미지는 나와 타인을 구별하는 정보인 얼굴에 나타나는 이미지로써 자신을 조금 더 적극적인 이미지를 표현하는 역할을 한다. 얼굴이미지를 좌우하는 요소는 얼굴의 생김새와 표정이고, 다양한 얼굴의 모습 속에서 개인의 건강과 마음상태 등이 나타난다. 우리가 살아가는 동안 수많은 타인의 얼굴과 마주하고 있는 다양한 표정은 상대방에게 나를 전달해주는 비언어적인 요소이다. 이를 통해 첫인상에 영향을 받기 때문에 얼굴인상을 비롯한 내면을 나타내는 표정의 개념을 이해하고 호감가는 표정을 연출하여 퍼스널브랜드 이미지를 향상시키도록 한다.

1) 얼굴이미지의 이해

얼굴은 자신을 나타내고 타인을 구분할 수 있는 정보로서 어떤 사람을 생각할 때 맨 처음 떠오르는 것이기도 하다. 얼굴의 사전적 의미는 눈, 코, 입이 있는 머리의 앞면으로 전체적 윤곽이나 생김새를 말한다. 얼굴에서의 '얼'은 영혼을 의미하고, '굴'은 통로로 그 의미는 '영혼의 통로'라고 할 수 있다. 얼굴은 나이, 성별, 인종, 건강상태, 기분 등을 즉각적으로 알려주는 거울이다. 인간은 외부의 자극을 받아 오감이라는 감각으로 세상을 인식하는데 오감의 감각기관을 가장 많이 가지고 있는 신체부위가 얼굴이라 할 수 있다. 즉, 얼굴은 시각과 후각, 청각과 미각이라는 감각기관이 모여 있고, 이를 통해서 정보를 인지하고 판단하는데 도움을 준다.

매력적인 얼굴이미지는 타인에게 호감을 주어 대인관계 및 사회적 성취에 긍정적인 요인으로 작용한다. 얼굴은 선천적인 요소와 후천적인 요소 그리고 환경적인 요소가 서로 작용하여 나타난다. 개인의 얼굴 생김새와 표정은 분위기와 서로 연관되어 상대방에게 호감 또는 비호감의 이미지를 형성한다.

요크대 심리학과 톰 하틀리(Tom Hartley) 연구팀은 사람들에게 1,000개의 얼굴사진을 보여주고 이 얼굴들을 젊고 매력적인 얼굴, 카리스마가 있는 얼굴, 다가가기 쉬운 얼굴로 분류했다. 연구진은 얼굴 179개 부위를 분석하고, 첫인상의 대부분을 결정하는 것은 얼굴의 몇몇 부위라는 것을 밝혀냈다. 또 젊고 매력적이라는 인상을 주는 요소는 긴 눈썹의 길이와 커다란 눈동자의 크기이고, 눈과 눈썹과의 거리가 짧을수록 카리스마가 있는 느낌을 줄 확률이 높았다고 한다. 입술의 경우는 입의 길이가 길고, 아랫입술의 각도가 클수록 다가가기 쉬운 사람이라고 인식한다. 인중의 길이는 짧으면 다가가기 쉽다는 인상을 줄 확률이 40% 이상, 그리고 입꼬리가 웃는 모양일 때는 그 확률이 70% 이상으로 나타났다.

연구결과, 얼굴의 생김새는 상대방에게 카리스마 있거나 다가가기 쉬운 이미지, 젊고 매력적인 이미지 등을 형성한다. 이처럼 얼굴이미지는 그 사람의 얼굴 생김새에 따라 다양하게 나타나므로 그 사람의 표정과도 관계를 이룬다.

〈 그림 3-6 〉 시선 및 각도에 따른 이미지 비교

〈 그림 3-6 〉처럼 동일한 얼굴의 사진이나 그림의 경우에 각자가 느끼는 이미지의 차이는 사람이나 사물을 바라볼때 상하좌우 시선의 각도에 따라 다르게 나타난다. 또한 빛에 따라 정도의 차이와 보고자 하는 목표물의 형태나 크기, 각도 및 색상과 톤의 차이에도 영향을 받아서 서로의 견해에 따라 느낌이 다르다고 볼 수 있다.

첫인상의 인식수준에 관한 연구를 살펴보면 타인과의 첫만남 시 여러 요소 중에서 얼굴전체의 인상을 먼저 본다는 사람이 64%로 가장 많았다. 그중에서 인상에 영향을 미치는 얼굴요소는 표정이 58%로 대부분을 차지한다. 상대방은 처음 보는 순간에 얼굴의 인상을 제일 중요하게 생각하고 표정으로 그 사람을 파악한다.

얼굴이미지를 형성하는 외적이미지 요소는 타고난 생김새와 피부색 등의 선천적인 요소와 메이크업과 헤어스타일, 표정 등의 표현적 요소가 있다. 선천적인 요소를 변화시키기 위해서는 노력과 시간이 요구되지만, 헤어스타일이나 메이크업, 표정 등의 표현적 요소를 활용하여 빠른 시간 내에도 얼굴이미지의 변화가 가능하다. 이 중에서 표정은 트레이닝을 하면서 즉각적으로 변화시킬 수 있고 상대방에게 미치는 효과가 크다.

2) 표정의 개념

표정(Expression)은 얼굴에 드러나는 여러 가지 마음속의 심리와 감정의 모습이며, 그 사람의 생각과 마음이 외적으로 표출되는 것이다. 사회적 동물인 인간은 여러 감정상태를 나타냄으로써 얼굴표정은 비언어적인 의사소통의 도구라고 할 수 있다. 표정은 효과적으로 자신을 표현하고 상대방과 공감하며 의사를 전달해준다. 이로 인한 얼굴의 이미지는 상대방의 마음을 알아내는 단서가 되기 때문에 표정이 달라지면 그와 연관된 대인관계가 변화된다. 호감가는 퍼스널 이미지를 형성하기 위해서는 상황에 따른 자신감 넘치는 표정, 신뢰와 믿음으로 가득 찬 표정, 긍정적이고 에너지가 넘치는 표정 등을 적극적으로 표현하도록 한다.

심리학자들은 인간의 가장 기본적인 감정으로 행복, 슬픔, 분노, 놀람, 공포, 혐오의 6가지를 꼽았으며, 이러한 감정상태에 따라 인간은 각각 다른 표정을 짓는다. 동양에서는 유교경전 중 하나인 '예기(禮記)'에서 인간의 기본 감정으로 희노애락애오욕(喜怒哀樂愛惡欲)의 기쁨, 분노, 슬픔, 즐거움, 사랑, 미움, 욕심을 칠정의 욕망이라고 한다. 표정은 이러한 마음속에 품은 감정이나 정서 따위의 심리상태를 겉으로 드러내어 표현할 뿐만 아니라, 그 사람의 외모와 건강 등에도 밀접한 관계를 갖는다.

심리학자이자 비언어커뮤니케이션 전문가인 폴 에크만(Paul Ekman)은 표정의 근육운동을 분류하는 연구를 하여 우리의 감정상태와 그와 연관된 인류 공통의 표정을 체계적으로 분석하였다. 그는 말과 몸짓은 거짓을 말할 수 있지만, 표정은 거짓으로 말할 수 없다고 했으며, 표정은 인간의 감정을 드러내는 가장 정확한 신호라고 하였다. 예를 들어, 행복한 상태를 나타내는 표정인 미소와 웃음은 양쪽 입술끝을 위로 땅기는 근육과 눈의 바깥쪽 끝부분을 주름지게 하는 근육의 운동으로 나타난다. 이러한 감정과 표정의 관계는 아프리카나 아마존 밀림의 원시부족이나 일부 고등동물까지도 공통으로 나타난다는 사실을 입증하였다. 이처럼 얼굴표정을 읽는 능력을 갖추는 것은 상대의 감정을 파악하고 원활한 커뮤니케이션을 가능하게 도와준다.

사람의 얼굴은 부모로부터 물려받아 이미지가 형성되고, 성장하면서 자신의 노력으로 가꾸며 변화한다. 표정은 상대에게 기본적인 정서 이상의 감정이 전달되고, 다른 사람의 행동에 대한 공감과 이해를 보여줌으로써 의사소통이 더욱 풍부해진다. 얼굴표정은 상대방과의 관계를 더욱 친밀하게 하기도 하고 반대의 경우 부정적인 감정을 일으키기도 한다. 그러므로 인간관계에서 상대방의 표정을 보고 생각과 정서를 파악하여 응대하는 방법이 효과적이다.

평상시 주위 사람들로부터 표정이 항상 어둡거나 무표정하다는 얘기를 듣는다면 표정을 밝게 하는 후천적 노력으로 긍정적인 인상을 만들도록 한다. 상황에 맞지 않는 무표정한 얼굴은 다른 사람에게 무관심이나 오만함으로 비쳐질 수 있으므로 대화의 내용이나 분위기에 맞는 표정을 표현할 수 있게 노력한다. 자신의 표정은 타인이 만들어주는 것이 아니기 때문에 상대방을 존중하고 배려하는 마음으로 꾸준한 노력을 통해 자연스럽고 신뢰감있는 표정을 만들어 효과적인 커뮤니케이션을 이끌어갈 수 있다.

인상이 바뀌면 인생이 바뀐다는 말처럼 인상은 꾸준한 노력으로 변화시킬 수 있다. 이를 위해서 얼굴 훈련법과 표정 연출법을 꾸준히 실천하여 호감이 가는 인상을 만들도록 한다.

3) 얼굴 훈련법

인간의 얼굴은 인생을 살면서 반복되는 습관이나 마음가짐 등에 의해 끊임없이 변화한다. 물리적 측면에서 표정은 얼굴근육으로 표현하는 몸짓언어라고 할 수 있다. 사람들은 잠을 자는 자세를 비롯하여 반복되는 습관이나 다양한 상황에서 나오는 표정으로 인해 얼굴의 근육을 매일 사용한다. 얼굴은 신체 가운데 가장 많은 근육을 가지고 있고, 얼굴근육의 움직임에 따라 표정이 다양하게 변화한다. 얼굴근육은 80여 개가 있어 그 근육으로 7,000가지 이상의 표정을 짓는다. 매력적인 첫인상과 자연스럽고 아름다운 표정을 만들기 위해서는 눈이나 입 등 근육의 긴장을 풀어주고 균형있게 움직여야 한다.

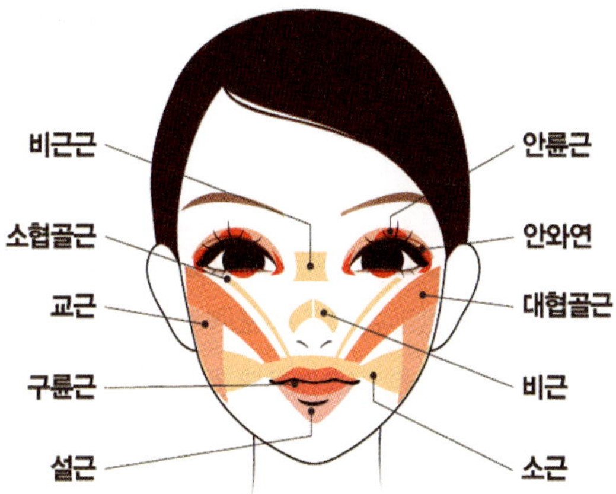

〈 그림 3-7 〉 얼굴근육의 종류

얼굴은 몸과 마음의 건강을 반영하는 거울이지만 사람들은 신체운동을 하면서 얼굴의 근육을 중요하게 여기지 않는다. 얼굴 훈련법은 아름다운 눈과 입가의 미소를 만들기 위해 표정에 관련된 얼굴부위의 근육운동을 하는 것이다. 얼굴에도 근육, 관절, 골격이 있으므로 얼굴의 눈과 입의 근육훈련을 하여 움직여주면 얼굴은 부드럽고 유연해지며 자연스러워진다. 또한, 피부에 산소공급을 해주기 때문에 혈액순환에 도움이 된다.

얼굴의 근육훈련을 할 때는 워밍업을 철저히 하고, 몸과 마음의 긴장을 충분히 풀어주고 거울을 보면서 올바른 방법으로 스트레칭을 한다. 얼굴의 근육운동효과를 위해서는 우선 얼굴의 힘을 빼고, 근육을 의식해서 움직이는데 집중한다. 얼굴훈련할 때는 되도록 피부가 건조하지 않게 보습크림을 바른 상태에서 실시한다. 얼굴부위의 근육은 매일 10분 이상 충분히 움직여서 운동하면 근육에 탄력이 생기는 효과가 있다. 자연스러운 표정을 만드는 것은 근육운동이 필수조건이므로 자신이 원하는 효과를 얻으려면 매일 규칙적으로 하도록 한다.

(1) 얼굴의 스트레칭

얼굴의 근육은 다양하게 사용하지 않으면 굳어진 근육이 무표정으로 변하기 때문에 상황에 맞는 표정을 연출하려면 얼굴의 스트레칭을 통해 생기있는 얼굴을 만들어야 한다. 신체를 트레이닝하여 운동하듯 웃는 얼굴로 입꼬리 주위의 근육을 단련시키고, 시작하기 전에 기분좋은 기억을 연상하며 이미지 트레이닝을 한다. 먼저 손바닥을 여러 번 비벼서 열을 낸 다음 얼굴에 얹어서 혈액순환을 해주고, 입안에 바람을 넣어 골고루 굴리면서 얼굴근육을 풀어준다. 이때 힘을 줄 때와 뺄 때는 최대한 밀면서 해준다.

Tip

얼굴의 스트레칭 워밍업

얼굴을 스트레칭할 때는 먼저 전체적인 몸의 긴장을 풀어주기 위해서 가슴을 바르게 들숨과 날숨의 복식호흡을 5회 정도 천천히 실시한다.

① 얼굴 : 손바닥을 서로 비벼서 얼굴 전체를 자연스럽게 마사지하듯 만져준다.
② 머리 : 머리를 앞뒤좌우로 5초 정도 밀어주고, 360°회전을 시킨다.

① 얼굴근육을 전부 바깥쪽으로 잡아당기는 것처럼 힘을 준다.
 눈동자는 앞으로 나오도록 부릅뜨고, 눈썹은 치켜 올려주며,
 볼의 근육도 위로 올린다.
② 다음은 ①의 얼굴동작과 반대의 표정을 짓는다.
 얼굴의 근육은 코를 중심으로 안쪽으로 작게 오므린다.
 눈썹은 코의 중심에 집중시킨다.
③ 눈을 조용히 감고 얼굴근육 전체에서 힘을 뺀다.
④ 순서대로 ①, ②, ③을 10초 동안 3회 되풀이하여 얼굴근육의 스트레칭을 한다.

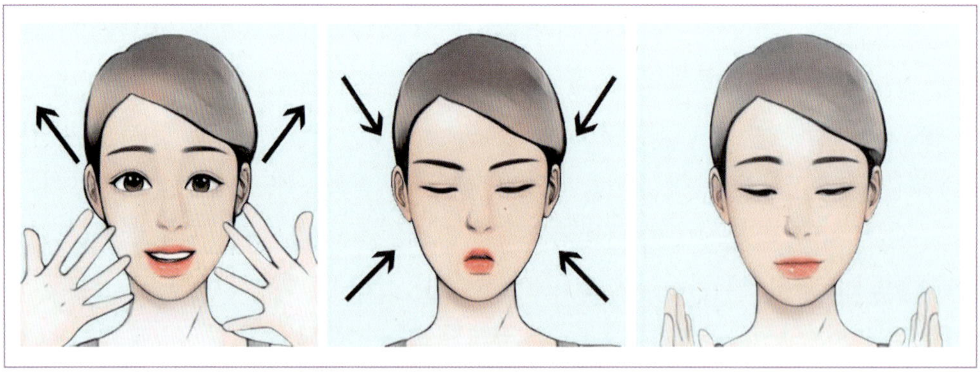

〈 그림 3-8 〉 얼굴근육의 스트레칭

(2) 눈의 스트레칭

눈은 그 사람의 마음상태를 그대로 반영하는 얼굴부위로서 매력적인 입의 표정만큼 눈의 표정도 관리해야 한다. 눈이 맑고 자신감이 있으면 표정이 편안하게 표현되므로, 눈 위의 근육을 단련시켜서 생기있는 눈의 표정을 만들도록 한다.

맑고 선한 눈매와 부드럽고 안정된 눈매를 만드는 방법은 다음과 같다.

① 정면을 보고, 눈과 입을 크게 벌리는 동작을 5초 동안씩 다섯번 반복한다.
② 눈동자를 위/아래, 오른쪽/왼쪽으로 각각 5초씩 머물다가 눈을 감는다.
③ 눈동자를 오른쪽 위/아래, 왼쪽 위/아래로 내려다본 후, 눈을 감는다.
④ 눈동자를 우회전 다섯번, 좌회전 다섯번씩 천천히 돌려준다.
⑤ 정면을 바라보고, 눈을 편안하게 10초 정도 감았다가 뜬다.

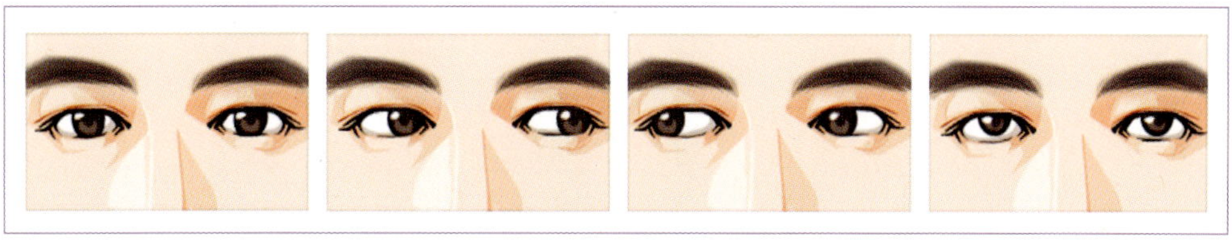

〈 그림 3-9 〉 눈근육의 스트레칭

(3) 입의 스트레칭

입주변의 굳어진 근육은 상대방에게 무관심이나 부정적인 느낌을 줄 수 있으므로 매일 입근육을 단련시켜야 한다. 입근육 운동은 입주위의 주름을 방지하고, 자연스러운 입술표정과 입꼬리의 모양을 만드는데 효과적이다.

긍정적인 인상의 얼굴을 만들기 위해서는 얼굴의 전체 근육을 풀어주고 입주위의 근육을 부드럽게 하는 발성법으로 '하, 히, 후, 헤, 호' 소리를 내면서 연습한다. 〈 표 3-1 〉과 같이 입근육의 스트레칭의 단계를 따라서 입을 최대한 크게 벌려서 10초 정도 멈추며 연습하도록 한다. 이러한 연습을 한 다음 '아하하하하하' '이히히히히' '우후후후후후' '에헤헤헤헤헤' '오호호호호호' 같은 유쾌한 웃음소리를 만들 수 있고, 한번 웃을 때 최소한 10초 정도는 웃음소리를 이어간다면 건강에 도움이 된다. 입근육 스트레칭을 꾸준히 연습한다면 자연스러운 입주위 표정이 만들어지며 호감가는 이미지를 상대방에게 줄 수 있다.

〈 표 3-1 〉 입근육의 스트레칭

구 분		형 태	스트레칭기법
1단계	하발성	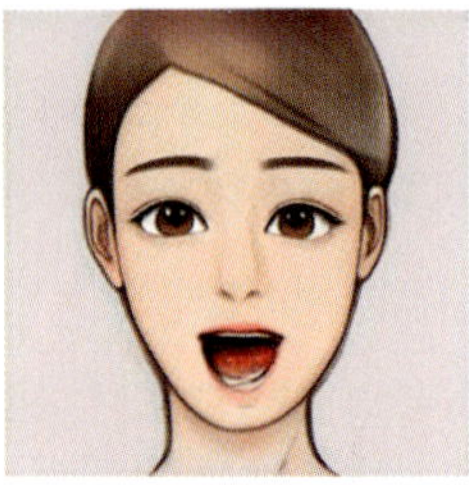	얼굴은 정면으로 향하고, 입을 벌려 '하'하고 소리를 낸다. (10초 정도 멈춘다)
2단계	히발성		입꼬리를 양옆으로 잡아당겨서 '히'하고 소리를 낸다. (10초 정도 멈춘다)
3단계	후발성	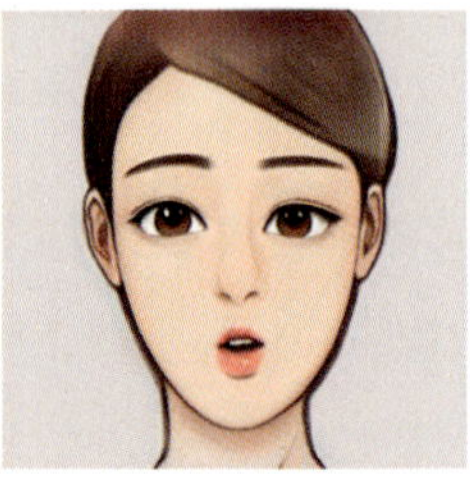	입술은 앞으로 쭉 내밀고 큰소리로 '후'하고 소리를 낸다. (10초 정도 멈춘다)
4단계	헤발성	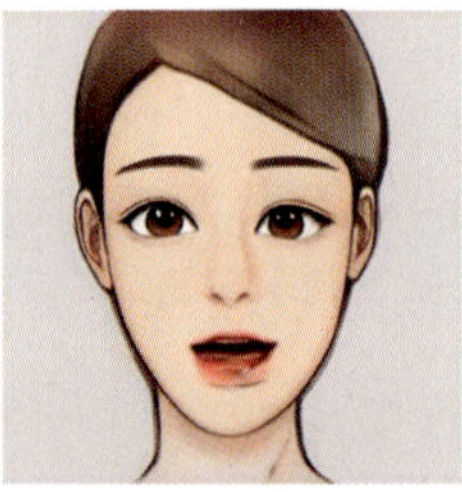	입술은 앞으로 쭉 내밀고 큰소리로 '헤'하고 소리를 낸다. (10초 정도 멈춘다)
5단계	호발성	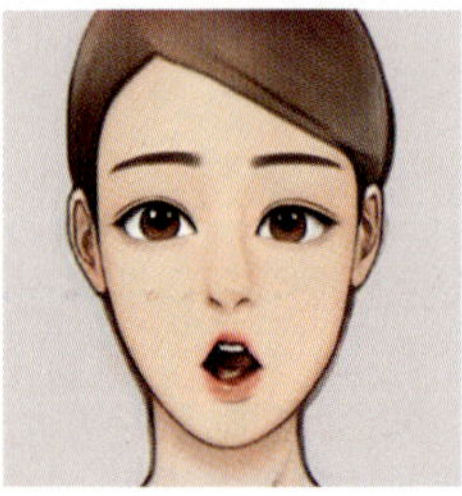	입술을 턱쪽으로 당기면서 동그랗게 '호'하고 소리를 낸다. (10초 정도 멈춘다)

4) 표정 연출법

개인의 성격, 사고, 심리상태, 가치관 등이 반영되어 나타나는 표정은 그 사람의 얼굴이미지를 결정하고, 밝은 표정은 호감가는 퍼스널이미지로 기억된다. 얼굴표정은 내면의 상태를 반영하기 때문에 매력적인 표정을 연출하기 위해서는 보이지 않는 자신의 마음을 잘 파악하고 함께 관리한다. 또한 자아존중감과 긍정적 사고 등이 향상되면 아름다운 표정이 자연스럽게 표현되고, 이와 반대로 자신의 마음과 표정이 상반되는 경우 억지스럽거나 부자연스러운 표정이 나타난다. 자연스러운 표정의 형성은 이미지 트레이닝(Image Training)을 활용하여 머릿속에서 가장 행복하거나 즐거웠던 순간을 이미지로 떠올리면서 표정연습을 한다. 긍정적인 인상을 주기 위해서 스마일의 효과를 이해하고 트레이닝법을 알아보도록 한다.

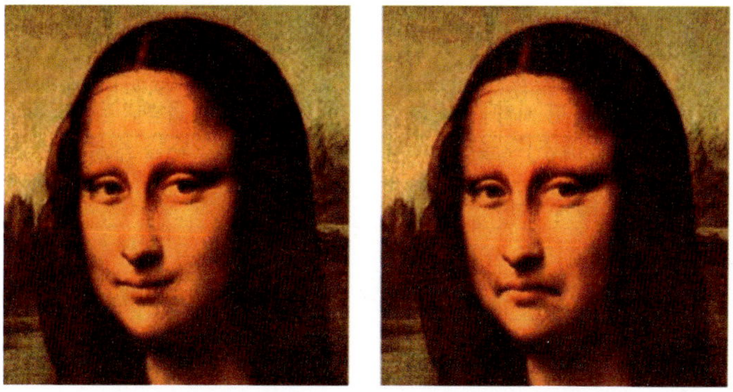

〈 그림 3-10 〉 모나리자 미소의 이미지 비교

(1) 스마일의 효과

아름다운 미소는 상대에게 호감을 일으키며 우호적인 관계형성의 열쇠이다. 미소는 상대방에게 호감과 따뜻함을 느끼게 하고 커뮤니케이션이 원활해진다. 그러나 상황에 맞지 않는 미소는 상대에게 불쾌감과 거부감을 주어 오해를 일으키기도 한다. 건강에 도움을 주는 스마일은 웃는 동안 머리와 목으로 가는 피의 공급이 증가하고, 폐와 기도를 확장시켜 산소의 유입과 배출을 돕는 역할을 하며 자율신경계를 자극하여 동맥과 심장 등 순환계의 작용으로 소화를 촉진시킨다. 스마일의 효과는 위와 같은 건강증진 외에도 감정이입효과, 마인드컨트롤효과, 실적향상효과, 신바람효과 등이 있다.

스마일은 여러 개의 표정근육에 의해 형성되지만, 특히 입모양에 많은 영향을 받는다. 즉,

모나리자의 미소는 〈 그림 3-10 〉처럼 입꼬리가 올라갔을 경우, 즐겁고 행복해 보이는 표정이지만 입꼬리가 아래로 처져있을 때는 우울하게 보이는 표정이 된다. 건강과 함께 사회적 경쟁력을 키우는데 웃음은 꾸준한 관심과 트레이닝으로 호감이미지를 만들 수 있다.

(2) 스마일 트레이닝

얼굴의 근육 중 스마일 라인을 만들어 주는 볼굴대(Modiolus)는 양 입꼬리 주변의 근육을 관장하는 것으로, 입꼬리를 올려주는 역할을 한다. 일반적으로 서양인은 볼굴대가 입꼬리보다 위에 있어서 무표정한 입모습을 하고 있어도 입꼬리가 살짝 올라간 것처럼 보인다. 그러나 볼굴대가 입꼬리보다 낮은 위치에 있는 동양인은 무표정한 입모습을 하고 있으므로 화가 났거나 불만있는 인상으로 인식된다. 따라서 스마일 라인의 밝은 이미지를 만들기 위해서는 입꼬리를 올리는 훈련을 하여 자연스러운 라인을 만든다.

호감가는 스마일 라인은 입꼬리를 살짝 올리면서 미소를 띠면 부드러운 표정이 만들어진다. 그러므로 자신의 입꼬리 모양과 미소를 파악하여 평소에 입꼬리가 처지지 않게 연습하고, 웃을 때 입술이 비뚤어지지 않게 반듯한 좌우대칭이 되도록 주의를 기울인다. 이를 위해서 스마일 트레이닝 방법을 알아보고 실천한다.

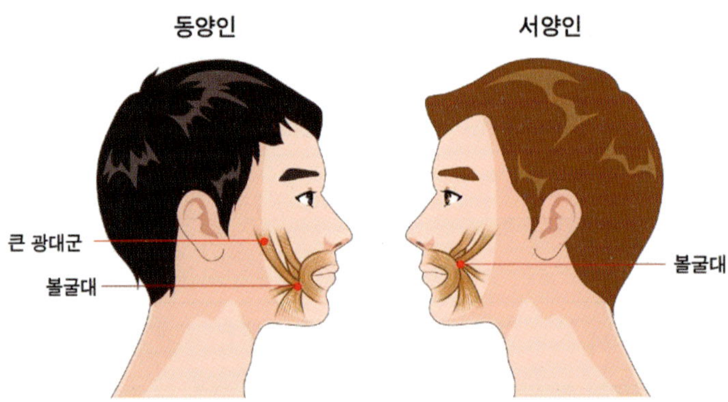

〈 그림 3-11 〉 동·서양인의 볼굴대의 차이

① 발음상 스마일 트레이닝

스마일 트레이닝할 때는 발음상 위스키나 와이키키의 '키'를 발음하고, 입근육을 움직여서 입꼬리가 올라가게 하는 방법을 꾸준히 반복하여 연습한다.

가. 위 스 키 : 먼저 '우' 발음을 낸 다음, '위스키'하고 소리를 내면서 입꼬리를 올려주고 눈꼬리는 아래로 내려준다.

나. 와이키키 : 먼저 '오' 발음을 낸 다음, '와이키키'하고 소리를 내면서 입꼬리를 올려주고 눈꼬리는 아래로 내려준다.

〈 그림 3-12 〉 스마일 트레이닝의 입술라인

② 검지활용 스마일 트레이닝

스마일 라인을 만드는 방법은 검지를 이용하여 입꼬리를 올려주는 연습방법이다. 검지를 양쪽 입꼬리에 대고 올려준 다음 다섯을 센 후, 원위치로 오게 한다. 여러 번 반복해서 연습하여 입을 다문 채 이를 살짝 보이면서 웃는다면 호감가는 스마일 라인을 만들수 있다.

〈 그림 3-13 〉 검지활용 스마일 트레이닝

Tip 매력적인 표정관리를 위한 포인트

가. 긍정적인 마음을 가지면 얼굴은 저절로 밝아진다.
나. 얼굴을 밝게 하도록 의식하면 마음까지 상쾌해진다.
다. 표정이 밝으면 음성이 경쾌해지며 태도가 좋아진다.
라. 상대에게 호감을 줄 수 있는 생기가 넘치는 표정을 짓는다.

WORKSHEET

1. 자신의 얼굴과 표정의 장단점을 파악하고 호감가는 얼굴이미지를 토론해보자.

구 분	내 용
장점	
단점	
개선할 사항	

2. 얼굴근육 체크리스트를 통해 자신의 얼굴의 장단점을 알아보자.

구 분	체 크 내 용	Yes	No
이마/코	자신의 이마에 가로 주름이 있는가?		
	자신의 미간에 세로 주름이 있는가?		
	자신의 콧등에 잔주름이 있는가?		
눈	얼굴 눈꺼풀에 잔주름이 있는가?		
	눈밑이 처지거나 다크써클이 있는가?		
	눈가에 주름이 많은가?		
볼	눈꺼풀이 푸석푸석한 느낌이 있는가?		
	코에서 입 양옆으로 주름이 깊은가?		
	입주변의 피부가 처져있는가?		
	웃을 때 주로 표정이 굳어지는가?		
입	입술색이 밝지 않고, 입주위에 주름이 있는가?		
	입꼬리가 처져있거나 비대칭인가?		
	옆 얼굴선이 비대칭으로 틀어져 있는가?		
턱	턱이 이중이라서 신경이 쓰이는가?		
	입주위와 턱사이에 주름이 있는가?		
	양옆의 턱이 너무 각져 있지는 않은가?		

WORKSHEET

3. 표정체크리스트를 통해 자신의 얼굴표정을 알아보자.

	체 크 내 용	Yes	No
1	자신의 표정은 밝고 생기있는 모습인가?		
2	자신의 표정은 상대방과 돌아서면서 굳어지는 편인가?		
3	평상시 입은 벌리지 않고 가볍게 다물고 있는가?		
4	자신의 표정에서 양쪽 입꼬리가 올라가 있는가?		
5	당황하면 혀를 내미는 습관이 있는가?		
6	평상시 자연스러운 미소를 짓고 있는가?		
7	평상시 시선은 부드럽거나 편안한 편인가?		
8	말을 할 때 눈을 자주 깜박거리지 않는가?		
9	혼자 있는 시간에도 표정관리에 신경을 쓰는가?		
10	긴장하면 입술을 깨물거나 오므리지 않는가?		
11	턱을 계속 들고 있거나 혹은 계속 숙이고 있지 않은가?		
12	눈동자가 불안정하게 움직이고 있지 않은가?		
13	웃고 있는 입술이 한쪽으로만 올라가지 않는가?		
14	웃을 때 습관적으로 입을 가리지는 않는가?		
15	웃는 얼굴에 대해 칭찬을 받은 적이 있는가?		
16	표정이 부드럽고 편안하다고 생각되는가?		
17	표정을 웃는 얼굴로 바꾸고 싶은 생각이 있는가?		
18	자신의 웃는 표정이 마음에 드는가?		
19	자신도 모르게 습관적으로 미간을 찌푸리고 있는가?		
20	자신의 표정은 다양하다고 생각되는가?		

04

Chapter 04

자세이미지

학습 목표

사회생활에서 대인관계의 신뢰성을 높이기 위해 자세와 태도의 개념을 이해하고, 상황에 따른 올바른 자세 및 정중한 인사법을 파악하여 매력적인 퍼스널이미지를 향상시킬 수 있다.

1. 자세이미지의 이해

퍼스널이미지는 상황에 따라 다르게 표현되고 평가되지만, 호감가는 사람에 대한 가치는 보편성을 갖고 있다. 상대방의 인상이 긍정적으로 인식되었다면, 다른 사람들도 그렇게 인식할 확률이 높으며, 자세와 태도는 호감과 매력적인 인상을 심어주는 요소이다.

자세이미지는 몸가짐과 마음가짐을 나타내고 호감을 주는 이미지형성에 중요한 요소로 작용하며, 사회화된 언어의 일부분이다. 태도는 호감을 주는 올바른 자세와 정중한 인사를 함으로써 사회생활에서 대인관계에 대한 효율성을 갖게 되므로 자신감있는 태도를 갖추도록 자세를 스타일링한다.

1) 자세의 개념

태도(Attitude)란 사람의 행동에 대한 내적 이미지를 표현하는 단어로, 사람의 마음가짐이기 때문에 변화할 수 있으며, 다양한 상황에서 대상에 비추어 개인적 반응의 일관성과 경험으로 인해 학습된다. 또한 태도는 어떤 대상에 관하여 연속적으로 호의적 또는 비호의적으로 반응하려는 학습된 사전적 견해라고 할 수 있다.

자세(Posture)란 어떤 동작이나 행동할 때의 몸의 모양이란 의미로써 '자세를 가다듬다, 자세를 고쳐 앉다, 자세를 바로 하다, 잘못된 자세로 오래 앉아 있으면 허리가 굽는다.' 등의 표현으로 생리학적 행동에 밀접한 뜻을 지닌 'posture'로 사용된다.

태도와 자세는 개념에서 알 수 있듯이, 자세로서 타인에게 전달되는 감정은 행위자의 심리적 정서와 함께 상대방에 관한 관심과 존경으로 표현된다고 할 수 있다. 이러한 맥락 속에서 우리는 흔히 태도와 자세는 혼용하여 사용한다. 바른 자세를 갖추는 것은 타인에게 태도를 전달하는 것으로 퍼스널이미지를 향상하는데 도움이 되는 것이다.

바른 자세의 기본은 예를 지키는 마음이며, 자세가 바른 사람은 올바른 정신자세를 갖추어 자신감이 넘치고 당당하여 성공한 사람처럼 보이는 효과가 있다. 일상생활에서부터 직장이나 사회생활을 하면서 의식적으로 자세를 교정해서 바른 자세를 갖도록 한다.

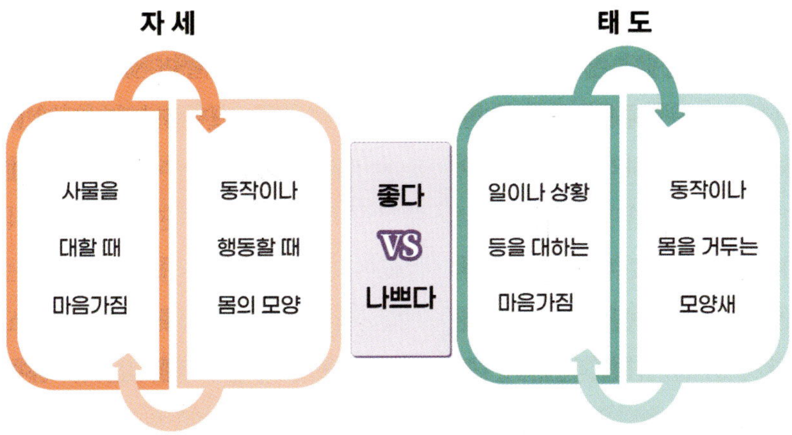

〈 그림 4-1 〉 자세와 태도의 개념비교

2) 자세의 특성

자세에서 표현되는 이미지나 비언어적 메시지를 전달받아 나타나는 태도이미지는 결코 타고난 것이 아니라 노력을 통하여 얻어질 수 있다. 바른 자세는 행동예절의 기초이면서 의식적이든 무의식적이든 상대방에게 안정적이고 정숙한 느낌을 주게 한다. 바른 자세는 타인에게 호감을 주고 스스로에게 자신감을 주기도 하지만, 굽은 자세와 팔자걸음은 매력을 반감시킨다. 따라서 올바른 자세를 취하고 유지하려는 행동은 타인에 대한 존중, 예의를 전달하고 나아가 긍정적인 셀프이미지가 형성된다.

(1) 기본자세

인간은 척추동물로서 척추는 중추신경과 자율신경을 지배하면서 내장의 여러 기관을 주관하는 몸의 중심추로, S자 모양을 하고 있으며, 체중을 지탱하여 외부에서 받는 충격을 견뎌낸다. 그러므로 척추가 바르지 못하면 신체 각 부위에 이상 현상이 나타난다. 바른 자세는 원하는 동작을 취하는데 신체를 효율적으로 사용할 수 있도록 해준다. 하지만 잘못된 자세는 몸의 효율성과 근육의 밸런스를 무너뜨리며, 관절과 근육에 스트레스를 주게 되어 동작을 취하는데 있어서 어려움을 겪게되어 통증을 유발한다. 자세는 신체적인 결함에 의해서 기분과 감정 및 인지능력에도 영향을 미친다. 메건(Megan) 및 에이미 커티(Amy Cutty)의 연구에 의하면 올바른 자세를 취하는 것만으로도 긍정적인 기분을 만들어 낼 수 있고 몸을 확장시켜 펴주는 자세만으로도 자신감을 갖게 하는 안정되고 편안한 마음을 유도할 수 있다고 하였다. 몸동작을 통한 바르고 당당한 자세는 뇌의 상태를 변화하게 하며, 몸의 경험이 바뀌면 마음과 생각에도 영향을 미치는 것을 알 수 있다.

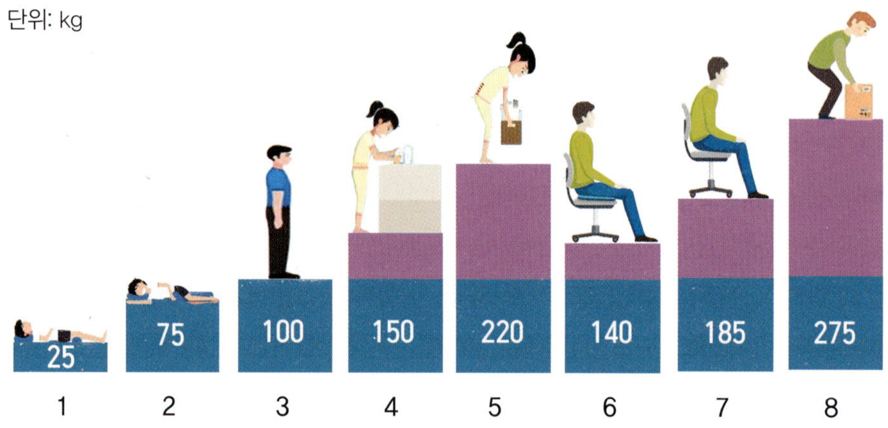

1. 똑바로 누운 자세
2. 옆으로 누운 자세
3. 똑바로 서있는 자세
4. 선채로 허리를 굽힌 자세
5. 선채로 허리를 숙여 물건을 들 때
6. 의자에 반듯이 앉을 때
7. 앉아서 앞으로 숙일 때
8. 앉아서 물건을 들 때

〈 그림 4-2 〉 자세에 따른 디스크 압력변화

줄리아 피셔(Julia Fischer), 존 리스킨드(John Riskind) 등의 연구를 보면, 당당한 자세를 취했을 때 더 낙관적이고 자신의 강점에 대해 확신하게 되며, 어려운 시험을 치를 때 포기하지 않고 더 열심히 수행했다고 하였다. 자세에 따라 의사결정 능력도 달라지므로 자신감있는 자세로 의사결정을 한 사람들은 더 큰 결단력을 발휘했다고 한다. 자세를 바꾸면 현재의 삶과 지나온 역경을 바라보는 나의 관점이 달라진다. 따라서 자세에 대해서 충분한 상식을 가지고 바른 자세를 유지하는 것은 자신감 향상 및 건강뿐만 아니라 신체적, 심리적, 사회적 퍼스널이미지를 높이는 방법이기도 하다.

또한, 자세는 상대방에 관한 관심과 존경을 나타낼 수 있다. 상대방을 향해 자세를 취하는 것은 그 사람의 말에 관심이 있다는 표시이며, 우정과 공경의 표시 외에도 상대방은 나에게 같은 자세로 보답하게 된다.

마음자세의 종류에는 열린 자세와 닫힌 자세가 있다. 열린 자세는 상대방에 대한 개방적이고 수용적 자세로 팔이 벌어져 손바닥이 노출되고 가슴을 펴는 동시에 상대방을 향해 마음을 열고 있는 자세이다. 이와는 반대로 닫힌 자세는 편하지 않은 상황에서 나타나며, 팔짱을 끼고 다리를 포개어서 상대방의 반대쪽으로 향하는 자세를 취한다. 이런 자세는 불편한 마음을 보호하기 위한 일종의 자기방어를 형성하는 역할을 한다.

움츠리는 자세는 기분이나 자신감에 부정적인 영향을 미치며, 앉는 자세에 따라 기분도 달라지고 인지능력에도 영향을 준다. 허리를 펴고 똑바로 앉을 때는 긍정적인 마음가짐을 갖게 하면서 적극적이고 진취적인 자세를 유발할 수 있다.

(2) 바른 자세

바른 자세는 개인의 특성이나 성별, 체형, 직업적인 특성에 따라 그 기준이 다를 수 있으며, 척추와 우리 몸의 큰 관절, 연부조직을 정상적으로 원활하게 기능할 수 있도록 해준다.

바른 자세의 기본은 예(禮)를 지키는 마음가짐으로 자세가 바른 사람은 올바른 정신적 태도를 갖추고 있으며 자신감이 넘치고 당당한 행동을 보인다. 따라서 일상생활 속에서 의식적으로 자세를 교정해서 바른 자세를 유지하게 된다.

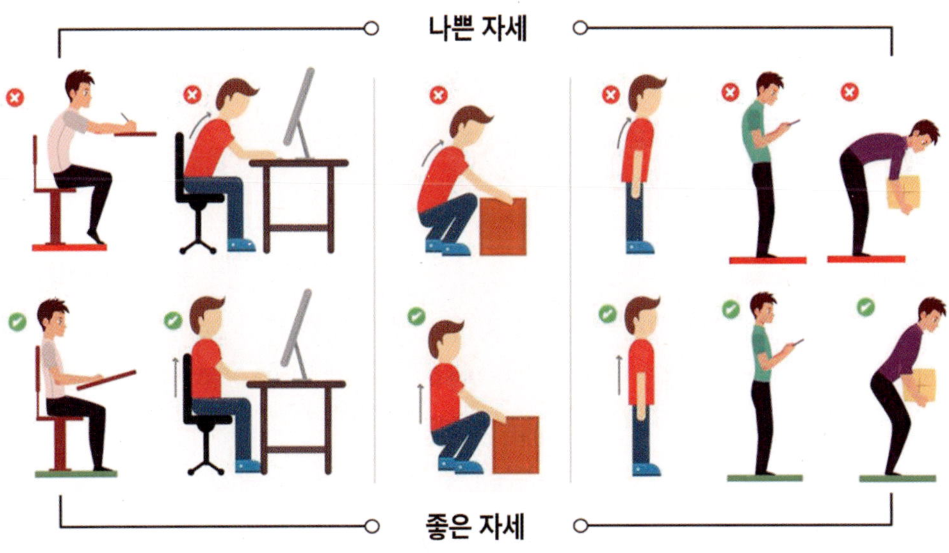

〈 그림 4-3 〉 생활 속 좋은 자세와 나쁜 자세

2. 자세이미지의 관리

1) 자세진단

자세는 장시간에 반복되어 잘못된 생활패턴을 습관적으로 지속하게 되면 자세의 불균형을 초래하게 된다. 자세이미지를 관리하고 자신감 있는 바른 자세를 만들기 위해서는 우선 자신의 신체의 불균형을 확인하는 것이 우선이다.

자세 불균형은 체형과 몸매의 균형을 무너뜨려 전체적인 균형을 잃게 하며, 비만이 되기 쉬운 체형이 되기 때문에 자세를 바로잡아 주어야 한다. 바른 자세를 지속해서 유지하려고 노력한다면 건강과 함께 긍정적인 자세이미지를 만드는데 도움이 된다.

바른 자세의 진단은 먼저 전신거울을 준비하고 거울과 연결 선상에서 전신이 비추어지도록 떨어져 서서 전체적인 자세를 점검해 본다. 하루 두번 정도 바른 자세의 이미지를 생각하면서 한번에 3분 정도 실시하고 오전보다 몸이 왜곡된 저녁시간에 진단하는 것이 유리하다. 단, 몸에 통증이 생기는 경우는 무리하지 않는 범위에서 하도록 한다.

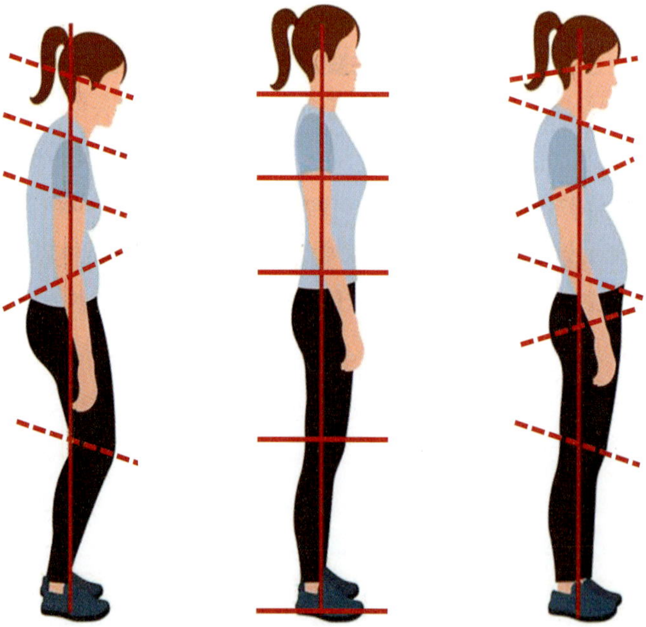

〈 그림 4-4 〉 바른 자세의 비교

기본자세는 자연적인 척추의 곡선을 유지한 상태에서 뼈, 근육, 힘줄, 인대 등의 조직에 무리한 힘이 들어가지 않아야 한다. 물건을 들 때 한쪽으로 치우치거나 한쪽 팔이나 발에만 무게를 실으면 습관이 되어 골반이 틀어지면서 전체적인 몸의 균형을 잃을 수 있다. 습관적으로 벽에 기대는 자세는 몸무게에 균형이 쏠리면서 한쪽 다리가 더 길고 굵어질 수 있고, 등이 구부정한 자세로 오랫동안 서 있으면 혈액순환이 안 되어 상체에 살이 찌게 된다. 결론적으로 바르지 못한 자세는 좌우비대칭이 되므로 지속적인 자신의 자세를 반듯하게 취하고 있는지 관찰하고 체크하여, 일상생활에서의 좋은 습관이 되어야 한다.

2) 자세교정

(1) 선 자세

선 자세를 교정할 때는 배에 힘을 주고, 어깨는 뒤에서 당긴다는 느낌으로 좌우대칭이 되도록 균형을 잡고 서서 오른쪽과 왼쪽머리를 잡고 목을 당기면서 스트레칭을 한다. 선 자세의 교정은 일상생활에서도 서 있는 방향을 수시로 바꾸면서 양다리에 골고루 무게를 실어주면 된다. 그리고 같은 자세로 오래 서 있는 경우, 양쪽 발을 번갈아가며 의식적으로 한발씩 무게를 실어 균형을 잡아주는 습관을 기른다.

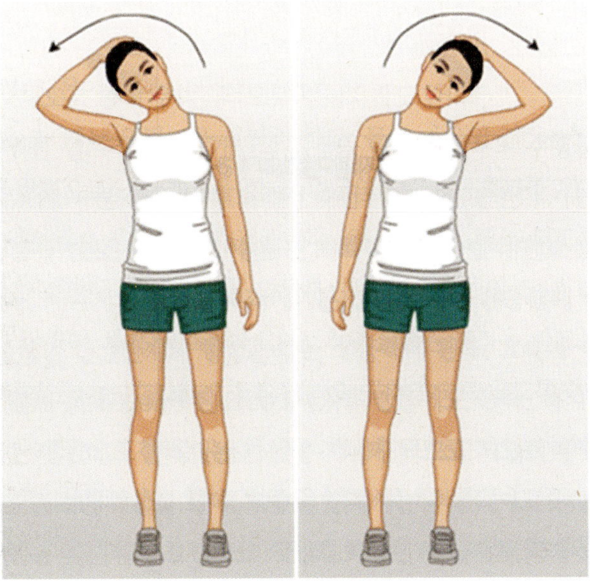

〈 그림 4-5 〉 선 자세의 교정

(2) 앉은 자세

앉은 자세의 교정은 의자 깊숙이 앉기보다는 의자에 살짝 걸터앉아 배를 끌어 올리듯 힘을 주고, 좌우가 대칭되게 균형을 잡아주면서 머리를 잡고, 오른쪽과 왼쪽을 반복하면서 스트레칭을 한다. 그리고 골반의자 등 보조기구로 골반이 벌어지지 않도록 교정한다. 의자에 앉아 오랫동안 작업할 때는, 척추에 부담을 가중시키지 않기 위해서 자료나 서류를 모니터와 키보드 사이에 두며, 컴퓨터와 키보드의 위치는 몸의 정면에 오도록 배치한다. 또한 서류를 키보드 아래에 두게 되면, 어깨가 올라가거나 앞으로 기울어서 목에 부담이 될 수 있으므로 올바른 위치에 두는 것이 무엇보다 상체에 무리가 없어서 편리하다.

〈 그림 4-6 〉 앉은 자세의 교정

(3) 걷는 자세

평상시 걷는 자세는 걸으면서 가방을 장시간 한쪽으로만 들거나 메고 다니면 몸의 균형을 잃기 때문에 체형이 비대칭으로 변하고 어깨가 구부정해지면서 상체에 살이 찌는 현상이 나타난다. 선 자세는 바르게 교정이 되지 않은 상태에서 걸음을 걷게 되면 걸음걸이 속도가 자신감에 비례하여 마음가짐도 흐트러지게 마련이다.

걸음걸이는 굽이 낮고 쿠션이 있는 신발을 착용한 상태에서 허리를 바르게 하고 걷는다. 균형있는 자세를 유지하기 위해서는 언제든지 바른 자세를 의식하고, 생활 속에서 훈련하여 걸을 때마다 실천에 옮기도록 한다.

올바른 자세를 유지하기 위한 걷는 방법은 다음과 같다.

① 걸음걸이

바른 걸음걸이는 발뒤꿈치부터 착지하면서 발바닥 전체를 활용하고, 지면을 엄지발가락이 위로 걷어차는 느낌으로 걷는다. 발뒤꿈치로 착지하면 자연스럽게 척추가 늘어나고, 팔자걸음과 안짱걸음, 비뚤어진 자세도 교정된다. 또한 걸을 때의 발의 부담을 발바닥 전체로 잘 흡수할 수 있도록 하면 발의 피로상태가 많이 완화된다.

② 무게중심

바른 걸음걸이의 무게중심은 발뒤꿈치에서 발끝으로 이동한다. 발뒤꿈치부터 착지하고 엄지발가락으로 걷어차는 것이 잘되지 않으면 무게중심이 옮겨지지 않는다. 따라서 뒷다리를 앞으로 내디디고 다시 발뒤꿈치부터 발에 무게중심을 이동시키면서 걷는다.

③ 보폭

바른 걸음걸이의 보폭은 자신의 어깨 정도 또는 그보다 약간 넓은 정도가 적합하다. 보폭이 너무 크면 무게중심 이동이 어렵고 몸이 앞으로 기울게 되어 바른 자세를 유지하기 어렵다.

〈 그림 4-7 〉 걷는 자세의 교정

(4) 걸음걸이의 형태

걸음걸이는 평소에 생활속에서 의도적으로 의식하지 않으면 걸음걸이가 부자연스럽게 될 수 있기 때문에 올바른 걸음걸이 자세를 익힌다. 걷는 자세는 습관적인 불균형을 예방하기 위해서 걸음의 유형을 스스로 비교해가며 연습하는 것이 효과적이다.

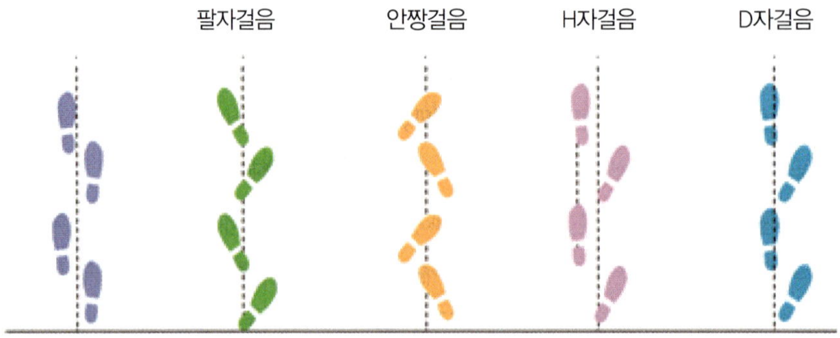

〈 그림 4-8 〉 걸음걸이의 유형

① 팔자걸음 : 보행각도가 5° 이상 30°까지 넓게 벌어진 걸음이다.
안전성은 유지할 수 있으나 신속성, 민첩성, 보행품위가 낮다.

② 안짱걸음 : 엄지발가락이 중앙선에 붙고, 뒷굽이 벌어지게 걷는 걸음이다.
중심선에 발이 교차되어 걸으므로 자신감이 부족해 보인다.

③ H자걸음 : 발굽을 중앙선에 붙이지 못하고 H자로 공간을 형성하는 걸음이다.
비만인 경우에 많으며, 거만해 보이므로 오해를 일으킬 수 있다.

④ D자걸음 : 한쪽 발은 직선으로 걷고, 반대발은 엄지발가락이 포물선을 그리면서
내딛는 걸음으로 중년 여성에게 많이 나타난다.

3) 자세의 종류

일상 속에서 바른 자세는 생활습관에서 시작된다. 바른 자세를 생활화하기 위해서는 바른 자세의 유형과 특징을 숙지하여 바르게 서고, 앉고, 걷는 자세를 실천을 하도록 한다. 자세의 종류로는 선 자세, 앉은 자세, 걷는 자세로 구분할 수가 있다.

(1) 선 자세

모든 동작의 기본은 서 있는 자세에서 비롯된다. 바르게 선 자세는 정면을 바라보고 턱은 가슴쪽으로 살짝 당겨준다. 하반신은 양쪽다리에 체중을 분배하여 어느 한쪽에 힘이 실리지 않도록 신경을 쓰도록 한다.

① 가슴은 펴고 등은 곧게 하여 호흡을 가다듬은 후 똑바로 선다.
② 몸의 중심을 잘 잡고 두 발의 뒤꿈치는 나란히 붙이고,
  앞부리는 15~30°정도 벌리고 선다.
③ 표정은 자연스럽게 미소를 짓고 시선은 정면을 향한다.
④ 머리는 반듯하게 들고 턱은 가볍게 당겨준다.
⑤ 허리는 일직선으로 세워 상체와 하체가 기울지 않게 한다.
⑥ 아랫배와 엉덩이에 힘을 주어 위로 끌어당긴다.
⑦ 자연스럽게 주먹을 쥐고 바지나 치마 옆선에 붙인다.
⑧ 머리와 어깨는 앞뒤로 수평을 이루도록 한다.
⑨ 전체적으로 위에서 끌어당기는 느낌이 들도록 편안하게 선다.

〈 그림 4-9 〉 올바른 선 자세

(2) 앉은 자세

앉은 자세는 예의가 바른 자세를 표현하는 대표적인 자세이다. 이 자세는 선 자세에서 정면을 바라본 후, 안정적으로 깊숙히 바른 자세를 취하면서 의자에 앉는다. 상대가 바라볼 때, 머리와 어깨가 기울임이 없는 편안하고 안정감 있는 앉은 자세가 바람직하다.

〈 그림 4-10 〉 올바른 앉은 자세

① 어깨와 가슴을 펴고, 엉덩이를 뒤에 붙이고 허리는 바르게 펴서 반듯이 앉는다.

② 시선은 정면을 향하여 상대방을 바라보며 편안한 자세를 취한다.

③ 어깨와 턱은 힘을 빼고, 머리를 바로 하며 턱은 아래로 당겨준다.

④ 여성은 손을 모으고 가볍게 무릎 위에 얹는다.

⑤ 남성은 두 손의 힘을 뺀 후 계란을 쥔 모양으로 가볍게 주먹을 쥐고,
허벅지 위에 자연스럽게 올려놓는다.

⑥ 여성의 다리는 가지런히 모아 수직으로 세우거나 약간 기울인다.
발끝은 정면을 향하도록 조금 앞으로 내민다.

⑦ 남성은 무릎과 발꿈치를 90°로 세운 후, 다리를 어깨넓이로 벌려서 앉는다.
이때 발의 모양은 11자 형태로 되게 한다.

(3) 걷는 자세

바르게 걷는 자세는 턱과 어깨가 수평을 이루고, 가슴은 활짝 펴며, 머리와 몸은 흔들지 않는다. 전체적으로 안정감이 있고 편안한 자세를 취하려면 아랫배와 엉덩이는 힘을 주어 최대한 위로 끌어 올려주며, 허리를 똑바로 세운 채 걷는다.

선 자세는 자신의 자세에 대한 단점을 파악하고, 올바른 선 자세를 실천해보자.

① 몸의 중심은 바닥을 내딛는 발에 힘을 실어준다.
② 어깨는 수평으로 하며, 머리와 목은 곧게 펴서 흔들지 말고, 똑바로 세운다.
③ 시선은 정면을 바라보고 눈높이보다 15°정도 올려 고정한다.
④ 허리와 가슴부터 앞으로 나가는 기분으로 중심을 옮긴다.
⑤ 손은 가볍게 쥐고, 팔은 앞으로 40°, 뒤로 15°정도를 움직이며,
   바지 옆선을 스치면서 자연스럽게 흔들어 준다,
⑥ 무릎은 쭉 뻗치면서 무릎과 발목이 스치듯 걷는다.
⑦ 발은 일직선의 좌우에 붙여서 양발이 평행이 되도록 하며,
   어깨너비 정도의 보폭으로 걷는다.
⑧ 발뒤꿈치를 먼저 내디디며 일직선으로 곧게 걷는다.

(4) 안내자세

방문객은 다양한 목적으로 회사나 기관 등을 방문하게 된다. 기업이미지의 신뢰성은 방문객에 대한 직원의 응대태도에 의해 좌우된다고 할 수 있다. 그러므로 방문객을 접견할 때는 정중한 인사와 함께 친절하고, 매너를 갖춘 태도로 안내할 수 있어야 한다. 고객을 응대할 경우, 대기자세, 복도 및 계단, 엘리베이터, 사무실에서의 안내자세를 살펴보자.

〈 그림 4-11 〉 바른 대기 및 안내자세

① 대기자세

가. 기본 안내자세는 공수한 상태에서 바르게 선다.

나. 편안한 자세를 유지하며 안정감있게 정면을 향한다.

다. 여성은 두발 중 편한 발을 뒤로 보내고, 반대 발뒤꿈치를 뒤발에 닿게 하여 Y자 모양을 만든다.

② 복도에서의 안내

가. 안내자는 방문객보다 두세 걸음 대각선 왼쪽 앞에 걷는다.

나. 코너를 돌 때는 팔을 뻗고 손가락을 모아 방향을 안내한다.

다. 가끔 뒤를 보면서 거리와 속도를 확인하면서 안내한다.

③ 계단에서의 안내

가. 방문객을 계단손잡이쪽으로 안내하고 걷기 편하게 배려한다.

나. 계단을 올라갈 때 방문객을 앞으로 안내하고 뒤를 따라간다.

다. 계단을 내려갈 때 안전을 위해 방문객의 앞에서 안내한다.

〈 그림 4-12 〉 복도 및 계단에서의 안내자세

④ 엘리베이터에서의 안내

가. 엘리베이터를 타기 전에 미리 가는 층을 알린다.

나. 탑승 시 안에 있는 사람이 모두 내린 후에 탑승하고
고객을 안내하는 사람은 엘리베이터를 타고 내릴 때,
버튼을 눌러 문이 빨리 닫히지 않도록 배려한다.

다. 안내자는 버튼 바로 앞에 서서 엘리베이터를 작동한다.

라. 방문객보다 먼저 엘리베이터에 타서 버튼을 누르고 안내하면
자동적으로 본인의 위치가 말석이 된다.

마. 내릴 때도 안내자는 상사나 방문객이 먼저 내리도록 하고,
완전히 내릴 때까지 열림버튼을 누르고 있는다.

바. 상사나 방문객만 탑승할 때는 밖에서 문이 완전히 닫힐 때까지 배웅한다.

〈 그림 4-13 〉 엘리베이터에서의 안내자세

⑤ 사무실에서의 안내

가. 당겨서 여는 문을 통과할 때는 안내자가 문을 당겨 열고 서서,
방문객이 먼저 통과하도록 안내한다.

나. 문을 밀고 들어갈 때는 안내자가 먼저 문을 열고 들어가서
문을 잡고 방문객을 통과시키도록 한다.

다. 미닫이문일 경우에는 들어가고 나올 때 모두 안내자가 문을 열고,
방문객이 먼저 들어가고 나오게 한다.

라. 회전문은 먼저 들어가서 문을 미는 것이 예의이다.
자동 회전문의 경우에는 방문객을 먼저 들어가게 하고,
안내자가 뒤에 따라 들어간다.

〈 그림 4-14 〉 사무실에서의 안내자세

3. 인사자세

사전적 의미에서의 인사(人事)는 사람 인(人)과 섬길 사(事)가 합쳐진 말로, 사람이 마땅히 해야 할 일, 또는 사람을 섬기는 것을 뜻하며, 마주 대하거나 헤어질 때 예를 표하는 말이나 행동을 의미한다. 인사는 상대방의 인격을 존중하는 의미와 친절과 협조를 나타내는 표현으로 원만한 사회생활과 대인관계를 유지하기 위한 행위라 할 수 있다.

1) 인사의 개념

인사는 자신을 상대방에게 알리는 첫번째 단계이며 상대에 관한 호의와 존경심, 친근함을 표현하는 마음의 외적 표현양식으로, 인간관계의 시작이자 윤리형성의 기본이다. 인사는 상대방을 존중하고, 배려하는 마음, 경의를 표하는 마음, 조직의 신뢰와 상대와의 원만한 인간관계 형성에 기여하는 것이다.

인사는 적극적으로 하는 것이 바람직하며, 기본적인 인사법을 습득하여 상호 간에 매너를 지키고 상대를 존중하는 마음에서 진심으로 우러나오는 인사를 하도록 한다. 그리고 상황에 맞고 형식을 갖춘 바른 인사는 신뢰와 친근감을 주기 때문에 올바른 자세이미지를 형성하게 된다.

〈 그림 4-15 〉 올바른 인사자세

① 밝은 표정을 지으며 상대방의 눈을 바라보며 바르게 선다.
② 가슴과 등을 자연스럽게 펴고 배를 끌어당기며 허리부터 숙인다.
③ 숙인 상태에서 1초 정도 머무른다.
　이때 머리, 등, 허리선이 일직선이 되도록 한다.
④ 상체를 올릴 때는 천천히 2초 정도 일으켜 세운다.
　숙일 때보다 조금 더 천천히 상체를 올린다.
⑤ 밝은 표정의 미소와 함께 인사말을 전한다.

2) 인사의 종류

인사의 종류는 기본적으로 가볍게 하는 목례, 일반적으로 하는 보통 인사인 보통례, 정중하게 인사하는 정중례로 3가지가 있다. 상황에 따른 인사에는 걸으면서 하는 인사, 계단에 오르내릴 때 하는 인사, 의자에 앉아서 하는 인사가 있다.

각각의 상황에 맞는 인사방법은 다음과 같다.

(1) 목례

목례는 상대방의 눈을 보면서 가볍게 15°각도로 하는 인사로써, 시선은 발끝 2~3m 앞에 두고 상체를 약간 구부리고, 겸손한 마음자세로 인사하는 것이 예의이다. 목례는 친근하거나 가까운 사람, 계단에 오르내릴 때나 전화통화 중일 때, 아침인사 후 여러 번 만났을 때, 엘리베이터 안처럼 좁은 공간에서 마주친 경우에 적용한다.

(2) 보통례

보통례는 가장 일반적인 인사법이다. 상체를 30°정도 숙이고, 상대방을 처음 마주쳤을 때나 감사의 표현, 고객을 맞이하거나 배웅할 때 하는 인사로 목소리는 적당한 크기로 정확하게 한다. 보통례를 할 때는 허리부터 상체를 숙인 후, 잠시 멈추고, 천천히 상체를 일으켜 세운다.

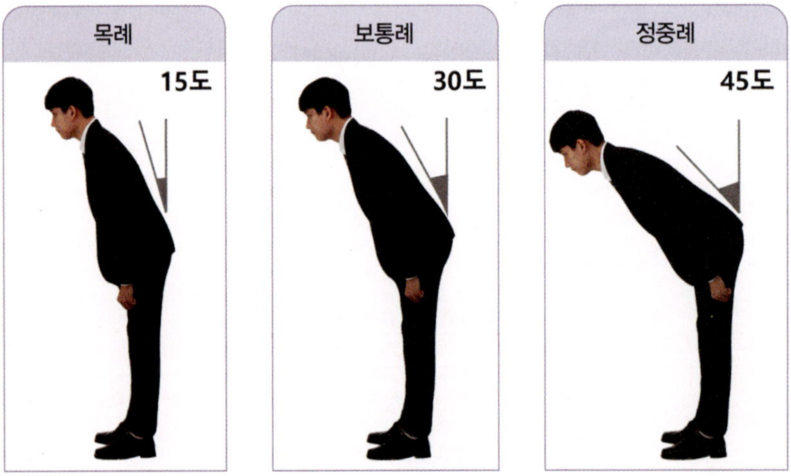

〈 그림 4-16 〉 인사의 종류

(3) 정중례

정중례는 가장 공손한 인사자세라 할 수 있다. 상체를 45°정도 숙여서 보통 인사보다 더욱 정중함을 나타내는 인사이다. 시선은 1m 앞쪽 발끝을 바라보면서 정중하게 하는 것이다. 정중례는 감사하는 마음을 표시하거나 상대방에게 정중하게 사과할 때, 그리고 공식 석상에서 예의를 갖추어 감사를 표현할 때 하는 인사이다. 정중례를 할 때는 기본 인사자세를 염두에 두면서 허리부터 상체를 숙인 후 2초 정도 잠시 멈추고 천천히 허리를 일으켜서 편다.

3) 일상생활 인사

인사는 곧 상대방에 대한 배려의 표현이므로 상황에 맞게 인사를 해야 한다. 일상에서의 인사는 상대방을 예우하는 자세로 자연스럽게 이루어져야 하며, 상대방이 움직이는 상황에 따라서 적합한 인사를 하도록 한다.

(1) 걸을 때 인사

걸으면서 인사하는 경우는 급하지 않게 마음의 여유를 가지고 인사를 한다. 멀리 떨어져 있을 때는 가벼운 목례를 한 다음 가급적 가까운 거리에 다가서서 상대를 향해 기본자세를 갖춘 후 인사말과 함께 눈을 마주치면서 정중하게 인사한다.

(2) 계단에서 인사

계단에 오르내리면서 상대방과 마주치면 가까운 계단의 위치에 이르렀을 때 인사를 한다. 계단에 올라갈 때는 시선을 위로하고, 내려갈 때는 시선을 약간 아래로 향한다. 동료를 만났을 때 같은 위치의 계단에서 인사하며, 연장자와 만났을 때는 두계단 정도 아래 위치에서 인사하는 것이 바람직하다.

(3) 앉아 있을 때 인사

의자에 앉은 상태에서 인사를 해야 하는 경우는 앉은 상태에서 상체의 허리를 곧게 펴고, 상대의 눈을 보며 가볍게 목례를 한다. 상사나 연장자에게 인사를 할 경우에는 일어서서 인사를 하거나 여성은 의자에 앉은 상태에서 그대로 목례를 해도 무방하다.

WORKSHEET

1. 나의 올바른 자세를 위해 자가테스트를 실시해보자.

모든 동작의 기본은 서 있는 자세에서 비롯되므로 자신의 자세를 자가테스트 하는 방법을 익혀서 자세를 교정해보도록 한다. 바르게 선 자세는 정면을 바라보고 턱은 가슴쪽으로 살짝 당겨주고, 양쪽다리에 체중을 같게 하여 어느 한쪽에 실리지 않게 한다.

자세의 자가진단법

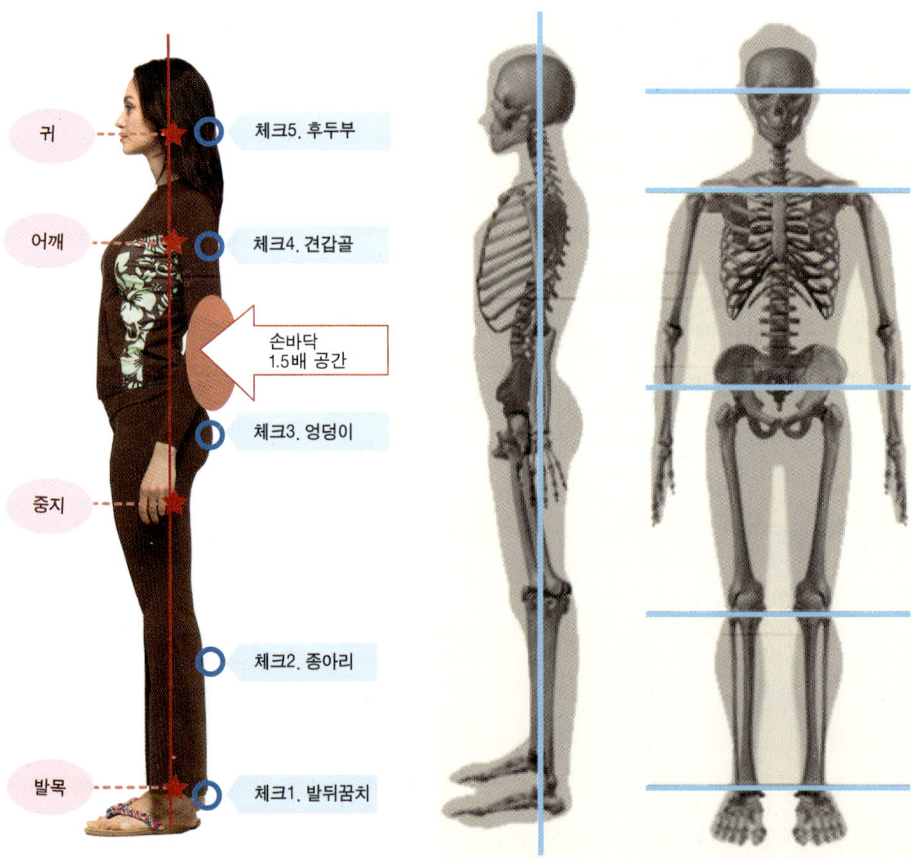

2. 현재 자신의 자세상태를 관찰하고, 자세를 진단해보자.

구 분	종 류	자 세 상 태
기본 자세	선 자 세	
	앉 은 자 세	
	걷 는 자 세	
인사 자세	목 례	
	보 통 례	
	정 중 례	
생활 인사 자세	걸 을 때	
	계 단 에 서	
	앉아있을 때	

WORKSHEET

3. 자신의 자세가 올바른지에 대해서 체크해보자.

문 항	내 용	Yes	No
1	다리사이가 벌어져 있다.		
2	치마를 입으면 한쪽으로 치마가 돌아간다.		
3	상체보다 하체가 비만이다.		
4	걸음걸이가 이상하다는 소리를 듣는다.		
5	등이 굽고, 목과 머리가 앞으로 나와 있다.		
6	양쪽 골반의 높이가 다르다.		
7	양쪽 어깨높이가 다르다.		
8	발바닥과 다리가 아파서 오래 걷지 못한다.		
9	자세가 굽어있다는 소리를 듣는다.		
10	바지의 한쪽 끝만 먼저 닳는다.		
11	신발굽 안쪽 또는 바깥쪽이 심하게 닳는다.		
12	앞으로 굽혔을 때 양쪽 윗등이나 허리높이가 다르다.		
13	눈썹과 눈썹사이가 일직선이다.		
14	양쪽 귀높이가 같다.		
15	양쪽 다리길이가 같다.		
16	발끝이 벌어진 각도가 다르다.		
17	구부정하게 앉는다.		
18	가방을 한쪽으로만 메고 다닌다.		
19	앉아 있을 때 자주 다리를 꼰다.		
20	한 손으로 턱을 괴는 습관이 있다.		

▶ 진단결과 : 체크문항 중 7개 이상 불균형인 경우: 올바른 자세를 위해 교정이 필요함.

Chapter 05

커뮤니케이션이미지

학 습 목 표

인간관계에서 자신의 이미지형성에 영향을 미치는 커뮤니케이션의 중요성을 이해하고, 상대방에 대한 배려를 바탕으로 원활한 소통을 구축할 수 있도록 대화의 스킬을 향상시켜 자신감 있는 커뮤니케이션 능력을 갖출 수 있다.

1. 커뮤니케이션의 이해

일상생활에서 우리는 많은 상호접촉을 하면서 지속적인 커뮤니케이션(Communi-cation)이 이루어진다. 그 과정에서 수많은 언어와 비언어적 신호가 생산되고 소비되어 커뮤니케이션 하는 동안 정보를 처리할 때 총체적인 지각이 이미지로 형성된다. 상호작용 과정에서 의사소통은 자신에 대한 상대방의 태도에 영향을 주기 때문에 언어적 커뮤니케이션과 비언어적 커뮤니케이션을 조화롭게 표현하여 상대에게 호의적인 태도를 끌어낼 수 있어야 한다.

커뮤니케이션은 장기적인 관계를 구축하는 통로이므로 소통이 유연하게 이루어지지 않으면 인간관계에서는 크고 작은 문제가 발생할 수 있다. 커뮤니케이션 역량은 성공적인 퍼스널이미지를 형성하는 요소 중의 하나로 매력적인 목소리, 올바른 용어 및 발음, 타인을 존중하는 바른 대화법 등의 훈련을 통해 자신이 추구하는 이미지로 변화시켜 긍정적으로 발전할 수 있다. 그러므로 사회생활에서 요구되는 커뮤니케이션의 의미를 알아보고, 개념과 유형에 대해서 파악하여 소통능력을 키우도록 한다.

1) 커뮤니케이션의 개념

커뮤니케이션(Communication)의 어원은 라틴어 'communis'로 공동 또는 공통성을 의미한다. 이는 공통성을 이루기 위하여 상대방과의 의사교환에 의해서 공통의 경험과 지식을 전달하고 공유하여 확대한다는 뜻이다. 즉, 커뮤니케이션은 사람들 간에 정보와 의견, 감정 등을 주고받는 의사소통의 과정으로 자신을 표현하는 행위이다. 커뮤니케이션은 넓은 의미에서 설득 작업을 의미하는데 상대방의 관점에서 상대의 언어로 소통해야 설득이 가능해진다.

우리는 많은 시간을 다른 사람과 끊임없는 관계를 맺으면서 살아가기 때문에 인생의 성공여부는 커뮤니케이션을 얼마나 잘할 수 있는가에 달려있다. 인간은 지각된 행동이나 사건을 계기로 이전에 가지고 있던 정보가 변화하게 되고 그들의 행동에도 영향을 미친다. 이것은 의사전달에 의한 결과로 인해 일어나는 개인의 심리적인 내적 변화에 영향을 준다는 것을 의미한다. 이렇듯 우리는 언어를 사용하여 영향을 주고받으며 서로에게 이해를 증진시키실 수 있도록 노력을 한다. 그러므로 커뮤니케이션이란 인간과 인간 사이에 언어를 전달하여 상호간에 공감이 성립되도록 하는 과정이라고 할 수 있다.

2) 커뮤니케이션의 목적

커뮤니케이션은 기업과 개인의 경쟁력을 유지하고, 차별화를 이루어 장기적인 발전을 구축할 수 있는 수단이다. 자신의 목적과 의도에 따라 상대방의 태도나 생각, 행동을 원하는 방향으로 이끌어내기도 한다. 또한 상호 간에 서로의 감정을 표현하여 보다 바람직한 관계로 지속시킬 수도 있다. 커뮤니케이션의 주요 목적은 크게 4가지로 나뉜다.

① 정보전달

커뮤니케이션은 개인과 집단 또는 조직의 정보를 전달해 주는 촉매제 역할을 한다. 의견을 파악하고 평가하는데 업무에 관한 필요한 정보를 제공하고 공유하여 의사결정을 원활하게 이루어질 수 있도록 돕는다.

② 동기부여

커뮤니케이션은 개인이나 집단의 동기를 유발하고 촉진할 수 있다. 동기는 목적의식이 결부되어 스스로 원하는 방향으로 나아가려는 방법과 방향 등에 대해서 구체적으로 제시한다.

③ 정서

커뮤니케이션은 자신의 감정을 표현하고 교류하여 사회적 욕구를 충족시켜주는 역할을 한다. 자신이 속한 집단이나 조직의 관계 속에서 기쁨이나 성취감, 만족감이나 불편함 등을 표현함으로써 다른 사람들과의 교류를 넓혀나가는 것이다.

④ 조정 및 통제

커뮤니케이션은 조직구성원의 행동을 조정하거나 통제하는 기능을 한다. 즉 커뮤니케이션을 통해 조직구성원들의 행동이 특정한 방향으로 움직이도록 통제할 수 있다.

3) 커뮤니케이션의 유형

우리는 복잡하고 다양한 상황에서 사람들과 소통하기 위해 많은 것들을 고려해야 한다. 대면 소통뿐 아니라 디지털 비대면 소통에 점점 익숙해지고 있다. 그러나 편리한 사이버상의 대화가 늘어날수록 오히려 사람과 사람의 직접적인 소통의 도구인 말과 그것을 표현하는 능력이 중요해지고 있다. 이러한 이유는 인간관계에서 만나는 횟수가 줄어들고 시간도 짧아지다 보니 직접 대면 시 소통하는 방법에 따라 그 사람의 이미지가 결정될 수 있기 때문이다.

커뮤니케이션은 언어적 커뮤니케이션과 비언어적 커뮤니케이션의 2가지 방식으로 나눌 수 있다. 언어적 커뮤니케이션은 말과 글을 통하여 화자의 메시지를 전달하는 것이고, 비언어적 커뮤니케이션은 표정이나 몸짓, 눈빛, 말하는 태도, 목소리 등으로 표현하는 신체언어로 서로 상호 연관되어 상대방에게 메시지가 전달된다.

의사소통 시 효과적인 커뮤니케이션 실현과 스스로 추구하는 이미지를 연출하기 위하여 언어적 요소와 비언어적 요소를 정확하게 표현하도록 한다.

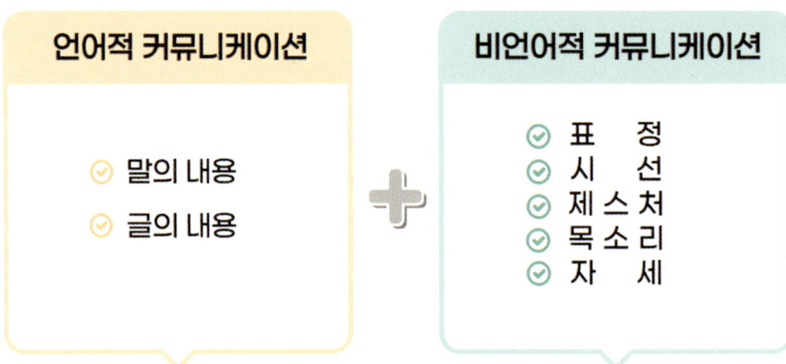

〈 그림 5-1 〉 커뮤니케이션의 유형

(1) 언어적 커뮤니케이션

커뮤니케이션의 구성요소인 언어는 사람의 생각과 느낌을 말이나 글자로 나타내는 수단이며 사회적으로 제정된 기호체계이다. 언어적 요소인 말과 글은 자신의 인격과 가치관, 신념을 전달할 뿐만 아니라 자신이 속한 사회와 관련된 지식과 정보 등을 전달하는 것으로서 상대방을 이해시키고 공감할 수 있도록 표현해야 한다.

의사전달의 기술이 미숙하면 대인관계에서 갈등이 발생할 수 있으므로 언어적 커뮤니케이션이 효과적으로 이루어지기 위해서 몇 가지 고려해야 할 사항이 있다.

첫째, 상대방의 태도를 고려하여 소통해야 한다. 이는 전달하고자 하는 메시지 수용여부 및 정도를 결정짓는다. 둘째, 메시지효과를 극대화하기 위해서 신뢰성 있는 메시지를 전달해야 한다. 이때 과장이나 허위 등과 같이 메시지효과를 감소시킬 수 있는 내용이나 전달방법 및 태도는 지양해야 한다. 셋째, 상대방에게 이해하기 쉽고 명확하게 설명하고, 상대에 대한 동조의 말 등은 긍정적 감정과 행동을 유발시켜 커뮤니케이션 효과를 얻는다.

언어적 커뮤니케이션은 의미를 전달하는데 있어서 잘못된 언어를 사용하거나 부정확하게 전달하면 커뮤니케이션 오류가 발생할 수 있다. 청자는 자기 방식대로 의미를 해석하기 때문에 대화를 하면서 장애가 발생하기도 한다. 따라서 자신의 말을 상대가 제대로 이해할 수 있도록 상대방의 상황을 고려하여 정확한 메시지를 보내야 커뮤니케이션 장애를 줄일 수 있다.

커뮤니케이션을 할 때는 특히 올바른 용어를 사용하여 이해하는데 어려움이 없게 설명하고, 발음을 정확하게 구사하여 내용이 왜곡되지 않게 한다. 또한 적절한 경어를 사용하고 공손한 어법을 구사한다면 서로를 존중하는 대화를 나눌 수 있다. 이렇듯 효율적인 의사소통은 전하고자 하는 뜻이 어긋나지 않게 상황에 적합한 말과 표현을 전달하는 것이다. 적절한 화법을 구사하기 위해서 상대에 대한 배려가 밑바탕이 되어야 하고, 독서를 통한 어휘구사를 함양하여 새롭게 습득한 단어와 정확한 발음을 사용하도록 한다.

(2) 비언어적 커뮤니케이션

비언어적 커뮤니케이션은 글로 쓰고 입으로 말하는 언어처럼 나타내는 요소 이상의 모든 자극과 반응을 통한 감정 소통의 수단이다. 비언어적 커뮤니케이션은 눈의 접촉과 움직임에 관한 시선, 신체적 접촉에 관한 행위, 목소리에 의한 유사언어, 공간사용에 의한 제스처, 표정, 태도, 신체적 외양 등으로 자신의 언어를 표현하는 것을 말한다.

몸의 움직임은 언어적 커뮤니케이션에서는 불가능한 표현과 섬세함의 정도를 보충해 주는 역할을 하기 때문에 제스처를 적절하게 사용하면 열정적이고 설득력 있게 전달된다. 표정이나 태도는 전체적으로 상대방의 감정상태를 알 수 있는 단서로 작용한다.

목소리는 나이와 성별, 매력도, 사회적 지위 등을 판단하는데 영향을 미치는 요소이다. 그러므로 말하는 사람의 개성과 감정표현뿐 아니라 듣는 사람의 이해정도나 설득에도 영향을 준다.

신체적인 외양은 개인과 조직의 정체성을 나타내고 전문성이라는 인식을 주기 위해 효과적인 복장의 형태를 선택한다. 비언어적 커뮤니케이션은 말로 전달하지 않아도 욕구와 기분, 감정 등의 다양한 메시지를 표현할 수 있다. 예를 들면 대화 시에 상대방을 배려하는 몸짓이나 얼굴의 눈표정 외에도 토론에서 시간 부족으로 안타까워하는 감정 등은 흔히 볼 수 있는 비언어적 소통의 모습이다.

사람은 성격, 성향, 가치관에 따라 대화하는 방식이 다양하다. 사람들과 소통하려면 상대의 성격유형을 파악하여 비언어적인 메시지와 언어적 커뮤니케이션을 적절히 조화롭게 사용해야 한다. 예를 들어 상대방이 내향적이고 감수성이 예민한 사람이라면, 기분을 세심하게 파악한 상태에서 차분하고 신중하게 대화에 참여하는 것이 적절하다. 반면 성격이 외향적이고 활달한 사람이라면 그 분위기에 맞게 에너지를 담아 다양한 몸짓과 목소리 톤을 조절하면서 대화를 한다.

2. 프레젠테이션의 이해

우리는 자신의 의견을 보다 효과적으로 전달하기 위하여 요점을 잘 정리해서 다른 사람을 이해시키는 스피치와 프레젠테이션 능력이 요구되는 시대에 살고 있다. 비즈니스 미팅에서 성과를 내기 위한 프레젠테이션을 하고, 일상에서 누군가를 처음 만났을 때 자기소개를 위한 프레젠테이션을 한다. 또한 기업을 홍보하거나 조직의 교육 및 세미나에서도 프레젠테이션을 하기 때문에 필수적으로 대중스피치의 능력이 요구된다.

프레젠테이션에서 요구되는 능력은 기획력, 문장력, 화술 등이며, 이 3가지 요소들이 밀접하게 관련되어 있으므로 체계적인 이론과 방법을 익혀서 스피치의 목적과 목표를 달성할 수 있도록 해야한다. 프레젠테이션의 개념과 대중에게 효율적으로 전달하는 방법에 대하여 알아보자.

1) 프레젠테이션의 개념

프레젠테이션(Presentation)은 시청각 자료를 이용하여 한정된 시간 내에 관련 정보를 정확하게 전달하고 상대방을 설득하여 자신의 의도대로 판단과 의사결정까지 유도하는 커뮤니케이션 스킬이다. 비즈니스에서 프레젠테이션을 할 경우, 사업계획에 들인 대규모의 인건비 손실이 발생하고, 회사가 가질 수 있었던 기회와 시간도 손해를 보며, 잘못된 방향으로 내용이 전달되면 조직이 가진 비전과 기업이미지가 흐려질 수 있다.

따라서 발표를 준비할 때는 청중과의 교감이 있는 프레젠테이션을 하기 위해서 청중의 특징을 파악하고 전하고자 하는 메시지를 명확하게 하여 선행시킨다. 대화는 메시지를 온전히 자신의 것으로 만든 후에 비로소 청중과 교감을 하여 그 메시지를 공유하도록 한다. 청중과 교감하기 위해서 발표자가 마음을 연 상태에서 발표할 대상을 분석해야 하며 자연스럽게 청중에게 다가서야 한다.

프레젠테이션을 할 때 많은 사람이 발표에 대한 두려움을 느끼지만, 목적에 맞는 강력한 메시지를 전달하고 그 메시지를 효과적으로 표현하기 위해 충분한 연습을 한다면 좋은 결과를 얻을 수 있을 것이다. 발표자가 '내가' 아닌 '청중'에게 집중하면, 청중도 발표자가 기울인 노력과 열정을 느끼게 되어 눈과 미소 등의 몸짓으로 반응을 보이게 된다.

2) 프레젠테이션의 구성

프레젠테이션의 내용을 구성할 때는 청자의 연령층, 성별, 교육 정도, 경제적 수준, 지역적 특성, 그들의 관심사 등을 중심으로 청자의 상황과 성향을 고려하여 구성하는 것이 일반적이다. 프레젠테이션의 구성에서 시작은 강렬한 서막에 해당하고 마무리 단계는 강렬한 종결에 해당한다. 서론과 결론은 청중이 프레젠테이션의 핵심을 얼마나 기억하는가에 가장 많은 영향을 미치는 부분으로 성공의 열쇠가 숨어 있는 부분이다. 발표자가 프레젠테이션의 시작과 동시에 본론부터 속도있게 전개를 하면 청중이 받아드릴 준비가 안 되어 부작용이 생길 수 있다.

서론은 성공적 프레젠테이션의 토대가 되는 부분인 만큼 도입부에서 발표자와 청중의 낯선 긴장감을 떨어뜨리는 노력을 해야 하고 프레젠테이션의 내용이나 주제에 대한 호기심으로부터 오는 긴장감을 높이는 노력이 병행되어야 한다.

〈 표 5-1 〉 프레젠테이션의 전개

단 계	필 수 내 용	세 부 내 용
서 론 (15%)	• 주의집중 • 동기부여 • 주제소개	• 발표자소개 • 분위기 전환으로 주의집중 유도 • 발표의 핵심주제 제시 • 발표목적과 장점을 통한 동기부여 • 목차소개
본 론 (75%)	• 전달내용	• 주제와 이를 지원하는 소주제 3가지 • 3가지 주제에 대한 요점 및 설명 • 시각화, 사례와 예시를 사용
결 론 (10%)	• 핵심내용 • 결어	• 핵심내용 종합 • 결어를 통한 마무리 • 청중에 대한 감사인사

스티브 잡스는 어떤 방식으로 청중에게 흥미를 유발했을까?

애플의 창시자인 스티브 잡스는 2007년 아이폰을 출시하여 관심을 끌었다. 신제품 출시 공식발표를 계기로 애플의 브랜드 가치는 전 세계에 지대한 영향을 주었다.

소통의 방식은 차기 경제를 이끌어갈 리더들뿐만 아니라 정치인들과 일반 비즈니스맨도 그의 발표기법을 참고한다면 많은 도움이 될 것이다.

1. **주제는 기억하기 쉽고 주목할 만한 것을 정하라.** 스티브 잡스는 발표에서 단순한 문장을 사용했다. 신제품이 기존의 스마트폰보다 우위에 있다는 이점을 설명하면서 최첨단기술로 재창조한 어떤 경쟁자보다 앞선 수준의 기술과 청중이 받게 될 혜택과 편익을 강조했다.

2. **발표할 주제에 대하여 열정을 가져라.** "애플사의 모든 제품은 대중들이 놀랄 만큼 디자인이 우수하다. "이 제품은 어떤 봉투에도 들어가는 얇은 두께를 자랑합니다."라며 신제품에 감탄했다. 그는 제품을 보여줄 때 청중들이 아이디어에 열광하고 집중하게 했다.

3. **청중과 정서적인 공감대를 형성하라.** 대화방식은 프레젠테이션을 통해 긍정적인 언어를 사용하여 반응을 유도하였고, 비록 궁극적인 목적이 대중에게 기술을 파는 것이지만 아이폰은 청중의 삶이 얼마나 유익하고 편리한가를 강조해서 사람들과 정서적인 관계를 맺기 위해 노력했다.

4. **발표할 슬라이드와 하나가 되어라.** 발표할 때 대중에게 메모를 참고하지 않았고 몇 달 전부터 끊임없는 연습과 리허설로 프레젠테이션의 완성도를 높였다. 발표를 위해 리허설할 때는 특정 조명의 색상과 각도부터 시선처리까지 고려하여 슬라이드의 순서를 편집하고 재구성하였다.

5. **스토리를 말해라.** 1984년에 시작된 애플의 매킨토시 출시부터 아이팟 출시까지의 혁신적인 변화에 대해 관객이 상상할 수 있도록 스토리를 들려주었다. 모든 관중의 초점은 프레젠테이션을 하는 발표자에게 집중되도록 했다.

6. **노트를 사용하지 않는다.** 그는 내용을 완벽하게 체득하여 발표의 흐름이 매끄럽게 진행되었다. 제품을 소개하면서 데모비디오가 돌아가는 동안 짧은 주요 내용만 언급했으며, 어떠한 노트도 보지 않았고 텔레프롬프터(Teleprompter)의 도움도 받지 않았다.

7. **발표를 즐겨라.** 그는 긴장하지 않고 제품에 대한 경험을 즐겁게 소개했다. 과거의 구식제품 사진과 신제품을 비교하면서 혁신적인 제품에 대한 흥분과 기대를 청중에게 어필했고, 마무리는 인용구로 프레젠테이션을 마쳤다.

효과적인 도입을 위한 방법은 발표자와 청중 간의 서먹함을 없애줄 수 있도록 주제와 관련된 일화나 예화를 들려주거나 질문, 퀴즈 등을 제시하여 자연스럽게 전개하는 것이 효과적이다.

본론은 일정하고 고르게 된 메시지의 배열로서 집중도를 높여주는 내용이 핵심적이며, 중반부에는 결론을 뒷받침을 해주고 지원하는 3가지의 소주제가 존재하도록 구성한다. 결론과 마무리는 지금까지 다루었던 전체적인 큰 흐름과 핵심내용을 청중이 다시 한번 인식할 수 있도록 한다. 발표자는 마무리에 최대한 에너지를 쏟아야 하며 순간적인 몰입을 할 수 있는 강한 시작과 강력하고 의미있는 전달력으로 종결한다.

3) 프레젠테이션의 스킬

(1) 상황적인 프레젠테이션

프레젠테이션은 상황에 따라서 제품이나 서비스 수주를 위한 제안 프레젠테이션, 제품이나 서비스 소개를 위한 영업 프레젠테이션, 주제에 대한 강의 프레젠테이션, 축사나 훈화와 같은 독백 프레젠테이션, 기획 프레젠테이션 등이 있다. 프레젠테이션은 넓은 의미에서 청중을 설득하는 행위이므로 발표자가 상대방의 관점이나 상황에 대한 사전지식이 없이 일방적으로 내용만을 전달한다면 청중은 마음이 닫힌 상태에서 발표에 집중하기가 어렵다. 프레젠터는 대상이 어떤 상황인지에 따라서 청중의 기대가 달라질 수 있다는 것을 유념하여 스피치의 초기에 청중들에게 신뢰감을 주는 것이 우선적이다.

프레젠테이션은 대상과 장소, 목적과 내용, 시간 등에 의해서 청중의 이해차이가 발생한다. 그러므로 프레젠테이션은 장소(Place), 목적(Purpose), 대상(People)을 먼저 파악하고 체계적인 내용을 구성하여 청중과 라포(Rapport)를 형성하는 스피치를 활용하여 전달하도록 한다.

프레젠테이션의 전달은 항상 청중의 설득을 목표로 하기 때문에 상황에 적합한 공감대를 바탕으로 청중에게 신뢰감있는 인상을 주는 스피치를 하여야 목표를 이룰 수 있다.

(2) 효과적인 프레젠테이션

처음 프레젠테이션을 할 때는 경험이 부족하여 청중 앞에서 말한다는 것만으로도 두려움이 생길 수 있고, 과도한 긴장으로 인해 원하는 바를 이루지 못할 수도 있다. 발표자는 발표내용을 그대로 외우거나 읽기보다는 중요한 내용의 핵심키워드를 염두하고 자연스럽게 말하는 것이 훨씬 더 효과적이다. 원고내용에는 프레젠테이션의 주제에 맞는 핵심포인트나 아이디어를 메모하고 참고 하되, 청중을 직접 바라보고 말을 하는 연습을 한다.

효과적인 프레젠테이션은 필요한 시청각 기자재, 마이크 설치 및 음량상태 등의 시스템을 사전에 꼭 확인하도록 한다. 프레젠테이션의 목적을 위해서 청중이 쾌적한 환경에서 즐겁게 경청하고, 공감대를 형성할 수 있게 철저히 준비해야 한다.

저명한 연설가도 프레젠테이션에서 긴장을 하듯, 긴장의 정도와 조절능력은 프로와 아마추어를 구분하는 기준의 요소 중 하나이다. 발표에 대한 불안의 정도는 상황에 따라서 달라질 수 있으나 오랜 시간 준비하고 발표경험이 많을수록 자신감이 생긴다. 따라서 수차례 리허설을 통해 연습하면 청중 앞에서 긴장을 덜하게 되고 감정을 조절하는 능력이 향상된다. 주의 깊게 단계적으로 계획하고 꾸준한 노력으로 훌륭한 스피치의 결과를 나타낼 수 있게 노력한다.

① 선택과 집중

일반적으로 발표자는 준비한 것에 대해 최대한 많은 것을 설명해서 자신이 얼마나 준비했는지를 청중에게 보여주고 싶어하는 경향이 있다. 그러나 전달력을 높이기 위한 전략이 필요하며, 내용의 선택과 집중이 전략의 핵심이다. 프레젠테이션의 핵심은 초점을 좁히는 것이고 전달할 주제를 명확히 선택하여, 주제에 맞게 최대한 집중함으로써 보다 강력한 전달력을 발휘해야 한다. 프레젠테이션에서는 많은 내용을 담으려 할수록 청중의 머릿속에 유효한 메시지는 적어지고, 의미있고 중요한 내용을 중심으로 줄여놓은 메시지만을 담고 있으면 그중에서 강력한 메시지 비중은 높아질 것이다.

② 상황에 맞는 스피치

상사가 그동안 쌓인 스트레스를 풀기 위한 회식자리에서 업무에 관련된 연설을 늘어놓는다면 좋아할 사람은 별로 없어 보인다. 또는 실무에서 시스템적으로 불가능한 업무를 무조건 실행해서 긍정적인 성과를 거두라는 말은 환영받지 못한다. 프레젠테이션은 상황과 분위기를 인지하며 발표를 전개해야 바람직하다.

③ 유머와 위트 사용

프레젠테이션을 위해서는 무엇보다 논리적인 설명과 짜임새가 있는 치밀한 구성이 반드시 존재해야 하지만, 청중들은 감정을 가진 사람이기 때문에 발표자의 유머와 위트는 분위기를 띄우는 윤활유의 역할을 하게 된다. 청중들의 집중력에는 한계가 있으며 아무리 진지하고 필사적인 주제를 다루는 내용이라 하더라도 일정시간이 지나면 주의가 산만해지기 마련이므로 중간중간 적절한 위트와 유머를 사용하면 전달력이 상승한다.

④ 청중과의 아이컨텍

서툰 발표자들이 하는 실수는 슬라이드를 그대로 읽어주는 것이다. 청중은 바쁜 시간을 투자하여 프레젠테이션에 참여했으나 발표자가 가벼운 눈인사 후 슬라이드를 그대로 읽어나가면 청중의 흥미를 떨어뜨리게 되고, 귀를 닫게 될 수 있다. 발표자는 발표하는 동안 80% 이상을 청중과 눈을 맞추며 강약을 조절하면서 설명해야 한다. 복잡한 내용을 담고 있는 슬라이드인 경우, 큰 것부터 먼저 설명하고, 다음에 나올 슬라이드의 내용을 사전에 파악하여 발표의 흐름을 자연스럽게 이끌어간다.

⑤ 반복적인 리허설

발표자는 심한 무대 울렁증을 느끼게 되면 내면에서 느끼는 긴장감이 밖으로 표출되어 나오면서 무대에 서 있는 동안 계속해서 부자연스럽고 불편한 모습을 보이게 된다. 지속적인 연습을 한다면 긴장감이 점점 없어지게 되고 긴장을 통제할 수 있는 능력이 키워진다. 따라서 발표하기 전에는 자신이 준비한 내용을 실제 발표하는 속도에 맞춰서 진행해보는 예행연습을 여러 번 해본다. 연습을 통해서 준비된 내용이 충분히 전달될 수 있도록 소요되는 예상시간을 측정해보고 전체적인 관점에서 시간 안배의 적절성을 판단한다.

3. 커뮤니케이션이미지의 관리

커뮤니케이션 스킬은 타인에게 퍼스널이미지를 홍보하는 가장 손쉬운 수단이다. 정보통신에 의한 다양한 매체에 의해 편리한 소통이 늘어갈수록 사람과 사람의 직접적인 소통의 도구인 말의 중요성이 더욱 부각되고 있다.

말을 잘한다는 것은 자기 생각과 의사를 제대로 전달하기 위해서 체계적인 훈련이 뒤따라야 한다. 단순히 머릿속으로 생각하고 입으로 말하는 것이 아닌 이론적으로 체계를 잡고 실질적인 경험을 병행해야만 효율적인 훈련이 된다. 다만, 기본적으로 마음을 전달하는 사람의 태도와 진심이 상대방과 소통하는 효과적인 핵심방법이다.

1) 효과적인 대화법

대화는 상대방의 말을 많이 들어주고 자신의 의견을 진솔하고 명확하게 전달하는 것이 기본이다. 편안한 대화를 나누기 위해서는 상대의 입장과 상황을 고려하는 자세가 바탕이 되어야 하며, 상대방이 자신의 의견을 수용할 수 있도록 긍정적인 자세로 대화에 참여한다. 상대방의 의견보다 자신의 의견이 합리적이라고 생각하더라도 직설적으로 말하기보다 간접 표현으로 상대방이 경계심을 갖지 않도록 유연하게 소통하는 것이 바람직하다.

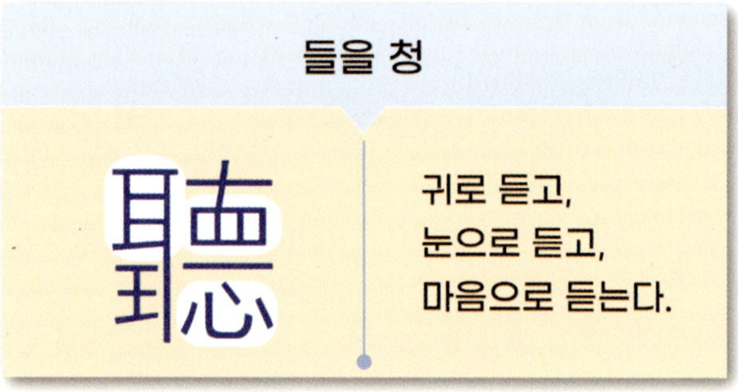

〈 그림 5-2 〉 경청의 의미

(1) 효과적인 경청

경청은 상대의 정보를 수집하는 중요한 수단으로서 메시지를 듣고 이해하고, 주의를 기울여 그 의미를 파악하고, 적절한 반응을 하는 과정이다. 잘 듣는다는 것은 언어적 의사소통에서 가장 필요한 요소이다. 경청은 기울일 경(傾), 들을 청(聽)인데 '경'의 의미는 상대방쪽으로 몸을 기울인다는 뜻이고, '청'이란 귀로 듣고, 눈으로 듣고, 마음으로 듣는다는 의미를 지닌다.

우리는 자신의 말에 귀를 기울이는 사람에게 신뢰감을 느끼고 진솔한 감정을 드러낸다. 누군가의 말을 듣기 위해서는 상대방의 말을 듣기 전에 스스로 받아들일 준비가 되어야 한다. 경청은 자기 생각과 감정, 판단은 상대방의 생각과 감정, 의견에 온전히 흡수되는 행위이다.

경청은 상대방에게 온전히 집중하고 더 많은 이야기에 공감해주는 것으로도 충분하다. 상호 피드백을 통해 커뮤니케이션을 실천하는 것이 대화의 시작인 만큼 집중해서 듣는다.

효과적인 경청을 위한 커뮤니케이션의 기법을 연습해보자.

① 상대방 입장에서 주의 깊게 듣는다.

사람은 사고방식과 가치관, 경험이 서로 다르므로 상대방이 어떤 사고체계와 가치관이 있는지 먼저 파악한다. 이를 위해서는 자신의 이야기를 하기 전에 상대방의 말부터 들어야 한다. 듣는 과정에서 자기의 생각, 선입견, 기대, 가정, 판단, 조언하거나 가르치려는 충고보다는 상대의 감정과 말의 의미가 무엇인지 집중해서 듣는다.

② 1,2,3 법칙을 사용한다.

의사소통은 말하기보다는 상대방의 말에 경청하는 것이 대화의 기본이다. 듣기는 귀만 열고 듣는 것이지만, 경청은 마음을 열고 정신을 집중하여 이해하면서 듣는다. 잘 듣는 것은 상대방이 말하고자 하는 내용을 말할 수 있도록 격려하면서 상대방의 의도를 충분히 파악하도록 한다. 잘 듣기 위해서는 말하기만큼 많은 훈련이 요구된다.

③ 맞장구치면서 듣는다.

들을 때는 상대의 말을 이해하고 있음을 적극적으로 표현하면서 듣는다. 상대가 비판적으로 이야기하고, 듣기 힘든 말을 할 때 그 말은 상대의 충족되지 못한 욕구의 표현일 뿐이며, 청자에 관한 것이 아니라는 것을 의식한다. 경청할 때는 상황에 맞는 표정과 눈맞춤, 가벼운 고개의 끄덕임, 적절한 감탄사와 응답 등의 반응을 보인다. 이러한 자세는 상대에게 경청하고 있다는 느낌을 전달할 수 있다.

(2) 상황별 기본화법

대화할 때는 상대를 존중하는 마음을 바탕으로 상황과 대상을 고려하여 말하면 자연스럽게 대화를 이끌어 갈 수 있다. 또한 상대에게 용건을 이해하기 쉽고, 부드럽고 명료하게 전달한다면 대화의 전달력이 높아진다. 대화는 혼자서 하는 것이 아닌 상대방과의 조화를 바탕으로 이루어지는 것이므로 말할 때, 기본적인 화법을 참고하여 대화하도록 한다.

상황별 기본화법에서는 인사말의 첫인사와 끝인사를 원칙적으로 예를 갖춘다. 그 외에 의뢰와 거절할 때, 긍정과 부정일 때 사과와 감사인사할 때 등의 화법을 익히도록 한다.

〈 표 5-2 〉 상황별 기본 화법

구 분	대 화 내 용
첫인사	• 안녕하십니까? • 안녕하세요? 반갑습니다.
긍정일 때	• 네. 그렇군요. • 네. 잘 알겠습니다.
부정일 때	• 네. 말씀 잘 들었습니다. 그런데 저는 이렇게 생각합니다. • 죄송합니다만, 저는 이렇게 말씀드리고 싶습니다.
거절할 때	• 도와드리고 싶지만, 현재 상황이 어렵습니다. 양해를 부탁드립니다.
부탁할 때	• 괜찮으시다면, OOO 해주시겠습니까? • 이해해주신다면, OOO를 부탁드려도 될까요?
사과할 때	• 불편하게 해서 대단히 죄송합니다.
기다리게 할 때	• 잠시만 기다려 주시겠습니까? 기다려 주셔서 감사합니다. • 잠시만 기다려 주시면 고맙겠습니다.
다시 물을 때	• 다시 한번 말씀해 주시겠습니까?
감사 인사를 할 때	• 대단히 감사합니다. • 고맙습니다.
부정확할 때	• 지금은 정확한 답변이 어려우니, 자세히 알아보고 다시 말씀드리겠습니다.
끝인사	• 안녕히 가십시오. • 감사합니다. 다음에 뵙겠습니다.

(3) 실전 대화법

우리가 일상적으로 사용하는 말속에는 상대방이 듣기에 불편한 말이 있다. 주변 사람들과 갈등을 피하고 평화롭게 문제를 풀어나가기 위해서 기본적으로 긍정적인 언어를 사용한다. 또한 상대방에게 부탁할 때 막연하고 추상적인 모호한 표현은 피하고, 실행할 수 있는 구체적인 행동을 명확하게 표현할수록 실행 가능성이 높아진다. 대화를 할 때는 서로의 시간을 존중할 수 있도록 상대를 배려하는 언어습관을 갖도록 하자.

① 짧고 간결하게 말한다.

우리는 말이나 글을 길게 하게 되면 주어와 서술어 사이의 간격이 길어지고 문법에 어긋나게 되어 상대방이 그 뜻을 이해하기가 어려워진다. 말할 때는 주어와 서술어의 길이가 간결한 문장으로 말하고, 이야기가 길어지면 마지막에 요점을 강조하여 상대방을 집중시킬 수 있도록 한다.

② 긍정형으로 말한다.

거절해야 하는 상황에는 '아닙니다, 못 합니다, 안 됩니다' 등의 부정형이 아닌 대안을 제시하는 긍정의 화법을 사용한다. 그리고 긍정의 화법으로 표현하는 것이 바람직하다. 또한 상대방의 기분이 상할 수 있는 경우, 직설적인 화법이 아닌 완곡하게 우회적인 표현으로 전달하여 부드럽게 소통한다.

③ 쿠션용어를 사용하고 완전한 문장으로 말한다.

상대방에게 양해를 구하거나 부탁이나 지시, 요구할 때는 '실례합니다만, 죄송합니다만, 괜찮으시다면' 등과 같은 쿠션용어를 사용한다. 또한 말을 할 때는 편안한 마음가짐과 표현력으로 반드시 끝까지 예를 들면, 말의 표현은 서두나 중간에 멈추지 말고 완전한 문장으로 말하는 것이 올바른 표현이다.

④ 권유형으로 말한다.

권유형은 상대에게 부탁이나 지시, 요구를 할 때 부탁을 듣고 스스로 결정해서 따라올 수 있도록 의견을 구하는 화법이다. 상대방에게 양해를 구할 때는 조심스럽고 예의 바르게 표현해야 원하는 바를 이룰 수 있다. 직설적인 강요의 말투보다는 권유하여 동조심을 유발한다.

⑤ 결론을 먼저 말한다.

일상의 대화나 시간을 다투는 공식적인 비즈니스 대화에서는 화려한 말의 기술보다는 짧은 시간 안에 핵심을 전달하는 능력이 필요하다. 대화할 때는 핵심적인 주제와 결론을 먼저 제시하고 세부내용은 중요한 부분을 압축해서 전달한다.

⑥ 전문용어는 자제하고 이해하기 쉽게 말한다.

전문용어는 해당 분야를 다룰 때 필요할 말만 최소한으로 사용해야 한다. 자신의 분야에서 사용하는 전문용어를 반복적으로 사용한다면 상대방은 어렵고 이해하기 힘들 수 있다. 특히 발표할 때는 청중의 연령과 직업군 등을 잘 고려하여 최대한 관객의 눈높이에 맞는 적절한 용어를 사용하여 전달한다.

⑦ 대답하기 쉬운 것부터 질문한다.

질문은 상대방이 대답하기 쉬운 것부터 하면 질문에 당황하지 않고 적극적으로 답변하기가 가능하다. 때로는 어렵고 추상적으로 질문을 하면 답변을 하기에 어려워할 수 있다. 또한 질문할 때는 단답형으로 대답해야 하는 경우를 제외하고 폐쇄형질문이 아닌 상대방이 자유롭게 응답할 수 있는 오픈형 질문을 한다.

2) 보이스 연출법

매력적인 목소리란 간단명료하게 정의하기는 어렵다. 자신만의 고유한 음색으로 자신감이 있고 당당하며, 정확하게 내는 소리가 듣기에 좋다. 목소리 연출에는 음색, 음의 높이, 음량, 발음, 속도 등의 요소가 영향을 주게 된다. 목소리는 정보의 인지, 감정, 반응 등을 나타낼 뿐만 아니라 말하는 사람이 어떤 사람인지를 전달하는 매개체 역할을 한다.

목소리는 상대방에 대한 존중여부를 표현하기도 한다. 논쟁을 벌일 때는 자신이 상대방보다 우월하다고 느끼면 목소리를 낮추지만, 상대방보다 열등하다고 생각되면 목소리의 톤을 높이는 경향을 보인다. 때로는 성별의 차이로 이성관계에 있어서는 남성은 중저음, 여성은 상대적으로 고음이 매력있는 목소리로 인식하는 경향이 있다. 중저음의 목소리는 능력, 설득력, 자신감, 신뢰도 등의 긍정적인 속성에 영향을 준다. 이는 남성 호르몬인 테스토스테론 분비량과 체구의 크기와 관련이 있는데 목소리의 톤이 낮으면 테스토스테론 분비량이 많고 체구가 클 가능성이 크다. 중저음의 목소리는 도전적이고, 편안하면서도 깊이 있는 공명음이 울리기 때문에 성공의 이미지로 연결된다. 이처럼 사람들은 호감을 사거나 강해 보이기 위해 자신의 목소리를 조절하기도 한다.

말이란 목소리를 통해 상대방에게 말의 내용을 효과적으로 전달하기 위해서 자신의 목소리를 잘 가꾸어야 한다. 또한 체계적이고 꾸준한 발성훈련과 철저한 자기관리를 통해 호감가는 목소리로 개선할 수 있다.

(1) 보이스의 구성요소

목소리를 매력적으로 향상시키기 위해 보이스 및 스피치와 관련된 이론을 습득하여 실천과 훈련의 방향성을 정할 수 있다. 보이스의 구성요소는 발음, 발성, 음색, 호흡 등의 음성적인 요인과 이것을 운영하는 능력인 빠르기, 높이, 쉬기, 억양 등의 유사언어가 포함된다. 유사언어란 여러가지 음성적 요인들의 완급조절을 통해 음에 변화를 주는 것을 말한다. 효율적인 훈련을 위해 알아야 할 다양한 요소를 자세하게 살펴보도록 한다.

〈 그림 5-3 〉 보이스의 구성요소

① 음색(Tone)

음색은 사람마다 가지고 있는 고유의 소리로서 각자 성대의 모양이 달라 공명하는 진동수의 종류와 비율이 달라져 생기는 현상이다. 음색은 듣는 사람의 반응에 영향을 미치므로 날카로운 목소리, 쉰소리, 콧소리 등은 훈련이나 노력을 통해 듣기 편안한 음질로 개선해야 한다.

② 억양(Accent)

억양은 말을 할 때 소리의 높낮이에 변화를 주는 일로서 목소리의 높고 낮음을 만들어낸다. 일반적으로 지나치게 높은 목소리와 낮은 목소리는 자칫 집중력과 호소력을 떨어뜨린다. 적절하게 목소리의 톤을 높이고 낮추는 방식으로 리듬을 추가한다면 의사전달력이 높아진다. 뉴스를 진행하는 아나운서의 목소리의 톤은 말미에서 적당히 저음으로 떨어짐을 알 수 있는데 이것은 안정감과 신뢰도를 전달하는 방법이다.

③ 음량(Volume)

목소리의 크기는 공간과 상황에 따라 조절해야 한다. 좁은 공간에서 지나치게 크게 말하면 소음으로 들릴 수 있고, 큰 공간에서 작게 말하면 자신감이 없어 보이며 상대방이 듣기가 어렵다. 내용에 집중해야 하는 핵심부분을 강조하고 싶을 때는 목소리의 음량을 크게 하면 효과적이다. 다만 콘텐츠가 그에 적합하여 목소리의 크기와 시너지효과를 낼 수 있어야 한다.

④ 포즈(Pause)

포즈란 소리를 내지 않고 잠깐씩 멈추는 것을 가리킨다. 말을 할 때 단어와 단어 사이, 구와 구 사이, 절과 절 사이, 문장과 문장 사이에 일정한 시간을 쉬기 마련이다. 이는 상대방이 이야기의 전환을 자연스럽게 받아들이도록 하고, 청자의 이해를 돕고 의미를 더욱 명확하게 하기 위한 도움이 필요하다. 대화 시 쉴틈없이 말을 이어가는 것보다 상대방의 관심과 집중이 될때는 1~2초 침묵하는 것도 전달력을 높이는 방법이다. 청자의 생각을 요구하거나 결론을 내릴 때도 잠깐 쉬고 이야기하면 커뮤니케이션이 향상된다.

⑤ 속도(Speed)

말을 할 때는 청자의 이해능력, 감정반응에 부합시켜 속도를 적절히 조절해야 한다. 말의 속도가 지나치게 느리면 답답한 인상 혹은 거만한 인상을 줄 수 있고, 너무 빠르면 성격이 급하다는 인상을 줄 수 있다. 또한 속도의 변화가 없으면 이야기가 처지게 들릴 수 있으므로 이야기의 흐름에 따라 도입에서 전개, 종결까지 변화를 준다.

(2) 보이스 트레이닝

올바른 호흡과 발성은 윤택한 목소리를 만든다. 사람들은 늑골의 운동으로 이루어지는 흉식호흡(胸式呼吸)을 한다. 흉식호흡을 하게 되면 호흡이 짧고, 목소리가 얇게 나오며, 목이 쉽게 무리가 가는 것을 경험한다. 반면 복식호흡(腹式呼吸)은 공명감이 살아 있어서 소리가 풍부하게 들리고 신뢰감과 전달력이 향상된다. 일상생활에서 가장 좋은 호흡방법은 흉식과 복식을 상황에 따라 유기적으로 조화롭게 하는 호흡이다.

상대방에게 정보전달을 명확히 하려면 정확하게 발음해야 한다. 일상적인 대화를 할 때, 말의 문맥 안에서 이해할 수 있으므로 의사소통에 큰 장애를 겪지 않지만, 청중 앞에서 연설할 때는 같은 내용을 말하더라도 정확하게 발음해야 청중이 집중한다. 또한 빠르기, 높이, 쉬기, 억양 등의 유사언어를 적절히 사용하면 자연스럽게 전달력은 높아진다. 이러한 유사언어를 포함한 음성적 요인을 활용하여 더욱 명확하게 의사가 전달될 수 있도록 연습해 보자.

① 복식호흡법(Abdominal Breathing)

복식호흡은 배를 이용해서 호흡하는 것으로 복근을 이용해 횡격막을 내려서 아래쪽의 폐가 부풀어 오를 공간을 늘리는 '횡경막 호흡'이라고도 한다. 호흡량이 커지고 공기를 빨아들이는 힘이 강해지는 장점이 있기에 성악가 혹은 가수, 운동선수, 관악기 연주자, 성우, 아나운서 등이 훈련하는 호흡법이다. 매력적인 목소리는 풍부한 성량과 맑은 음색을 지닌 것이 특징인데 복식호흡을 하면 공명에 의한 울림현상이 나타난다. 또한 복식호흡을 할수록 평소에 신경을 쓰지 못하던 내장부분을 마사지하는 효과가 생겨 꾸준히 훈련하면 지속적인 내장운동으로 건강 증진에도 도움을 준다.

가. 바르게 앉거나 선 자세에서 실시한다.
나. 호흡을 확인할 수 있도록 한 손을 배 위에 올려놓는다.
다. 코로 천천히, 숨을 깊게 마시면서 배를 최대한 부풀린다.
라. 숨을 최대한 깊게 들이마신 상태에서 1~2초 정도 멈춘다.
마. 숨을 입으로 '후~'하며 내뱉으며 배를 수축시키며 집어넣는다.
   최대한 길게 내뱉는다는 생각으로 호흡한다.
바. 1분에 10회 정도를 반복하며 연습한다.

② 발음(Pronunciation)

일상생활에서 표준발음과 표준어를 사용하여 바람직한 언어습관을 갖는다. 발음을 정확히 하면 듣는 의미를 왜곡하지 않고 전달력을 향상시킨다.

먼저 발음연습을 하기 전에 얼굴 및 입술근육은 스트레칭을 하고, 가능한 입을 크게 벌리고 강약을 반복하며 발음한다. 처음에는 한 글자씩 천천히 발음하고, 발음에 익숙해졌을 때까지 점차 속도를 내어 빠르게 연습해 본다. 발음연습은 바른 자세로 복식호흡을 하면서 입을 크게 벌리고 소리내어 또박또박 발음하는 연습을 하루에 10분씩 해본다.

보이스 트레이닝으로 정확한 발음을 연습하여 일상생활에서 실천해보자.

가. 발음연습 I

가	구	거	고	그	기	게	개	괴	귀
나	누	너	노	느	니	네	내	뇌	뉘
다	두	더	도	드	디	데	대	되	뒤
라	루	러	로	르	리	레	래	뢰	뤼
마	무	머	모	므	미	메	매	뫼	뮈
바	부	버	보	브	비	베	배	뵈	뷔
사	수	서	소	스	시	세	새	쇠	쉬
아	우	어	오	으	이	에	애	외	위
자	주	저	조	즈	지	제	재	죄	쥐
차	추	처	초	츠	치	체	채	최	취
카	쿠	커	코	크	키	케	캐	쾨	퀴
타	투	터	토	트	티	테	태	퇴	튀
파	푸	퍼	포	프	피	페	패	푀	퓌
하	후	허	호	흐	히	헤	해	회	휘

글글글글	깔깔깔깔	놀놀놀놀	달달달달	뜰뜰뜰뜰
롤롤롤롤	물물물물	벌벌벌벌	뿔뿔뿔뿔	술술술술
쌀쌀쌀쌀	을을을을	잴잴잴잴	찔찔찔찔	찰찰찰찰
털털털털	칼칼칼칼	풀풀풀풀	핼핼핼핼	헐헐헐헐

나. 발음연습 II

가. 아큐향, 셀레우, 쥬피탈, 싸리톨, 엘박파, 엘슈야, 임포쾅, 죠탈필, 캉킹컹, 케벡스

나. 로얄, 로샬, 루얄, 막파, 음파, 룸바, 로멜, 얏호, 얄캄, 라톤

다. 이토릿토빗치, 페오도르푸나, 캉킹콩캉킹켕콩

라. 메즈팽큐, 테오도템, 쓰미아센, 벤파쯔콩, 막쥬야포, 츠브즈끼, 옴달, 얄션, 프토팽도

마. 프리온라케, 캄파큘율와, 슈네이파젤, 스벤티쯔끼, 벤택파팡팡

바. 꽝-꽹, 를-룰, 을-울, 릴-랠, 얄-앨, 물-믈, 헉-학, 훅-혹, 땅-떵

사. 떫-땗, 뚤-뜰, 쾅-쾡, 훌-홀, 쫄-쭐, 꼽-꿉, 꽁-깡, 빨-뽕, 찔-짤

아. 싸-싹, 패-팩, 쑹-쏭, 씬-싼, 쭉-쪽, 열-얄, 력-럭, 랠-랄, 탑-팁

다. 발음연습 III

가. 중앙청 창살은 쌍창살이고, 경찰청 창살은 외창살이다.
중앙청 창살 쇠창살, 검찰청 창살 쌍창살, 경찰청 창살 철창살.

나. 우리집 옆집 앞집 뒷창살은 홑겹창살이고,
우리집 뒷집 앞집 옆창살은 겹홑창살이다.

다. 내가 그린 구름그림은 새털구름 그린 구름그림이고,
네가 그린 구름그림은 깃털구름 그린 구름그림이다.

라. 서울 특별시 특허허가과 허가과장 허과장

마. 저기 가는 저 상장사가 새 상 상장사냐? 헌 상 상장사냐?

바. 신진 샹숑가수의 신춘 샹숑쇼

사. 저기 저 뜀틀이 내가 뛸 뜀틀인가? 내가 안 뛸 뜀틀인가?

③ 말의 속도

말의 속도는 제한된 시간 내에 얼마나 많은 양의 말을 하느냐를 결정한다. 말이 빠르면 대화의 템포가 빨라져서 듣는 사람이 충분히 생각하고 이해할 여유를 갖기 어렵다. 반면 너무 느려지면 분위기가 늘어져 시간적 틈이 생겨 상대방의 집중력이 저하될 수 있다. 따라서 전체적인 말의 흐름은 적절한 속도로 완급조절이 이루어져야 한다.

〈 표 5-3 〉 상황에 따른 속도의 완급조절

빠른 속도로 말해야 하는 경우	느린 속도로 말해야 하는 경우
• 청자가 이해하기 쉬운 내용일 때 • 누구나 알고 있는 내용을 말할 때 • 중요도가 낮은 내용일 때 • 사건을 단순히 나열만 할 때	• 청자가 이해하기 어려운 내용일 때 • 숫자, 이름, 지명, 연대 등을 말할 때 • 추리과정이 필요한 이야기일 때 • 강조하고 싶은 내용일 때

일반적으로 상대방에게 언어 메시지를 전달할 때는 명확하게 구사하는 방법으로 1분에 300자 정도를 말하는 것이 충분하다. 1분 동안 아랫글의 ◆ 표까지 읽는 것이 적당한 속도이다.

Exercise

당신을 만나면 마음이 따뜻해지는 것을 느껴요. 얼굴을 보고 대화를 나누는 것만으로 마음이 편안해집니다. 당신은 내 삶에 잔잔히 행복을 느끼게 하는 힘이 있어요. 함께 영화를 즐기고 차 한잔의 여유에 잔잔한 미소가 흐르고 붐비는 거리를 같이 걸어도 편안한 사람이에요. 멀리 있어도 멀게 느껴지지 않고 가까이 있지만 부담을 주지 않는 당신은 나에게 언제나 힘이 되어주고 쓸데없는 걱정을 버리게 만들어 주네요. 한도 끝도 없이 이어지는 장시간의 대화 속에 웃음이 나고 시간이 어떻게 흘러가는지도 모르게 시간을 잊게 만듭니다. 당신은 나의 소중한 꿈에 대해서 용기와 희망을 주어 이루게 해주시니 만나면 만날수록 즐겁습니다. 당신은 내 삶에 찐한 정겨움이 흐르게 하는 사람입니다. 이렇게 좋은 친구와 함께 하는 것이 인생의 ◆기쁨이라면 좋은 이웃과 사는 것은 나와 가족의 행복이지요.

3) 보디랭귀지 표현법

신체언어는 자신이 말하고자 하는 내용과 상황에 따라 적절한 시선, 표정, 자세, 동작 등을 통해 전달력을 극대화한다. 신체언어는 전달하는 메시지의 의미를 더욱 명확하게 하고 특정한 단어나 구절을 강조하는 기능을 하며, 청자의 시선을 모으는 역할을 한다. 따라서 목소리와 내용의 변화에 따라 그에 적합한 제스처를 취하면 상대방에게 효율적으로 전달된다. 세계적인 비언어 소통전문가 토니야 레이맨(Tonya Reiman)은 '신체언어는 세계의 다양한 나라와 인종을 떠나 모든 사람과 마음으로 의사소통을 할 수 있는 근원적인 언어'라고 하였다. 이처럼 신체언어는 말 이상으로 중요하다. 다른 문화권의 사람들과 의사소통을 할 때도 상황에 맞는 신체언어를 사용하면 원활한 소통이 가능하다.

Tip 보디랭귀지 표현의 유의사항

대화할 때 산만한 모습이나 불안한 습관 등을 반복하는 태도를 보이지 않도록 아래의 사항에 주의하도록 하자.

① 대화 시 상대방을 만지고, 손으로 툭툭 치거나 상대방의 옷을 잡아당기는 행동
② 자신의 머리카락, 얼굴 등의 신체를 만지거나 손마디를 꺾는 행동
③ 다른 도구를 이용하여 만지작거리는 행동
④ 음식물이나 껌을 씹거나, 다리를 떠는 행동
⑤ 휴대폰 사용을 반복하면서 대화의 집중력을 떨어뜨리는 행동

〈 표 5-4 〉 보디랭귀지의 표현법

구 분	세 부 내 용
표정 (Expression)	• 상황에 따라 임의적으로 메시지를 전달한다. • 일반적인 상황에서 경직된 표정보다는 가볍게 미소 짓는다. • 상황과 분위기, 상대방, 대화에 맞게 표정을 관리한다.
아이콘택 (Eye-contect)	• 상대의 눈을 바라보며 대화한다. • 자연스럽고 따뜻한 시선으로 바라본다. • 장시간 말할 때는 상대방의 미간과 눈, 주변에 있는 물건 등을 자연스럽게 번갈아 바라본다.
제스처 (Gesture)	• 자세를 안정적이고 바르게 유지한다. • 몸짓의 크기와 빈도는 상황에 따라 달라진다. • 말과 제스처의 타이밍을 맞춘다. • 내용 흐름에 맞추어 변화를 준다. • 손과 팔은 다양한 각도로 움직이되 산만하지 않게 조절한다. • 상대방과 신체적 거리를 적절히 유지한다.

WORKSHEET

1. 자신의 스피치지수를 체크하여 진단해보자.

번 호	내 용	10	5	2
1	낯선사람 앞에서 떨지 않고 말한다.			
2	말할 내용을 잘 기억해서 끊기지 않고 자연스럽게 말한다.			
3	말하고 싶은 내용을 메모하거나 스크립트를 사용한다.			
4	책을 꾸준히 읽고 다양한 분야의 지식을 쌓는다.			
5	목소리의 고저장단과 멈춤을 사용하면서 생동감있게 말한다.			
6	제스처를 상황에 맞게 사용한다.			
7	표정관리와 시선처리가 자연스럽다.			
8	복식호흡을 통해 말할 수 있다.			
9	상황에 맞는 단어나 어휘를 사용한다.			
10	정확하게 발음한다.			

▶ 점수별 스피치 실력

① A단계(80~100점) : 어떤 상황에서도 자신있게 말할 수 있는 스피치 고수단계이다.
② B단계(60~79점) : 어느 정도 잘하고 있으나 조금만 더 노력한다면
훌륭한 스피커가 될 수 있는 단계이다.
③ C단계(50~59점) : 스피치를 잘하고 싶지만, 준비와 연습이 부족한 상태이다.
부족한 점을 확인하고 그 부분을 보완한다면 충분히 잘할 수 있다.
④ D단계(20~49점) : 말하기를 두려워하거나 말하는 방법을 모르는 단계이다.
기본부터 차근차근 연습한다면 얼마든지 말을 잘 할 수 있다.

2. 다음의 주제내용을 3분 동안 서로 대화하고, 상대방의 이야기를 경청해보자.

① 자신의 단기적인 목표는 무엇인가?
② 요즘 최대 관심사가 무엇인가?

3. 커뮤니케이션을 할 때 자신의 말하는 습관을 생각하여 장단점을 찾아보자.

구 분	내 용 점 검
장점	
단점	
개선할점	

WORKSHEET

4. 프레젠테이션 체크리스트 내용을 보고 자신에게 해당하는 항목에 체크해보자.

번호	체 크 내 용	매우 그렇다	그렇다	보통	그렇지 않다	매우 그렇지 않다
1	발표에 필요한 장비를 사전에 점검하는가?	5	4	3	2	1
2	그림, 그래프, 도형 등을 충분히 사용하는가?	5	4	3	2	1
3	시청각 기자재의 사용방법을 잘 숙지하고 있는가?	5	4	3	2	1
4	청중의 예상질문에 대한 해답을 자료와 연계하여 연습하는가?	5	4	3	2	1
5	발표할 목차에 따른 세부내용이 머리속에 정리되었는가?	5	4	3	2	1
6	프레젠테이션을 위한 시각자료를 준비하는가?	5	4	3	2	1
7	청중의 연령, 직업 등에 대해 상세히 분석하는가?	5	4	3	2	1
8	청중에게 제시하는 이점이 명확하게 전달되는가?	5	4	3	2	1
9	청중의 눈을 보며 이야기하는가?	5	4	3	2	1
10	청중의 주목을 끌 수 있는 이야기나 사례 등을 제시하는가?	5	4	3	2	1
11	끝마무리를 어떻게 할 것인지 연구하는가?	5	4	3	2	1
12	새로운 프레젠테이션 방법을 지속해서 연구하여 적용하는가?	5	4	3	2	1
13	발표의 목적을 명확히 제시하는가?	5	4	3	2	1
14	프레젠테이션의 흐름은 완전히 정리되어 있는가?	5	4	3	2	1
15	내용은 논리적으로 구성되어 있는가?	5	4	3	2	1
16	리허설 시 실제상황 이미지트레이닝을 통해 시연하는가?	5	4	3	2	1
17	발표내용은 진실하고 명확한가?	5	4	3	2	1
18	프레젠테이션 진행단계에 따른 리스크를 고려하는가?	5	4	3	2	1
19	긴장 시에도 감정을 절제하고 열의를 가지고 임하는가?	5	4	3	2	1
20	목소리는 힘차고 명료하게 전달하는가?	5	4	3	2	1

▶ 체크결과 : 프레젠테이션타입

A타입(80~100점) : 말할 기회를 적극적으로 찾는 유형. 때로는 불안감도 신선한 자극제가 된다고 생각하고, 발표에 자신감을 가지고 있다. 프레젠테이션에 관한 전문적인 역량을 개발하려고 노력한다.

B타입(50점~80점) : 프레젠테이션을 할 수 있는 기회를 찾으려 하지 않는 유형. 자신이 상당히 설득력있는 자료를 정리했다고 스스로 생각하며, 여러 사람 앞에서 이야기하는 것을 즐겁게 생각한다.

C타입(30점~50점) : 사람들 앞에서 이야기하면, 불안감을 느끼는 유형. 발표가 학업이나 일의 일부이긴 하나 스스로 나서서 하는 경우는 거의 없다. 많은 사람과 이야기를 할 때 상당히 힘들어하는 타입이다.

D타입(30점 이하) : 사람들 앞에서 말하는 것을 피하려고 하는 유형. 여러 사람 앞에 서면 얼굴이 상기되고, 제대로 표현할 수 없어서 당황한다. 스스로 발표할 수 있는 자리에서 긴장감을 조절하고, 자연스럽게 이야기하는 연습이 필요하다.

Chapter 06

매너이미지

학습 목표

대인관계에서 지켜야 할 매너와 에티켓의 개념을 살펴보고, 상황별 에티켓과 비즈니스방문 및 글로벌매너에서 지켜야 할 세부적인 행동요령을 숙지하여 매너이미지 역량을 향상시킬 수 있다.

1. 매너이미지의 이해

사회에서 전통적으로 존중되어 온 예의범절(禮儀凡節)은 인간의 행동기준이 된다. 예절은 민족과 국가, 문화마다 다르고 시대와 환경에 따라서도 발생하고 변화하며 소멸되기도 한다. 인간관계에서 예의는 존중을 바탕으로 만들어지며, 존중은 상대방을 높게 대할 때 생겨난다. 글로벌시대에 다양한 문화권의 사람들은 서로 만나는 기회가 점점 빈번해지면서 매너와 에티켓은 사회적 자본을 축적하는 것이 되었다. 매너와 에티켓의 개념과 차이에 대해서 알아보고, 상황과 장소에 따른 행동요령을 살펴본다.

1) 매너와 에티켓의 개념

매너(Manners)는 라틴어의 'Manuarius(마누아리우스)'라는 단어에서 그 어원을 찾아볼 수 있다. Manuarius는 'Manus'와 'Arius'의 합성어로서 Manus(마누스)는 영어의 Hand, 사람의 손을 뜻하지만 행동이나 습관이라는 의미를 내포하고 있다. Arius(아리우스)는 방식이나 방법을 말한다. 즉 매너는 사람의 행동방식이나 습관이라 할 수 있다. 따라서 매너는 사람들과의 만남에서 상대방을 배려하는 방법, 예의와 절차로서 포괄적인 의미를 나타낸다.

에티켓(Etiquette)의 어원은 프랑스의 'Estiquette(에스티끼에르)'이며 10세기에 '붙이다, 묶다'라는 뜻이었다. 이것은 14세기를 넘어가면서 줄로 연결해서 꽂아놓은 말뚝을 지칭하고 있는 중세불어인 'Estiquette(에스티껫)'으로 진화되었다.

에티켓의 유래를 살펴보면, 프랑스 루이 14세 때 프랑스 절대주의 왕제의 영광과 권력을 상징하는 베르사이유 궁전은 아무나 출입할 수 없는 곳이었다. 다만 궁전에 들어올 경우 그에 어울릴 만한 자격과 권위를 갖추고, 이에 따라 궁전에서 알맞은 행동을 하고 엄격한 규범을 지키는 사람만이 출입할 수 있도록 궁내에서 지켜야 할 행동지침이 기록된 입장권을 사용하였다. 이를 수록한 출입증이 에티켓의 기원이 되었으며, 현대로 들어오면서 에티켓은 마땅히 인간이 지켜야 할 규칙, 규범 등의 의미를 뜻하게 되었다.

2) 매너와 에티켓의 특성

매너와 에티켓은 동일시되거나 그 표현과 의미가 같이 쓰이기도 한다. 그러나 에티켓은 사람과 사람사이에 서로 지켜야 하는 규정과 같은 것이며, 그 약속을 지키기 위해서 하는 행동방식을 매너라고 한다. 즉 에티켓은 규칙이나 규범과 같은 보편적인 행동기준이고, 매너는 그것을 보여주는 하나의 방식이다. 또한 에티켓은 지켜도 되고 안 지켜도 되는 차원의 문제가 아닌 기본적으로 지켜야 하는 규범이다. 누군가가 사회적 규범인 에티켓을 지키지 않는다면 공동체 생활에 불편을 초래할 수 있어서 상식이 없는 사람으로 여겨진다. 예를 들면, 우리는 상대방을 만났을 때 인사를 하는 것은 에티켓이지만, 정중하게 인사하는 자세는 매너있는 행위라고 볼 수가 있다. 이처럼 에티켓이 상식에 해당한다면 매너는 그 상식의 플러스를 더한 윤활유와 같다. 매너는 '좋다, 나쁘다'로 표현을 하고, 에티켓에 대한 행동은 '있다, 없다'로 표현한다. 우리의 일상생활과 불가분의 관계가 있는 매너와 에티켓은 인간관계에서 중요한 부분을 차지하고 있으니 자세히 살펴보도록 한다.

(1) 동서양의 매너 차이

동서양의 매너와 에티켓은 각각의 역사와 문화, 철학적 가치관에 따라 그 근본정신의 차이가 있어 행동양식과 사상이 다름을 이해해야 한다. 다만, 사람을 생각하고 배려하는 그 근본 마음이 바탕이라는 것은 동일하다. '내가 대접받고자 하는 대로 남을 대접하라'라고 하였다. 이 말은 서로 다른 나이와 문화, 취향, 목표, 경험, 생활방식을 가진 사람들이 뒤섞여 있는 만남이 원활하게 이루어지기 위해서는 상대방을 배려하라는 의미로 해석할 수 있다.

동양의 철학은 조선시대 전성기를 누렸던 유교사상이 오랜 세월이 지난 지금까지 의식의 바탕이 된다. 자신보다는 부모에 대한 효도, 형제와 벗에 대한 우애, 웃어른에 대한 공경과 국가에 대한 충성 등으로 확장되면서 공동체 의식이 바탕이 된다. 인간관계에 초점을 맞추고, 공동체를 고려하여 전체적으로 사고하고 행동하는 것을 중요하게 생각한다.

서양의 철학은 사물에 관한 관심이 높았기 때문에 사물의 본질을 분석하는 경향이 강하다. 이는 인간 본연의 관심으로 시작한 인간을 중심으로 한 평등과 인간존중 사상까지 확장하게 되었다. 중세시대 봉건제도에 성립된 명예, 성실, 예의를 기본으로 하는 기사도 정신과 관용, 봉사, 사랑 등의 기독교 정신 등이 중요하게 다루어졌다. 따라서 동양은 개인보다는 단체 공동체 의식이지만 서양은 개인의 행복과 합리주의를 추구한다는 점에서 차이가 있다.

인간관계에서 의도하지 않은 사소한 행동은 오해를 불러일으키고, 다양한 각도에서 평가로 이루어지므로 철학과 문화, 가치관에 따라 행동의 양식이 다를 수 있다는 것을 인지해야 한다.

〈 표 6-1 〉 동서양 문화의 차이

동 양	서 양
• 수직적 위계질서 • 단체 및 공동체 의식이 중요 • 상대의 연령이나 신분 존중 • 경로사상 우대 • 역지사지 • 상부상조	• 수평적 관계질서 • 개인의 행복중시 • 연령이나 신분에 관계없이 대등한 입장 • 기독교 정신, 기사도 정신 • 합리주의 • 여성 존중(Lady First)

3) 매너와 네티켓의 이해

오늘날은 컴퓨터 기술과 전자 네트워크 기술의 비약적인 발달로 다소간에 쌍방향이 동시적이거나 실시간으로 이루어지는 새로운 커뮤니케이션 형태가 일반화되었다. 뉴미디어를 일상적으로 접하고 사용하는 사람들은 이전과는 다른 환경에서 새로운 유형의 '가상공간 행동규범', 즉 네티켓이라는 인터넷 매개의 온라인 커뮤니케이션을 조절해주는 원칙이나 규범들을 숙지해야 한다. 사람들이 소통하는 수단과 방식에 변화가 생김으로 인해 서로의 관계를 형성하고 유지하는 패턴과 통제의 규칙에 커다란 변화가 일어났다. 인터넷이라는 공동체 커뮤니케이션이 원활히 이루어지도록 네티켓의 개념과 유형에 따른 행동요령을 알아본다.

(1) 네티켓의 개념

네티켓(Netiquette)은 네트워크(Network)와 에티켓(Etiquette)의 합성어로서 전자우편을 보내거나 가상공간에서 다른 사람과 만나거나 채팅을 하고, 게임에 참여할 때 지켜야 할 기본적인 에티켓이다. 즉, 네티켓은 온라인상에서 바르게 행동하기 위한 일련의 사회적 규칙이다. 인터넷이 발달하여 각종 정보나 뉴스를 비롯한 서로의 일상을 공유하고 확산하는 것과 더불어 자신을 적극적으로 표현하는 시대를 살아가고 있다. 온라인 공간은 의견 전달자의 측면에서 익명을 보장받고, 다양한 경로를 통해 목표대상에게 자신의 의견을 분명하고 신속히 전달할 수 있다는 점에서 오프라인의 절차보다 훨씬 효율적이다. 이러한 미디어 환경적 요인 때문에 온라인 공간의 부정적인 의사표현의 대표적인 악성댓글은 이미 사이버 공간에서 이루어지고 있어 사회문제를 야기시키고 있다. 온라인상에서 사회상규에 맞는 예절과 규칙을 지켜야 한다는 인식은 비이성적이고 과격한 언어표현을 줄이는데 큰 영향력을 행사할 수 있다. 이에 우리나라는 2000년 6월 15일 정보통신윤리위원회에서 '네티즌 윤리강령'을 선포하였고, 2001년 교육부는 '정보통신윤리교육지침'을 마련하였다.

네티켓의 기본 교육내용은 다음과 같다.

① 같은 내용의 말을 계속 반복하지 않으며, 채팅에서 나올 때는 인사를 한다.
② 게시판의 글은 명확하고 간결하게 쓴다.
③ 남의 글에 대해 지나친 반박은 삼간다.
④ 다른 사람을 비방하거나 욕설은 자제한다.
⑤ 문법에 맞는 표현과 한글맞춤법에 맞춰 사용한다.
⑥ 성희롱이나 스토킹, 비속어 사용 등을 하지 않는다.
⑦ 전자우편은 자신의 신분을 미리 밝히고 메일을 보낸다.
⑧ 채팅할 때, 자기 자신을 먼저 소개한 뒤 대화에 참여한다.
⑨ 모두 '님'자라는 호칭을 사용한다.

(2) 네티켓의 유형

① 소셜네트워크 에티켓

사회관계망서비스(SNS: Social Network Service)는 특정한 관심이나 활동을 공유하는 사람들 사이의 관계망을 구축해 주는 온라인 서비스이다. 이용자는 의견이나 정보를 게시할 수 있고, 그 이용자와 연계를 맺고 있는 이용자를 포함하여 또 다른 이용자가 그것에 대한 반응으로 의견과 정보를 게시한다. SNS의 가장 대표적인 기능은 신상 정보의 등록 및 공개인데, 구체적으로 이용자의 성별, 연령, 직업, 문화적 취향, 종교 등이 전부 또는 선택적으로 공시될 수 있다.

소셜네트워크상에서의 인스턴트 메시지는 채팅이나 전화처럼 개인들 사이에 실시간으로 송수신하여 의사소통을 가능하게 해주는 커뮤니케이션 수단으로, 인터넷 기반에 협업을 중시하는 업무환경에서도 활용도가 높다. 인스턴트 메시지로 대화를 나눌 때, 올바른 문법과 예의 바른 어투를 사용해야 한다.

문자를 기반으로 커뮤니케이션의 필수조건은 간결성이라 할 수 있다. 이러한 점을 고려할 때 낱말의 머리글자를 모아서 만든 문자어나 약어 사용을 완전히 금지하기는 어렵지만, 상식적으로 상대방이 이해할 수 있고 내용이 적절해야 한다는 전제조건이 따른다. 비즈니스를 할 때 줄임말 사용이 프로답지 못한 인상을 줄 수 있으므로 자제하는 것이 바람직하다.

가. 지나친 농담이나 비유는 보낸 사람의 의도와 달리 오해가 있으니 자제한다.
나. 온라인에 남겨지는 디지털의 웹사이트, 포스팅, 태그, 공유, 캡처, 전달기록 등은 신중하게 관리한다.
다. 잠재적 위험이 있는 사진이나 동영상을 공유하고자 한다면 신중하게 고려한다.
라. 답변하고 싫어하지 않는 사람에게 계속해서 연락하는 행동은 관계를 악화시킬 수 있다.
마. 그룹메시지를 쓸 때 모든 사람이 알아야 할 내용에 해당하는지 고려한다.
바. 인스턴트 메시지를 보낼 경우, 인사를 건네고, 대화가 가능한지 먼저 물어본다.
사. 상대방의 사정을 고려하여 답신할 여유를 충분히 주고, 답신메시지는 가능하다면 신속하게 보낸다.
아. 한번에 한가지 주제만 다루고, 그 주제에 대한 상대방의 대답을 정확히 들은 뒤에 다른 주제로 넘어간다.
자. 상대방의 휴식에 방해가 되는 늦은 밤이나 이른아침 시간에는 메시지 전송은 피한다.
차. 대화를 마칠 때는 마무리 인사를 한다.

② 문자메시지 에티켓

디지털 노멀시대에 일어나는 의사소통은 원하는 사람과 원하는 시간에 원하는 수단을 써서 대화를 나눌 수 있다. 디지털 커뮤니케이션이 보편화되고 있지만, 기성세대는 전화를 하거나 직접 만남을 통해 대화하는 것을 더 선호하는 경향이 있다. 그러나 MZ세대는 문자나 화상통화 기능을 이용한 만남을 선호하는 경향이 강하므로 소통을 할 때 상대방이 선호하는 대화수단과 방법을 고려하여 그에 맞추어 적절한 수단을 고르는 것이 바람직하다. 대화하는 목적이 무엇이고, 얻고자 하는 목표가 무엇인지 생각하여 적절한 소통을 위해서는 직접대면, 전화 및 문자메시지를 결정한다.

가. 표준어와 바른 언어를 사용하고, 줄임말은 자제한다.
나. 문자메시지로 업무연락을 하기 전, 용건의 긴급성을 고려한다.

다. 급한 용무일 경우, 상대방이 문자확인을 하지 않거나 시간을 오래 두고 확인하는 경향이 있다면 전화를 한다.

라. 전화를 하기 전에 연락하려는 상대에게 먼저 문자를 보내는 것이 가장 적절한 소통수단인지 생각한다.

마. 문자메시지로 연락을 받았다면 같은 수단으로 연락한다.

바. 용건이 길면 전화통화가 가능한지를 상대방에게 묻는다.

③ 이메일 에티켓

이메일(E-mail)은 네트워크 통신망을 이용하여 주고받는 우편방식을 말한다. 비즈니스상에서 업무는 미팅, 전화에 이어 이메일을 전달해서 소통이 이루어진다. 사진과 동영상, 각종 파일 등 다양한 자료를 첨부하여 빠르게 발송할 수 있다. 이메일의 장점은 정보의 공유기능이 팀 프로젝트나 업무협조를 얻는데 유용하게 활용되고 있다. 반면 보안이나 정보유출에 취약하며, 이메일의 특성상 한번 전송된 내용은 돌이키기가 어렵다는 단점이 있다.

이메일은 3종류의 수신자가 있다.

가. 받는 사람

수신자는 메일을 직접적으로 받는 대상이며 이메일 내용에 대해 실질적으로 조치를 하거나 실행할 사람이다. 메일을 보낼 때 업무관계자가 많아서 수신자가 여러 명일 경우, 구분해서 정확하게 업무내용을 언급해야 한다. 이메일의 내용을 분명하지 않게 작성하면 수신자도 다른 사람이 작성한 것으로 간주되어 메일 회신이 늦어질 수 있으므로 '회신요망'이라 적는다.

나. 참조

동시에 여러 명에게 메일을 보낼 경우 사용하는 것이 참조기능이다. 이메일에서 언급한 업무와 간접적으로 연관된 사람들에게 보낸다. 메일내용은 알아야 하되 답장을 보낼 필요가 없는 사람을 넣게 되는데 주로 직장동료나 상사가 포함된다.

다. 숨은 참조

숨은 참조는 단체메일을 보낼 때, 함께 받는 사람들이 누구인지 메일주소를 노출하고 싶지 않을 때 사용하는 기능이다. 숨은 참조의 무분별한 사용은 보안에 문제가 발생할 수 있으므로 메일계정이나 연락처, 메시지 등의 개인정보가 담긴 이메일은 당사자의 허락을 받은 후에 제3자에게 전달해야 한다.

라. 이메일 작성과 발송방법

- 제목은 이메일의 첫인상이다. 수신자가 이메일을 즉시 확인해야 하는지의 여부는 제목에서 결정된다.
- 목적이나 주요 내용을 간단명료하게 작성한다.
- 끝인사는 이름과 회사, 직급, 연락처 등 기본 정보를 넣는다.
- 메일내용이 길어질 경우 '끝까지 확인 부탁드립니다.'라고 적는다.
- 파일첨부 시에는 메일 본문에 첨부파일명과 내용을 안내한다.
- 마지막에 오·탈자를 확인하여 꼭 수정단계를 거친다.
- 수신인에 따라 끝인사에 배상, 드림, 올림을 적는다.

마. 이메일 회신방법

- 이메일을 확인 후 답장은 신속하게 보낸다.
- 당일에 답할 수 없는 경우에는 '확인했습니다. 곧 회신 드리겠습니다.'라고 보낸다.
- 관련된 추가내용을 계속 주고받을 때는 상대의 제목에 'Re'가 표시되도록 한다.
- 메일의 전달기능을 사용하게 될 경우, 본문뿐 아니라 그동안 주고받은 전체 내용 및 수신자 등의 내용을 함께 보내게 된다. 꼭 필요한 경우가 아니라면 개인정보 보호를 위해 새로운 메일을 보내는 것이 적합하다.
- 문장은 두 줄이 넘어가지 않도록 간결하게 써서 상대방이 쉽게 이해할 수 있도록 작성한다.
- 첨부파일이 많을 때는 파일을 압축하여 보낸다.

2. 매너이미지 관리

이미지는 짧은 시간 동안에 자신을 나타낼 수 있으며 상대방을 판단하는 단서가 되므로 자신의 퍼스널이미지를 만들고 관리하는 것은 라이프스타일에서 기본 원칙이다. 호감가는 이미지는 외모의 생김새, 상황에 적합한 센스있는 옷차림뿐만 아니라 자세나 태도와 매너 등이 포함되어 이미지가 형성되기 때문에 다양한 장소에서의 매너를 익혀 가정·학교·사회에서 스스로 실천하여 이미지를 관리해야 한다.

1) 일상생활매너

일상에서 대인관계는 자신의 가치를 발휘하고 개인의 삶을 유지해 나간다. 이처럼 타인과의 관계에서 지켜야 하는 예의와 매너는 서로에게 많은 영향을 주고받는다. 오늘날 온라인과 오프라인의 삶을 살아가는 시대에 장소와 시간, 상황에 따라 지켜야 하는 매너와 에티켓을 실천한다면 선진문화를 이룰 수 있다.

(1) 공공에티켓

공공장소는 사회의 여러 사람 또는 여러 단체에 공동으로 속하거나 이용되는 곳을 말한다. 우리가 흔히 이용하는 버스와 지하철, 기차와 같은 이동수단에서 지켜야 하는 에티켓을 알아보고, 복도나 계단, 엘리베이터에서의 기본 행동요령을 살펴보도록 한다.

① 버스 및 지하철

대중교통 수단을 이용할 때는 각자가 매너와 에티켓을 지켜 안전하고 편리하게 이용한다. 특히 장애인과 노약자, 여성에게 자리를 양보하는 것은 동서양을 막론하고 에티켓의 기본이다.

- 내리는 사람이 모두 하차한 후 탑승하고, 문이 닫히려고 할 때 무리하게 타는 행동은 자제한다.
- 옆 사람과 대화하거나 통화 시에 작은 소리로 짧게 통화한다.
- 스마트폰은 진동으로 해놓고, 음악감상과 영상시청은 이어폰을 이용한다.
- 냄새가 나거나 밀폐되지 않은 음식은 반입 및 취식금지이며, 차내에 쓰레기를 버리지 않고 깨끗이 사용한다.
- 해당사항이 없는 경우 노약자, 임산부 전용 좌석에는 앉지 않고, 노인, 임산부, 장애인, 노약자에게 자리를 양보한다.
- 다른 사람에게 기대지 않도록 주의하고, 발을 밟거나 신체적 접촉이 있을 때 바로 사과한다.

• 버스이용은 앞문 승차, 뒷문 하차가 원칙이며,
  차량이동 시에 무리하게 움직이면 위험하다.
• 반려동물을 동반할 경우, 이동용 가방에 넣는다.
• 차량이 진입할 때는 스마트폰 사용을 자제하고 승차대기한다.
• 버스가 떠날 때 뛰어와 붙잡거나 가로막는 행동은 자제한다.

〈 그림 6-2 〉 대중교통에서 피해야 할 행동

② 승하차

우리는 매일 출퇴근, 등하교 및 출장 등으로 인해 이동이 많다 보니 교통수단에서 많은 시간을 보내게 된다. 자동차와 기차는 빈번하게 이용하는 교통수단의 하나이므로 자가운전을 하거나 타인과 함께 대중교통을 이용할 때 지켜야 할 에티켓을 살펴본다.

가. 자동차

• 남녀가 함께 승용차에 오를 경우, 여성이 먼저 탄다.
• 하차 시 남성이 먼저 내려 차문을 열어준다.
• 좌석의 서열은 운전기사가 있을 경우 뒷좌석 오른편이 상석이며,
  왼쪽, 앞자리 순이다.
• 자가운전자의 경우, 운전자의 오른쪽 좌석이 상석이다.
• 상석의 위치와 상관없이 여성이 스커트를 입고 있을 경우,
  뒷좌석 가운데에 앉지 않도록 배려한다.
• 자동차에서 윗사람이 먼저 타고 아랫사람이 나중에 타며,

아랫사람은 윗사람의 승차를 도와준 후 반대편 문을 이용하여 승차한다.

- 하차 시 아랫사람이 먼저 내린 후 윗사람의 하차를 도와준다.
- 자동차 내에 동승자가 있는 경우, 담배를 피우는 행위는 자제한다.

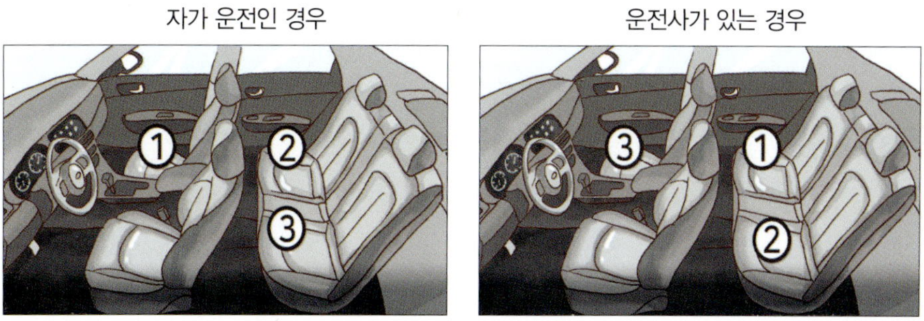

〈 그림 6-2 〉 자동차 배석

나. 기차

- 창문을 열고 싶을 때, 다른 승객에게 피해가 되지 않을 정도만 연다.
- 기차 안은 오고 가는 통로가 좁으므로 출입구나 통로에 서있지 말고, 출입구나 통로에 짐을 놓지 않는다.
- 큰 소리로 떠드는 행위는 다른 이용객들의 휴식에 방해가 된다.
- 네사람이 마주 앉는 좌석은 진행방향의 창가 좌석이 상석이고, 맞은편이 두번째 상석, 상석 옆이 세 번째, 그 앞좌석이 말석이다.
- 두사람이 나란히 앉는 좌석에서는 창가쪽이 상석이고, 통로쪽이 말석이다.

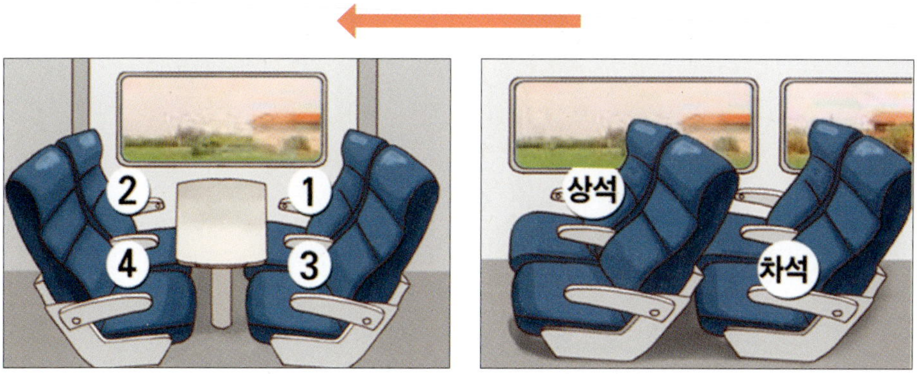

〈 그림 6-3 〉 기차 내에서의 배석

③ 계단과 복도

- 보행 시에 우측통행을 하고 상대방을 특정한 장소로 안내 시, 조금 앞서서 걷고, 뒤를 돌아보면서 상대방과의 거리를 확인한다.
- 안내할 경우 상대방에게 등을 보이지 않고 몸을 한쪽으로 앞서가면서 설명한다.
- 방향을 지시할 때 손가락 사이가 벌어지지 않도록 가지런히 모아, 비켜선 자세로 찾는 곳의 방향을 가리킨다.
- 윗사람과 함께 계단을 오를 경우, 윗사람이 먼저 오르도록 하고 뒤따라 올라간다.
- 남녀가 동행할 시, 남성이 먼저 올라가고, 내려갈 때 여성이 먼저 내려간다.
- 좁은 공간에서 마주쳤을 때, 한쪽으로 비켜서 상대가 지나가게 배려한다.

④ 엘리베이터

- 탑승 시 손윗사람이나 방문객, 여성이 먼저 타고 내린다.
- 이용객이 많으면 먼저 탄 사람이 열림버튼을 누르고 기다린다.
- 사람을 만나면 가볍게 목례를 한다.
- 시설물을 청결하게 사용한다.
- 파손하거나 내부에 낙서하지 않는다.
- 대화나 전화통화는 자제한다.
- 서두르지 않고 안전하게 이용한다.

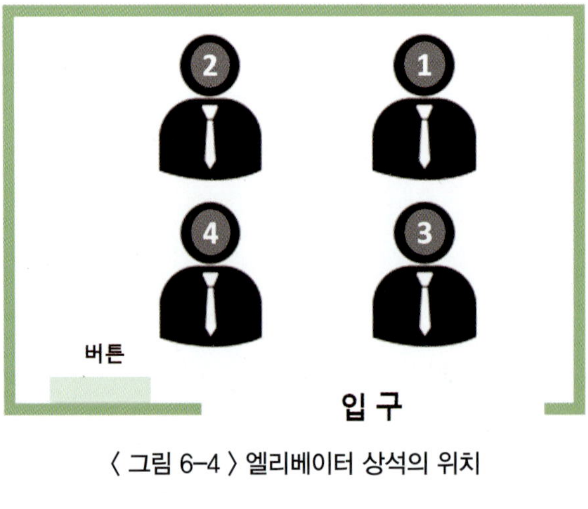

〈 그림 6-4 〉 엘리베이터 상석의 위치

⑤ 화장실

- 여성용과 남성용, 장애인용을 정확히 확인하고 들어간다.
- 급하더라도 가급적 줄서기로 질서있게 기다린다.
- 용무가 급할 경우, 앞사람에게 양해를 구한다.
- 문을 잠그고 용무를 보고, 용무 후 물을 꼭 내린다.
- 바닥에 침을 뱉거나 휴지를 버리지 않는다.
- 물과 화장지는 아껴서 사용한다.
- 시설물을 훼손하지 않도록 주의한다.
- 다음 사람을 위해서 청결하게 사용한다.

(2) 관람에티켓

우리는 영화나 연극, 뮤지컬, 오페라, 전시회 등의 문화생활에서 감동과 즐거움을 얻는다. 그러나 아무리 좋은 작품일지라도 관람장에서 에티켓을 지키지 않아 불편했던 경험을 했다면 그 만족감은 반으로 줄어들 것이다. 관람장은 누구나 작품을 즐기기 위해 찾아오는 장소이므로 관람객이 각별하게 신경써야 할 매너와 에티켓을 살펴보자.

① 공연장

- 공연예매 시에 관람가능 연령제한을 미리 확인한다.
- 입장안내 멘트에 따라 시작 전에 입장한 후 지정된 자리에 앉는다.
- 공연 전에 미리 사진 촬영가능 여부를 확인한다. 만약 촬영이 가능한 경우, 카메라 플래시(Flash)는 자제하고 공연자와 다른 관람객의 초상권을 지켜준다.
- 늦게 도착한 경우, 가운데 자리로 들어가려고 실례를 하거나 자리를 찾아 여기저기 돌아다니지 않는다.
- 일반적으로 연극과 오페라, 발레의 경우는 막이 내린 후에 박수를 치고, 장르에 따라서 상황에 맞게 박수를 친다.
- 스마트폰 액정 불빛으로 다른 사람들의 시선을 방해하지 않도록 무음으로 하거나 전원을 꺼둔다.
- 밖으로 나갈 때 다른 관객의 시선을 방해하지 않도록 주의한다.

② 전시회

- 사전에 전시회의 성격과 전시내용, 전시자의 개성이나 특성 등을 미리 파악해 두면 작품이해에 도움이 된다.
- 지적재산권 존중을 위해 관람전에 미리 사진촬영 여부를 확인하고, 플래시의 불빛은 작품에 방해될 수 있다는 것을 인지한다.
- 관람 시 작품을 만지지 않아야 하며, 지정된 선 밖에서 관람한다.
- 전시 해설사가 있으면 지시에 따르며, 설명에 집중한다.
- 관람객이 많을 경우, 한 작품에 오래 머무르지 않는다.
- 작품에 대해 큰소리로 비평하는 태도는 자제한다.

〈 그림 6-5 〉 관람장에서의 에티켓

2) 비즈니스매너

기업 경쟁력의 상당부분은 해당 기업의 이미지에 달려있다. 한 기업의 이미지는 그 기업이 생산된 상품이나 서비스는 물론이고 기업에 속한 구성원들이 만들어내는 것이다. 기업은 직원들의 직장 내 매너나 업무 시에 갖추어야 할 용모·복장에 많은 관심을 갖는다. 기업 구성원의 이미지는 상품과 더불어 시너지효과를 냄으로써 보다 신뢰받는 기업으로 거듭나게 만드는 요소이기 때문이다. 또한 인성을 제대로 갖춘 사람인지에 대한 여부의 판단기준이 된다. 비즈니스매너는 직업현장에서 삶의 질을 향상시키고, 구성원의 동기부여에 기여하며, 기업의 이미지를 높이는 동시에 이윤을 창출하는데 중요한 역할을 할 수 있다. 따라서 사회적 능력을 갖춘 근로자는 기업의 고객서비스와 경쟁력을 증진하기 위한 기본적인 비즈니스매너와 관련한 지식을 정확히 파악해야 한다.

(1) 직장매너

직장생활을 하면서 매너있게 행동한다는 것은 회사의 이미지를 향상시키고, 자신의 동료를 지키고 애사심이 있다는 것을 뜻하기도 한다. 서로 예의를 지키는 회사는 분명 일하기 좋은 직장으로 거듭나며 구성원 간의 신뢰가 쌓이다 보면 결국 조직 전체가 성장할 수 있다. 직원은 전화를 어떻게 받는지, 고객을 대하는 자세는 어떤지, 상사의 지시를 어떻게 정확히 이해하고 수용하려고 노력하는지를 평가받는다. 서로를 존중하고 예의를 갖추는 것은 직급을 막론하고 모두의 임무이다. 사소한 실수를 줄이고 서로를 배려하는 기업문화를 만들기 위해서 직장에서 지켜야 할 매너와 에티켓을 숙지하도록 한다.

① 출근

가. 최소한 근무시작 10분 전까지 출근한다.
나. 계절에 맞는 복장을 선택하고, 사내 분위기와 업무성격에 어울리게 착용한다.
다. 직장 내에서의 옷차림은 깔끔하고 청결하게 입는다.
라. 얼굴은 부드러운 인상을 유지하고, 남성은 면도를 깔끔하게 한다.
마. 업무공간은 정리정돈을 하고 하루의 계획을 확인한다.
바. 갑작스럽게 지각이나 결근을 하게 될 경우, 회사에 전화로 직접 알린다.
사. 동료들에게 정중하면서도 밝은 표정으로 인사를 건넨다.

② 근무 중

가. 근무 중 다른 부서의 직원이나 고객과 마주칠 경우 목례를 한다.
나. 근무 중에는 공과 사를 구별하여 행동한다.
다. 동료와의 잡담을 자제하고, 험담하지 않는다.
라. 근무시간에는 가능한 자리를 지킨다.

마. 출장을 갈 경우, 동료에게 행선지, 용건, 시간 등을 미리 알리고,
사무실에 들어오는 대로 결과를 보고한다.

바. 복도나 계단에서 정숙하게 행동한다.

사. 상사가 지시한 업무는 주요 진행사항을 중간보고하고,
그 결과는 기한 내에 최종 보고한다.

③ 퇴근

- 퇴근 준비는 퇴근시간 후 일과를 모두 마친 후에 한다.
- 책상은 정리정돈을 하고, 오늘 처리한 업무와 내일 해야 할 일을 함께 점검한다.
- 전기기구의 전원을 끄고, 창문을 닫는다.
- 동료들에게 인사를 하고 퇴근한다.

(2) 전화매너

전화는 업무상 필수적인 의사교환 수단이다. 전화의 특징은 상대방의 얼굴표정이나 자세가 보이지 않고 목소리만으로 메시지를 전달하는 것이다. 전화의 특성상 말에 담긴 내용보다 더 중요한 것이 그 말을 전달하는 방식이다. 메시지를 표현하는 방식에 주의를 기울이지 않으면 의미가 잘못 전달될 수 있고, 상대방에게 주는 인상이 크게 달라질 수 있다. 상대방에게 편안한 억양과 밝은 목소리, 명확한 발음으로 용건을 전달한다.

① 전화응대의 3대 원칙

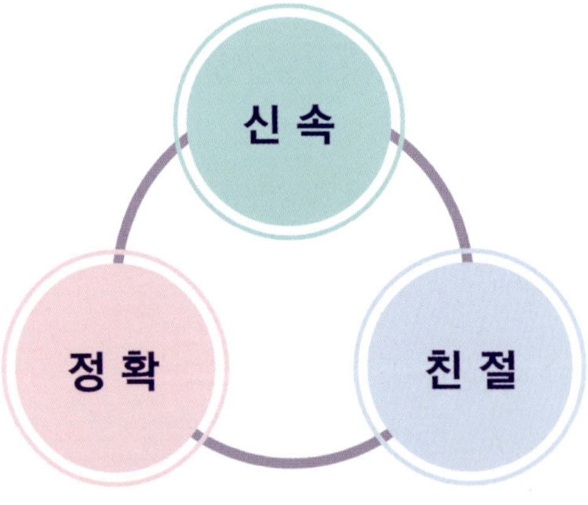

〈 그림 6-6 〉 전화응대 3대 기본원칙

가. 신속

- 전화벨이 3번 울리기 전에 받는다.
- 늦게 받았을 경우, '늦게 받아 죄송합니다'라고 인사한다.
- 대기가 길어질 때 계속 기다릴지, 전화번호를 남기면 추후에 전화를 드릴지 물어본다.

나. 정확

- 상대방의 민원이나 질문에 대해 정확한 정보를 알고 응대한다.
- 정확한 정보를 알지 못한 경우, '정확히 알아보고 연락드리겠습니다'라고 말한다.
- 용건을 파악 후 중요한 부분은 메모하고, 재차 확인한다.
- 표준어로 정확하게 발음하여 알아듣기 쉽게 전달한다.

다. 친절

- 지나치게 작은 목소리는 전달력이 떨어지며, 지나치게 크거나 낮은 목소리는 강압적으로 전달될 수 있으니 음량을 조절한다.
- 명랑하고 밝은 목소리로 말한다.
- 상대방의 말에 경청하며 추임새와 맞장구를 친다.
- 복잡하거나 이해하기 어려울 수 있는 정보는 천천히 설명한다.
- 노약자를 응대할 때는 목소리는 크게, 말의 속도는 조절하여 응대한다.

② 전화를 거는 요령

가. 용건과 순서를 메모하여 정리하고, 통화할 때 필요한 서류가 있다면 미리 준비해 둔다.

나. 식사시간이나 퇴근시간, 심야시간을 피해서 전화를 건다.

다. 전화 연결 후, '안녕하세요? 저는 00회사의 00부의 000입니다'라고 소개한다.

라. 전화를 잘못 건 경우, '혹시 00회사가 아닙니까? 죄송합니다'라고 사과한 후에 전화를 끊는다.

마. 상대방에게 '지금 통화 가능하신지요?'라고 상황을 물어보고, 간단한 인사말을 건넨 후 용건을 말한다.

바. 통화 중에 이름, 시간, 장소, 숫자 등의 중요 사항은 메모하고 정확한지 재확인한다.

사. 통화 중 상대방이 이야기할 때 가능한 중간에 말을 끊지 않도록 주의하고, 경청한다.

아. 통화할 때 전화가 끊어지면 발신자가 다시 건다.

자. 용건이 끝나면 끝인사를 하고, 수신자가 전화를 끊은 것을 확인한 후, 수화기를 내려 놓는다.

③ 전화를 받는 요령

가. 전화를 받을 때 회사의 이름과 소속부서, 이름을 밝힌다.

나. 중요한 내용은 메모하고 재확인한다.

다. 담당부서에 연결할 때, '네. 바로 연결해 드리겠습니다. 혹시 연결 중 끊어질 수 있으니 직통번호를 알려드리겠습니다'라고 안내한다.

라. 정확히 안내하기 어려운 경우, 담당자를 연결해주거나 확인 후 연락한다.

마. 잘못 걸려온 전화는 '전화를 잘못거셨습니다'라고 정중하게 답한다.

바. 연결을 원하는 담당자가 부재중일 때, '잠시 자리를 비우셨습니다만, 메모를 남겨 드릴까요?'라고 안내한다.

사. 전화를 끊기 전에 더 필요한 사항이나 확인할 사항이 있는지 묻는다.

아. 수화기를 내려놓을 때 소음이 나지 않도록 조심히 내려놓는다.

〈 표 6-2 〉 전화통화의 기본화법

상 황	화 법
첫 인사	안녕하십니까? OO회사 OO부 OOO입니다.
기다리게 할 때	괜찮으시다면, 잠시만 기다려 주시겠습니까?
기다리고 난 후	기다려 주셔서 감사합니다.
물어볼 때	혹시 ~입니까?
부탁이나 의뢰할 때	죄송합니다만, ~해주시겠습니까?
다시 물어볼 때	한 번 더 말씀을 부탁드립니다.
담당자를 바꿔 줄 때	담당자를 바꿔드리겠습니다. 잠시 기다려 주십시오. 연결 중에 끊기면 OOO-OOOO로 전화해주십시오.
찾는 사람이 부재중일 때	지금은 자리를 비우셨는데, 메모를 남겨 드릴까요?
정확한 안내가 어려울 때	잠시만 기다려 주시면 알아보겠습니다.
끝 인 사	감사합니다. OOO입니다.

(3) 방문매너

방문은 상대방과의 관계성을 밀접하게 할 수 있는 기회가 되고, 기업 간의 관계를 좁히는데 큰 역할을 할 수 있다. 비즈니스맨의 예의바른 방문태도는 기업의 성장에 이바지할 수 있다. 외부 방문 시 협의, 승진, 합격, 병문안, 조문 등의 방문목적에 따라 복장, 언어 등을 적절히 선택한다. 비즈니스 관계에서 서로 다른 환경에서 일하는 상대방과의 만남에서 사소한 행동 하나가 비즈니스에 직접적인 영향을 준다. 비즈니스방문 시 주의해야 할 사항을 살펴본다.

① 방문예약

가. 약속시간은 먼저 상대방에게 가능한 시간을 알아보고 조율하여 정한다.

나. 약속시간은 업무처리로 바쁜 오전시간보다는 점심이 지난 오후시간이 적당하다.

다. 하루, 이틀 전에 전화를 걸어서 약속을 잡기보다는 충분한 시간을 두고 약속을 잡는다.

라. 미팅장소로 가는 교통편과 소요시간을 미리 확인해 둔다.

마. 불가피하게 약속시간을 변경해야 할 경우 하루 전까지 양해를 구하고 알린다.

② 방문에티켓

가. 방문 전에 상대방에게 변동사항 여부를 전화나 메시지로 확인한다.

나. 약속시간 10분 전까지 미리 도착하고, 상대방이 업무 중일 수 있으므로 너무 일찍 도착하지 않도록 한다.

다. 방문지에 도착하면 용모와 복장을 점검한다.

라. 정중하게 인사하고 소속과 이름을 말하고, 본인의 명함을 건넨다.

마. 차나 음료를 가지고 오면 감사의 인사를 하고, 상대가 권하면 마신다.

바. 대접받은 차를 마시는 것은 호의를 감사히 받아들인다는 표시이다.

사. 사무실에서 사적인 대화나 사생활과 관련된 질문은 자제한다.

아. 사무실은 업무공간이므로 주요 내용을 협의한 후, 자리에서 일어난다.

자. 미팅 후에 시간을 내어 준 것에 대한 감사의 인사를 전한다.

(4) 악수매너

비즈니스에서 통용되는 인사법인 악수는 상대방을 신뢰하는 인사법으로 사회활동을 하는데 필요한 소통방법이다. 악수는 서양 중세시대에 유래한 인사법으로 상대방을 마주쳤을 때 우호적인 관계를 맺고 싶다는 표현으로 쥐고 있던 무기를 내려놓고 오른손을 내밀어 공격하지 않겠다는 뜻을 보인 것에서 유래되었다.

이러한 문화적 관습으로 악수는 특별한 사유가 없는 한 반드시 오른손으로 한다. 오늘날 악수는 친밀감을 나타내며 첫 만남에서 이루어지므로 첫인상 형성에도 중요하다. 악수를 할 때는 국가마다 문화차이가 있으나 일반적으로 가까이 다가가서 상대방과 눈을 마주보며, 오른손에 적당히 힘을 주어 악수를 청한다.

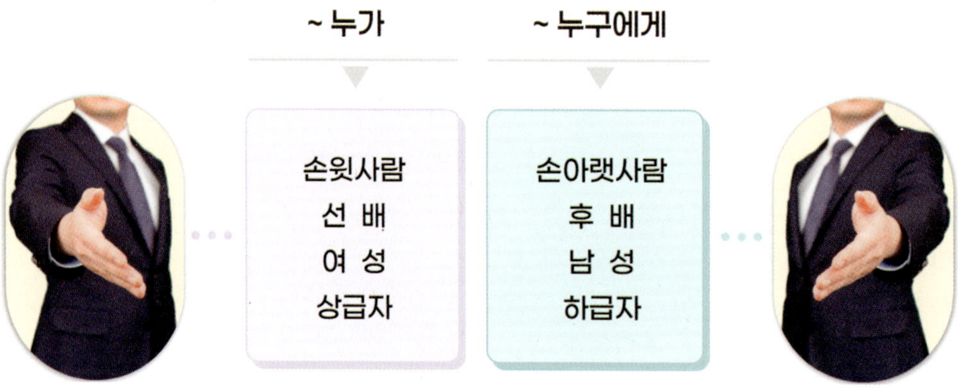

〈 그림 6-7 〉 악수의 순서

① 악수는 오른손으로 하는 것이 원칙이다.
② 상대의 눈을 마주치고 자연스러운 표정을 짓는다.
③ 상대방이 악수를 청할 때 반드시 일어서서 바른 자세로 선다.
④ 사교적인 만남일 경우, 여성이 먼저 남성에게 악수를 청한다.
⑤ 악수하면서 절을 하거나 두 손으로 감쌀 필요가 없다.
⑥ 형식적으로 상대방에게 손끝만 내밀거나 손끝만 잡는 태도는 실례이다.
⑦ 상대방이 웃어른이면 먼저 인사하고 난 후, 연장자의 뜻에 따라 악수한다.
⑧ 지나치게 손에 힘을 주어 잡거나 흔들지 않도록 한다.
⑨ 오른손에 물건을 들고 있는 경우, 왼손으로 옮겨 들고 오른손으로 악수한다.
⑩ 남성은 반드시 장갑을 벗어야 하고, 여성은 장갑을 끼고 악수해도 무방하다.
⑪ 악수는 연장자 또는 상급자가 먼저 악수를 청하는 것이 기본이다.
국가원수, 왕족, 성직자는 위의 기준에서 예외가 된다.

(5) 명함매너

명함은 상대방에게 자신을 소개하고 기억하게 하는 핵심적인 역할을 하며, 회사를 대표하는 얼굴이기도 하다. 비즈니스에서 사람을 처음 대면할 때는 명함을 서로 교환하고 인사를 나누게 되는데 한 장의 명함으로 새로운 인간관계를 만드는 기회가 된다. 첫인상을 결정하는 요소 중의 하나인 명함인사에 대하여 올바른 자세 및 태도는 무엇인지 숙지하도록 한다.

① 명함을 주는 방법

가. 명함은 방문한 사람이 먼저 건네는 것이 예의이며, 양손으로 명함을 내민다.

나. 명함을 주고받을 때는 인사말과 함께, 이름과 소속을 정확히 밝힌다.

다. 상대방이 읽기 편하게 자신의 이름을 상대방 쪽으로 향하게 한다.

라. 바르게 서서 '○○회사의 ○○ 부서에 있는 ○○○입니다'라고 소개를 한다.

마. 명함을 건네는 위치는 상대방의 가슴과 허리선 사이의 높이가 적당하다.

바. 명함은 구겨지지 않고 깨끗한 상태인 것을 여유 있게 준비한다.

사. 여러 사람과 인사하는 경우, 직위 순서대로 건넨다.

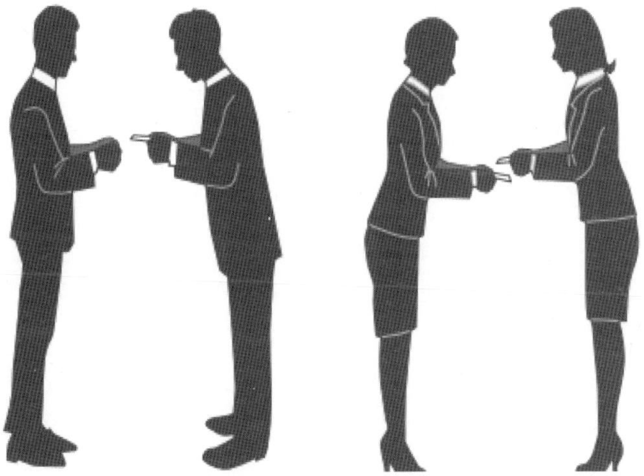

〈 그림 6-8 〉 올바른 명함인사법

② 명함을 받는 방법

가. 명함을 받을 때, 일어서서 두 손으로 받는다.

나. 상대에게 받은 명함은 그 자리에서 회사와 부서, 이름을 확인한다.

다. 받은 명함은 그 자리에서 확인하고, 기억할 수 있게 재확인하도록 한다.

라. 명함을 동시에 주고받을 경우, 오른손으로 건네고 왼손으로 받는다.

마. 명함을 받으면 바로 직함과 이름을 확인하고,
상대방에게 호칭을 사용하여 친근감을 전달한다.

바. 명함을 받았던 자리에 두고 오는 행위는 실례이다.

사. 명함을 명함지갑에 넣는 것이 원칙이며, 잘 구분해서 보관한다.

3) 글로벌매너

각 나라의 문화수준은 경제교류뿐 아니라 사회적 교류가 더욱 빈번해지는 세계화시대에 정체성을 잃지 않으면서도 국제사회에 조화롭게 대응하기 위해서 글로벌 매너와 에티켓을 알아두어야 할 필요가 있다. 타문화나 관습을 가진 사람을 이해하고 배려하는 마음을 행동으로 표현하는 것은 글로벌시대에 평화롭게 공존하는 방법이 될 것이다.

(1) 테이블매너

테이블매너는 즐거운 식사를 위한 기본 자세와 태도를 의미한다. 기본자세를 알고 식사자리에 임한다면 언제 어디서든 실수하지 않고 편안하게 식사를 즐길 수 있다. 예약문화는 효율적인 시간관리를 위하여 보편화되었다. 사전예약을 하면 원하는 시간에 이용할 수 있고 선호하는 자리에서 식사를 할 수 있으므로 사전예약은 필수이다.

식사 시에 나누는 대화의 내용에 따라 분위기가 달라질 수 있는데 대화내용은 날씨, 여행, 문화, 스포츠 등 누구나 이해할 수 있는 주제가 적절하며, 정치 및 종교, 개인적 문제, 타인의 험담 등 의견이 대립될 수 있는 내용은 피하도록 한다. 식사 중에 상대방과 가볍고 즐겁게 대화를 나눌 수 있도록 대화소재를 사전에 준비하는 센스를 발휘한다.

① 사전예약

가. 1~2주 전 여유있게 예약하고 전날에 예약을 재확인한다.

나. 예약 시에는 자신의 이름, 연락처, 일자와 시간, 인원수를 알린다.

다. 도착시간은 반드시 지키고, 늦거나 취소 시, 미리 식당에 연락한다.

라. 기념일인 경우, 식사모임의 목적 등을 미리 알려주어 식당측에 특별서비스
제공여부를 확인한다.

마. 식당에 식사메뉴를 미리 알리면 고객에 대하여 사전에 충분한 준비를 할 수 있으므로 양질의 서비스를 제공받는다.

② 테이블착석

가. 식당에 도착한 후, 예약자 이름과 시간을 확인한 후 안내를 받는다.

나. 좌석의 상석은 전망이 좋은 자리이고, 행사에 따라서 주인공이나 연장자, 여성, 남성 순으로 앉는다.

다. 말석은 사람들의 왕래가 잦은 통로 쪽이나 출입구에서 가장 가까운 좌석이다.

마. 손은 미리 씻고 가거나, 화장실에서 씻도록 한다.

바. 부피가 큰 외투는 별도로 준비된 옷걸이에 걸거나 종업원에게 맡긴다.

사. 핸드백은 등 뒤에 놓고, 큰 가방은 종업원에게 맡기거나 자신의 오른쪽 의자에 가깝게 놓는다.

아. 테이블과 자신의 몸의 간격은 주먹 두개 정도 들어갈 틈을 두고 당겨 앉는다.

자. 착석 후, 팔꿈치를 테이블 위에 세우거나 턱을 괴지 않도록 한다.

③ 식사주문

가. 좌석에 모두 착석하면 차분하게 메뉴를 고른다.

나. 초대받은 경우, 모임의 주선자에게 추천을 받거나 가격이 너무 높지 않은 선에서 메뉴를 선택한다.

다. 메뉴선택이 어려울 때, 직원의 추천메뉴를 참고한다.

라. 직원을 호출할 경우 벨을 누르고, 벨이 없을 시 눈이 마주치기를 기다렸다가 손을 든다.

④ 식사에티켓

가. 냅킨은 무릎 위에 놓고 음식 소스가 떨어지는 것을 방지하기 위한 용도나 입술을 닦는데 사용한다.

나. 식사는 대화를 나누면서 상대방의 식사속도에 맞추면서 먹는다.

다. 양식을 먹을 경우, 식탁에 놓여 있는 나이프와 포크, 스푼은 바깥쪽에서 안쪽으로 놓인 순서대로 사용한다.

라. 식사 중에 대화 시, 식사도구를 내려놓고 대화한다.

마. 상대방이 입에 음식을 넣었을 때 말을 건네지 않으며,
 입안에 음식이 있으면 음식을 삼킨 후 말한다.

바. 식사 중 되도록 자리를 뜨지 않는 것이 좋으나, 부득이한 경우에는
 잠깐 실례한다고 인사한 후 자리에서 일어난다.

사. 식사 중에 전화가 걸려왔을 경우, 가급적 식사 후에 전화하겠다고 하고,
 끊거나 간단하게 통화를 마친다.

아. 요란하게 식사소리를 내지 않고 조용히 먹는다.

〈 그림 6-9 〉 테이블매너

(2) 항공매너

항공기를 이용하는 여행은 일상에서 보편화되었기 때문에 우리가 기내에티켓을 잘 숙지하여 실행하면 여행객들이 서로 불편함이 없이 즐길 수 있다. 기내에서 에티켓에 어긋난 행동을 하게 되면 다른 사람의 여행을 방해할 뿐만 아니라 국가적인 이미지도 실추할 수 있다는 것을 인지한다. 항공기에 탑승하면 승무원에게 탑승권을 보여주고, 승무원의 안내에 따라서 본인 좌석방향의 통로로 들어가서 좌석을 확인하고 착석한다. 비행기 내에서는 안전이 우선이므로 승무원의 지시에 협조하도록 한다.

① 기내에티켓

가. 항공기에 탑승하면 지정된 좌석에 앉도록 한다.

나. 좌석 등받이를 젖힐 경우, 뒤를 돌아보고 뒷사람에게 피해를 주지 않는다.

다. 빈자리로 옮길 경우, 반드시 승무원에게 양해를 구한 후 앉는다.

라. 이착륙 시 안전을 저해하는 휴대용 전자기기 등의 사용은 자제한다.

마. 기내에서 신발을 벗을 수도 있으나 슬리퍼를 신어야 한다.
일반석에는 슬리퍼가 제공되지 않으므로 개인적으로 준비하면 유용하다.

바. 기내에서의 흡연은 법으로 엄격히 금지되고 있다.

사. 기류변화로 좌석벨트 표시등에 불이 들어오면 벨트를 착용한다.

아. 항공기가 착륙하는 동안 좌석벨트 표시등이 꺼질 때까지 좌석에 앉아서 기다린다.

자. 승무원을 부를 때, 호출버튼을 누른다.

차. 기내면세품 이용 시, 면세품 판매책자를 보고 구입할 물품을 정해 두었다가 승무원을 호출하거나 판매카트가 오면 구입한다.

② 기내식 에티켓

가. 승무원이 기내식을 제공하는 동안 기내의 복도가 좁으므로 이동을 자제한다.

나. 한정된 공간에서 식사하므로 다른 승객들에 피해가 될 수 있는 행동은 피한다.

다. 식사가 시작되면 본인 자리에 앉아서 등받이를 바로 세우고 테이블을 펴 놓는다.

라. 통로쪽에 앉은 사람은 창가좌석으로 식사를 건네주는 것이 좋다.

마. 건강과 종교적 이유로 특별식을 요구할 수 있으며 탑승예약 시 미리 주문해야 한다.

③ 기내화장실 에티켓

가. 기내화장실은 남녀가 공동으로 사용하며, 한 줄로 차례를 기다린다.

나. 화장실 이용 시 '사용 중(Occupied)' 혹은 '비어있음(Vacant)' 표시를 확인한다.

다. 세면대는 가능한 한 짧게 사용하며, 사용 후에는 종이타월로 세면대의 물기를 닦고 쓰레기함(Towel Disposal)에 넣는다.

라. 세면대에 비치된 화장품은 사용 후 정돈한다.

마. 좌석벨트 착용 표시가 켜져 있는 동안 화장실 사용은 원칙적으로 금지되어 있다.

(3) 호텔매너

호텔은 비즈니스 고객을 위한 여러 부대시설을 갖추고 숙박과 휴식의 공간을 제공하는 역할을 한다. 세계화시대에 해외체류 시 호텔이용이 보편화되면서 호텔이용에 대한 상식과 에티켓을 지키는 것은 모든 사람이 알아야 할 기본 매너가 되었다.

① 예약에티켓

가. 해외나 국내에서 호텔을 이용할 시에 미리 예약해두는 것이 좋다.

나. 호텔 예약 시, 숙박일수, 객실종류, 도착일시, 연락처 등을 정확히 알려야 한다.

다. 호텔요금 지급에 따른 문제 발생을 미리 방지하기 위해, 고급호텔에서는 신용카드의 번호를 미리 알려 달라고 요구한다.

라. 여행일정에 변경사항이 생기면 호텔에 알려서 조율을 하도록 한다.

마. 호텔에 도착하면 프런트에서 등록카드(Registration Card)를 작성한다.

바. 호텔의 체크인과 체크아웃 시각을 사전에 확인한다. 체크인 시간보다 일찍 도착하면, 룸이 준비되지 않아 기다리는 경우가 발생할 수 있다.

② 객실이용 에티켓

가. 입실 후 전자식 룸키를 문입구에 설치한 박스에 꽂아 방안의 전원을 켜고, 호텔객실 문은 닫으면 저절로 잠기므로 방을 나설 때는 객실키를 반드시 챙겨야 한다.

나. 객실 내에서의 흡연은 금지되어 있거나 벌금을 부과하는 경우가 있다.

다. 객실 내에서는 조용히 말하고, 늦은 시간까지 소란스럽지 않게 한다.

라. 세면도구는 미리 준비하거나, 필요한 경우 프런트에 요청한다.

마. 욕실의 샤워커튼을 이용하여 물이 욕조 밖으로 흐르지 않도록 주의한다.

바. 시차로 인해 아침에 일어나지 못하는 경우, 모닝콜을 이용한다.

사. 미니바(Mini Bar)를 이용한 후, 체크아웃 시 계산한다.

아. 객실서비스(Make-up Room)를 받고 싶지 않을 때, 객실문 안쪽에 걸려있는 DD카드(Do not Disturb Card)를 문밖에 걸어 둔다.

자. 도움이 필요하거나 문제가 발생한 경우 콘시어지(Concierge) 서비스를 받을 수 있다.

차. 체크아웃할 때 객실을 간단히 정리·정돈하고 퇴실한다.

③ 팁에티켓

팁(Tip)이란 'To Insure Promptness'로 서비스를 빨리 받기 위해서 주는 돈이란 뜻에서 유래되었다. 팁은 시중을 드는 사람에게 위로와 고마움의 뜻으로 서비스에 대한 감사와 서비스를 제공한 사람의 수입을 보충해 주는 것으로서 서비스요원에게 지불하는 금액을 의미한다. 팁은 지불금액에 대해서 팁을 주는 방법에도 주의를 기울여야 한다.

가. 국가에 따라서 팁이 보편화된 예가 있으니 팁을 줄 때는 어느 정도가 적절한 금액인지를 고려한다.

나. 팁의 금액은 나라와 도시의 물가수준, 호텔이나 식당의 등급에 따라 다르며, 너무 인색한 태도는 무례한 행동이 될 수 있으므로 적정선을 유지하여 지불한다.

다. 팁은 룸서비스나 승용차를 주차해 줄 때, 프런트직원에게 특별 서비스를 받았을 때 등 감사한 마음을 전하고 싶을 때 지급한다.

라. 룸 메이드에게 줄 팁은 하루에 1달러나 침대당 1달러 정도를 배게 밑에 넣고 나간다.

마. 식사 후, 팁은 식사비용의 10~15% 정도로 지불하면 무난하다. 테이블에서 계산하거나 계산서에 포함하거나 혹은 테이블 위에 올려놓아도 된다.

〈 그림 6-10 〉 호텔의 팁에티켓

WORKSHEET

1. 공공장소에서의 매너와 에티켓의 사례를 공유하고, 행동에 대하여 작성해보자.

장 소	배려하는 행동	불편하게 하는 행동
대중 교통		
화장실		
관람장		
식당		

2. 전화응대 상황에 따른 적합한 답변을 작성해보자.

상 황	답 변
전화를 늦게 받았을 때	
현재 전화 통화가 곤란할 때	
상대방을 기다리게 할 때	
상대방이 기다려 줬을 때	
궁금한 것을 질문할 때	
부탁이나 의뢰할 때	
이해를 못해서 다시 물어볼 때	
맞장구를 치거나 공감의 표현을 할 때	
상대방이 하는 질문을 내가 잘 모를 때	
상대의 부탁에 거절할 때	
마무리 인사할 때	

WORKSHEET

3. 체크리스트를 통해 자신의 매너와 에티켓을 점검해보자.

구 분		체 크 내 용	Yes	No
네티켓	1	표준어와 바른 언어를 사용하고, 줄임말은 자제하는가?		
	2	연락하려는 상대에게 가장 적절한 연락수단이 무엇인지 고려하는가?		
	3	사이버 공간 안에서 농담이나 비유를 자주 하는가?		
	4	잠재적 위험을 내포할 수 있는 사진이나 동영상을 올리지는 않는가?		
	5	상대방에게 늦은 밤이나 이른 아침시간에 메시지 전송은 피하는가?		
	6	대화의 시작과 마무리에 인사를 꼭 하는가?		
공공장소	7	옆 사람과 대화하거나 통화 시 작은소리로 짧게 통화하는가?		
	8	음악감상과 영상시청 시 이어폰을 이용하는가?		
	9	대중교통 이용 시 차내에 쓰레기를 버리지 않고 깨끗이 사용하는가?		
	10	상대의 발을 밟거나 신체적 접촉이 있을 시 바로 사과하는가?		
	11	보행 시에 우측통행을 하는가?		
	12	화장실에서는 문을 잠그고 용무를 보고, 용무 후 물을 꼭 내리는가?		
	13	관람 시 스마트폰 불빛으로 타인의 시선을 방해하지 않게 주의하는가?		
식사	14	예약한 후 도착시간을 지키고, 취소 시에는 미리 식당에 연락하는가?		
	15	자리에 착석하여 팔꿈치를 테이블 위에 세우거나 턱을 괴지는 않는가?		
	16	식사는 상대방의 식사속도에 맞추면서 먹는가?		
	17	입안에 음식이 있으면 음식을 삼킨 후 말하는가?		
	18	식사 중에 전화가 걸려왔을 때는 간단히 끊는가?		
비지니스	19	동료들에게 정중하면서도 밝은 표정으로 인사를 건네는가?		
	20	최소한 근무시작 10분 전까지 출근하는가?		
	21	갑작스럽게 지각이나 결근을 하는 경우, 회사에 직접 알리는가?		
	22	동료와의 잡담을 자제하고, 험담은 하지 않는가?		
	23	전화응대 시 명랑하고 밝은 목소리로 말하는가?		
	24	악수를 할 때 바르게 서서 오른손으로 인사를 했는가?		
글로벌	25	호텔객실에서 소란스럽지 않고 정숙하게 이용하였는가?		
	26	기내에서 승무원의 안내에 따라 안전수칙을 준수하였는가?		
	27	해외여행 시 서비스에 따른 적절한 팁을 지불하였는가?		

Chapter 07

컬러이미지

학습 목표

컬러에 기본적인 특성을 이해하고, 색에 대한 감각을 고조시키고 신체 고유색을 파악하여 퍼스널컬러를 진단함으로써 자신과 어울리는 퍼스널이미지의 색을 조화롭게 연출할 수 있다.

1. 컬러이미지의 이해

1) 컬러의 특성

색은 우리 생활 속에서 과학적, 비과학적인 세계에서 이성과 감성을 포함하고 있으며, 우리의 모든 환경은 컬러로 둘러싸여 있다. 이러한 색에 대한 이미지는 국가와 기업의 이미지뿐만 아니라 한 개인의 외적인 면과 내면의 정서를 나타낸다.

색의 지각은 대상물에 제공된 가시광선의 빛이 반사되어 눈의 망막을 자극하고 이를 인지하여 대뇌에서 판단하는 과정으로 일어나는 것이다. 색의 인지과정은 광원, 대상물, 시각기관 및 이를 판단하는 대뇌 각 요소의 물리적, 생리적, 심리적, 미적 현상과 사회·문화적 특징을 포괄하는 것으로 인간의 삶에 다양한 영역에 영향을 미친다. 따라서 색채에 관한 본질적인 연구와 색에 관련된 여러 문제를 연구하는 색채학은 화학, 물리학, 생리학, 심리학, 미학 등의 여러 학문분야에서 통합적으로 연구되어야 하는 종합적 학문이다.

〈 그림 7-1 〉 색채지각의 3요소

(1) 색의 개념

아이작 뉴턴(Isaac Newton)은 17~18세기 영국의 물리학자로서 색은 빛으로부터 나와 물체에 반사, 투과, 흡수되어 보여진다고 하였다. 수많은 실험 후에 그는 빛이 몇 가지의 다른 색들로 구성되어 있음을 밝혀냈고, 프리즘을 이용하여 굴절시킨 결과, 가시광선의 스펙트럼에 의해 빨강, 주황, 노랑, 초록, 파랑, 남색, 보라색의 7가지 색으로 구별되는 것을 증명하였다.

영국의 토마스 영(Thomas Young)과 독일의 헬름홀츠(Helmholtz)는 우리 눈의 망막조직에는 빨강, 초록, 파랑의 색지각 세포가 있고, 색광을 감광하는 시신경 섬유가 있어 이 세포들의 혼합이 시신경을 거쳐 뇌에 전달됨으로써 색을 지각하는 가설을 증명하였다.

〈 그림 7-2 〉 색채지각에 의한 뉴턴의 분광실험

무한에 가까운 미묘한 색들 속에서 인간의 눈으로 구별하는 색은 대략 200만 가지이다. 이들 유채색은 색상과 채도 및 명도 등의 물리적 특성에 따라 색이 가지고 있는 성질과 기능이 있으며, 사람마다 차이는 있지만, 공통으로 인지하는 감정과 기능이 다르다. 시각적으로도 보이는 것은 색을 통해서 따뜻하고 차가운 느낌의 온도감, 가볍고 무거운 느낌의 중량감, 팽창과 축소감, 진출과 후퇴의 감정 등을 느낄 수 있다.

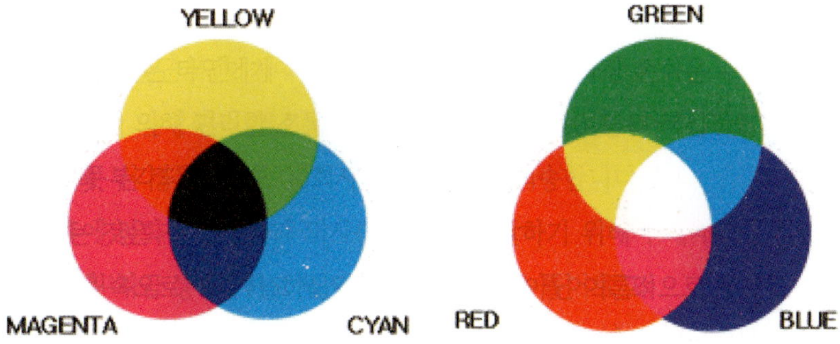

〈 그림 7-3 〉 색의 3원색 & 빛의 3원색

(2) 색의 3속성

색은 인간의 주관적 측면과 관계가 있으므로 색감, 밝고 어둡기, 선명도 등의 이미지가 인상을 수반한다. 색의 지각은 사람마다 조금씩 다르지만, 색을 표현하는 색의 3속성은 색을 구별하는 색상, 색의 밝고 어둠을 표현하는 명도, 색의 맑고, 탁한 포화도를 나타내는 채도로 구분된다.

이러한 관계를 입체로 나타낸 것을 색입체(Color Tree)라 하며 세로축이 명도, 가로축이 채도, 그리고 가로로 반을 나눈 단면의 원주는 색상에 맞춰서 계통적으로 색을 둥글게 배열한 것을 색상환(Color Cirle)이라 한다. 이 색상환은 색상에 따라 명도별로 채도에 차이가 있으므로 불규칙한 타원형 모양을 하고 있다.

① 색상(Hue)

색상은 빨강, 노랑, 파랑 등의 감각에 따라 색채를 구별하기 위한 것으로 색이 가진 독특한 성질을 나타낸다. 가시광선에서 볼 수 있는 유채색은 빨강, 주황, 노랑, 초록, 파랑, 남색, 보라 등으로 빛의 파장차이에 따라 색상을 순환적으로 배열하면 색상환이 된다. 빨강, 노랑, 녹색, 파랑, 보라 5가지 색을 기본으로 중간색을 첨가한 10가지 색상이 이루어지고 10색상환에서 중간색을 첨가하여 20색상환이 만들어진다.

〈 그림 7-4 〉 10색상환

② 명도(Value)

명도는 색밝기의 척도 즉, 밝고 어두운 정도를 말하며 빛의 반사율이 높으면 명도가 높다고 한다. 명도가 가장 높은 색을 흰색이라 하고 명도값을 10으로 표기한다. 가장 어두운색, 즉 명도가 가장 낮은 검정을 명도값 0으로 표기하여 총 11단계로 나뉜다. 하지만 실제 명도 0과 10은 존재하지 않는다. 가장 어두운 검정의 저명도는 N0이 아니라 N1.5이고, 가장 밝은 흰색의 고명도는 N10이 아니라 N9.5이다.

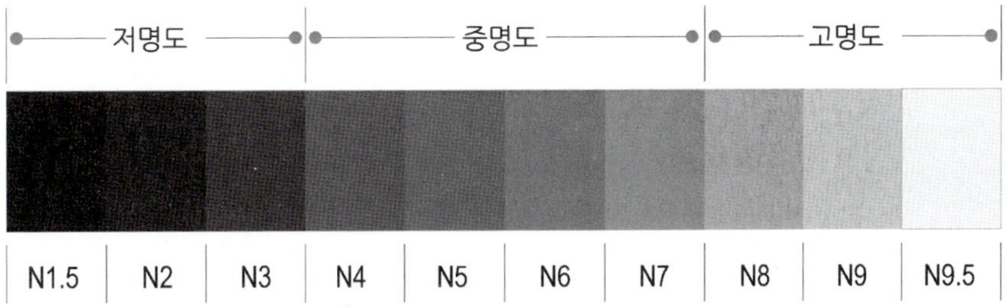

〈 그림 7-5 〉 명도단계

③ 채도(Chroma)

채도는 색상의 맑고, 탁함, 순색의 강약, 색상의 포화정도를 뜻하는 것으로 색이 짙거나 연하고, 맑고 흐린 정도를 나타내는 성질이 색파장의 순수한 정도를 나타낸다. 색의 선명도인 채도는 어떤 색채 속에서 색상의 속성이 어느 정도 포함되어 있는가를 알 수 있다.

이것은 유채색의 순수한 정도를 뜻하기 때문에 순도라고 하며, 한 색상에서 채도가 높은 색을 순색이라고 한다. 또한, 채도는 순색에 가까울수록 채도가 높아지고, 무채색이나 다른 색이 섞일수록 채도는 떨어진다. 순색에 검정과 흰색이 섞이면 청색이라 하는데 흰색이 섞이면 명(明)청색, 검은색이 섞이며 암(暗)청색이라 한다.

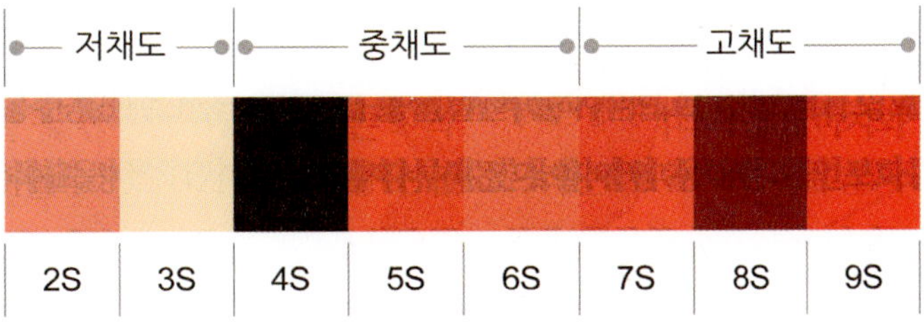

〈 그림 7-6 〉 채도단계

2) 컬러이미지의 분류

컬러는 지구상에 존재하는 가장 흥미로운 것 중 하나로 매우 감각적이며 인간의 정서상태를 즉각적으로 변화시킨다. 색은 컬러의 연상, 상징성, 이미지에 따라 세계 공통으로 인지되어 때로는 언어보다도 빠르게 커뮤니케이션을 할 수 있다. 또한, 컬러는 개인의 경험, 문화, 교육수준, 성향이나 성격 등 감성적인 차이의 정도에 비례하여 다르게 인지되기도 한다. 이러한 감정 차이는 본능 또는 대상에 대한 문화적 경험의 판단으로 다양한 연상작용을 형성한다.

(1) 컬러에 따른 이미지 분류

일상생활 속에서 우리는 색을 통해 감정적, 시각적인 커뮤니케이션에 익숙해져 있다. 컬러는 색상의 종류에 따라 그 특성을 분류해서 색의 명암(明暗), 강약(强弱), 농담(濃淡) 등으로 색상을 구분하여 설명할 수 있다.

① 레드(Red)

에너지와 힘, 감각과 열정, 본능을 자극하는 빨강은 주목성이 강한 컬러이다. 문명이 시작되기 이전부터 사람들은 태양을 붉은색으로 표현할 만큼 레드는 역동적인 색이다. 빨강은 진출색이며 팽창색이므로 레드 컬러의 의복을 착용할 때는 체격이 크면 피하고, 컬러의 면적을 작게 하도록 한다. 이 색을 선호하는 사람은 외향적이고 적극적인 성향이 강하다.

② 오렌지(Orange)

생명력을 불어넣는 오렌지는 빛의 컬러로 행복하며 즐거움을 주는 색이다. 빨강의 화려함과 노랑의 따뜻함을 가지고 있는 주황색은 식욕을 자극하고 친근함과 사교적인 느낌을 준다. 일상생활에서 이색은 젊음과 활력, 명랑함의 매력을 지니고 있어 활동성이 있는 스포츠웨어에 주로 활용된다. 대부분 오렌지색을 선호하는 사람들은 사교적이고 의욕적이며 사람들을 즐겁게 하는 성향을 가지고 있다.

③ 옐로(Yellow)

빨간색만큼이나 주목성이 강한 옐로는 태양의 컬러로 밝음과 활동성, 명랑함을 대표하는 컬러이다. 순색의 노랑은 눈에 잘 띄는 성질 때문에 안전, 어린이 보호차량 등 위험, 안전을 인지해야 하는 물체에 자주 사용된다. 노란색을 선호하는 사람은 개성표현이 강하고, 모험가적인 성향이 높으며, 젊은 층일수록 자유롭고 새로운 것을 찾아내려는 성향과 사회의 지도자가 되고 싶어하는 성향을 가지고 있다.

④ 그린(Green)

자연에서 볼 수 있는 녹색은 봄의 새싹인 연두색부터 늦여름 숲의 짙은 초록색까지 자연의 색을 말한다. 색의 온도감에서도 중성적 특성이 있어 그 어떤 색보다도 평온함을 느낄 수 있게 하거나 감정의 균형을 회복시키며 편안한 스타일연출에 효과적이다. 하지만 녹색을 너무 많이 쓰게 되면 고립감을 느낄 수 있으니 적절한 활용으로 균형감을 맞춘다. 이 색을 선호하는 사람은 성실하며 평화주의자 성향을 띤다.

⑤ 블루(Blue)

푸른 하늘과 바다를 연상하게 하는 고요하고 평화로운 컬러인 파란색은 세계적으로도 기호가 가장 높은 색이다. 지적인 이미지를 주고 마음에 침착함과 냉정함, 순수함을 심어주어 사적인 감정보다는 공정하게 행동할 수 있게 도와준다. 블루는 신뢰감, 책임감을 상징하므로 공공기업에서 로고 디자인에 많이 사용되는 대표적인 컬러이다. 어두운 파랑은 신뢰와 보수적인 색으로 슬픔과 냉정, 소극적이라는 특징이 있다. 이 색을 선호하는 사람은 논리적이며 체계적인 성향이 높게 나타난다.

⑥ 퍼플(Purple)

보라색은 정신적이고 감각적인 에너지와 연관된 직관력, 창조성, 영적 승화 등 예술적인 컬러이다. 이 색은 정열적이고 따뜻한 레드와 차갑고 냉정한 블루, 2가지 색의 혼합으로 얻어지는 컬러로 감정과 이성의 조화를 표현하며 치유와 봉사, 높은 정신력을 의미한다. 흰색과 혼합되었을 때는 화사하고 여린 이미지를 주고, 검정과 혼합하면 신비스러운 이미지를 나타낸다. 감수성이 풍부하고 예술적 감성이 뛰어난 사람들은 보라색을 선호한다.

⑦ 핑크(Pink)

핑크는 우아한 아름다움과 여성스러움을 대표하는 컬러로 명도와 채도에 따라서 다양한 메시지를 담고 있다. 파스텔핑크나 로즈핑크는 귀엽고 여성스러운 감성으로 남성에게 파스텔핑

〈 표 7-1 〉 컬러의 상징성

색 상		긍정적 이미지	부정적 이미지
레드		열정, 힘, 에너지, 사랑 권력, 역동적, 다이나믹 용기, 순교, 스피드	불, 위험, 분노, 공격성 금지, 잔인, 호색, 잔혹 편견, 악평, 경고
오렌지		사교적, 친근함, 따스함 온화, 대중적, 활력 만족, 즐거움, 젊음, 생기	허풍, 천박함, 귀찮음 과시, 횡포, 협박, 방종 억지, 경고, 악덕, 건조
옐로		희망, 밝음, 활발함 에너지, 즐거움, 화사함 영광, 부, 민첩, 공명정대	시기, 이기심, 유치함 천박함, 경솔함, 애매함 질투, 배신, 비탄, 냉소
그린		생명력, 건강함, 안정 조용함, 효과적, 자연 편안함, 다정, 유능	단조로움, 미숙함, 의심 분노, 탐욕, 평범, 의심 둔함, 지루함, 보수적
블루	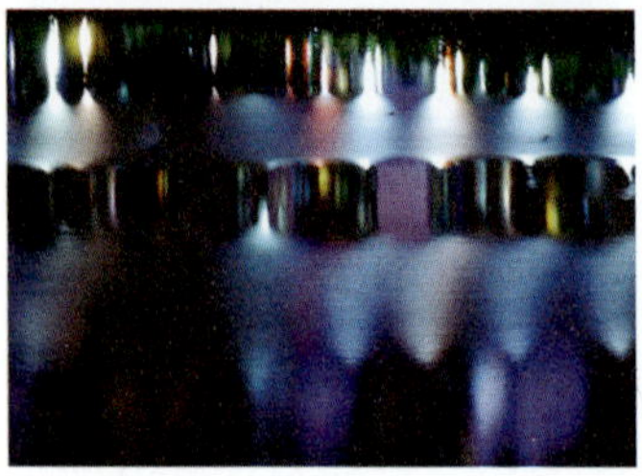	이성, 신뢰, 책임감 시원함, 솔직함, 비전 성실, 지혜, 신성	슬픔, 냉담, 우울, 허약 소극적, 냉정함, 차가움 고집, 정서불안, 내성적

색 상		긍정적 이미지	부정적 이미지
퍼플		우아함, 고귀함, 예술성 신비로움, 환상적, 감수성	고독, 슬픔, 허영심 신경과민, 죽음, 무자비 비열함, 부패, 타락, 불안
핑크		모성애, 사랑, 로맨틱, 부드러움, 애정, 행복 소녀다움, 건강함, 생기	유치함, 연약함, 경박함, 정서적 결핍 미숙함, 비현실적 기대
화이트		순수, 순결, 순진 신성, 청결, 맑음 거룩함, 박애, 평화	결벽, 가벼움, 미성숙 은둔, 냉혹, 엄격, 실패 완고, 메마름, 삭막함, 죽음
그레이		수수함, 은은함 모던, 중후함, 금욕 도회적, 지적, 세련미	쓸쓸함, 무기력 우유부단, 우울 기회주의, 불안
블랙	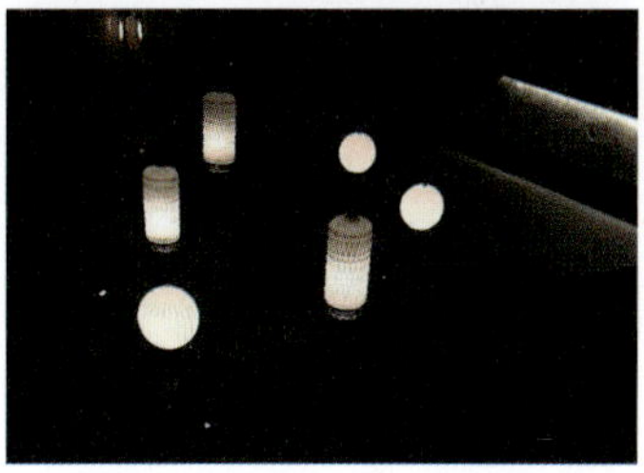	중후함, 클래식, 권력 에너지, 예술적, 흡수 이상주의, 단순, 힘	공포, 죽음, 보수적 고난, 인색함, 거만 속박, 절제, 비관적

크를 사용하게 되면 남성에게는 부드럽고 순수한 이미지를 줄 수 있다. 진한 핑크는 열정적이고 강렬한 느낌을 전달한다. 레드빛이 강한 체리핑크나 마젠타(Magenta) 컬러는 포용과 보호의 모성애 컬러인 동시에 주인공이 되고자 하는 마음을 대변하기도 한다. 이 색을 선호하는 사람은 사랑이 많고 우유부단한 성향을 띤다.

⑧ 화이트(White)

흰색은 가장 순수한 색으로 모든 빛을 다 합치면 흰색이 된다. 즉 대상물에 비친 빛의 색을 모두 반사하는 흰색을 여름철에 활용하면 시원하고 청량한 코디네이션을 연출할 수 있다. 기품이 있고 세련된 화이트는 원칙을 지켜가면서 솔직한 감정과 생각을 정화하여 우리의 심신을 부드럽게 하지만, 지나치면 두려움이나 긴장감을 발생시킬 수 있으니 주의해야 한다. 이 색을 선호하는 사람들은 순수하고 성실하며 완벽주의자 성향을 보인다.

⑨ 그레이(Gray)

회색은 모든 색 중에 가장 자극이 적고 수수한 색으로 어떤 색과 함께 사용하더라도 배색할 수 있으며 다른 색을 돋보이게 한다. 오랜 세월의 흔적이나 노년의 원숙함을 표현하는 쓸쓸함이 연상되기도 하지만 안정감과 차분한 이미지도 있어서 도회적인 세련미도 가지고 있다. 회색을 선호하는 사람들은 밋밋한 컬러로 자기주장보다는 소극적인 성향으로 보일 수 있으나 세련되고 세밀한 성격의 소유자로 타인을 배려하는 마음이 크다.

⑩ 블랙(Black)

검은색은 모든 색이 합쳐진 색으로 다른 색을 흡수한다. 또한 중후한 무게감과 절제된 품위가 있는 컬러로서 카리스마를 느끼게 한다. 블랙은 현대적이고 세련되어 다른 색과도 잘 어울리는 색으로 화이트와의 배색이 가장 기본이 되며, 이러한 모노톤(Mono Tone)은 모던한 이미지를 연출한다. 블랙은 다른 색과의 명도차이로 배색이 양호하고, 축소하는 역할을 하므로 불균형의 체형을 바로잡아 주는 효과가 있다. 이 색을 좋아하는 사람은 자신을 먼저 잘 드러내지 않고 자존심이 대체적으로 강한 편이다.

(2) 톤에 의한 분류

톤(Tone)이란 명도와 채도를 통합한 것으로 색의 밝고 어두움과 강약에 따른 차이를 복합개념으로 색의 3속성을 모두 포함하는 집합체이다.

우리나라에서는 한국산업규격 KS톤 분류체계와 일본 색채연구소의 톤의 분류(PCCS : Practical Color Coordinate System)를 사용하고 있다. 한국산업규격으로 정의한 유채색 및 무채색의 색조 분류체계는 유채색 13단계와 무채색 5단계로 구분된다.

톤의 분류는 13개의 감성으로 색을 분류하여 같은 범위의 명도와 채도값을 갖는 비슷한 감성으로 표현될 수 있다. 톤은 가로축이 채도, 세로축이 명도로 가로축과 세로축이 만나는 점의 명도와 채도값이 모여 색의 강약을 나타내는 톤이 구분되어진다.

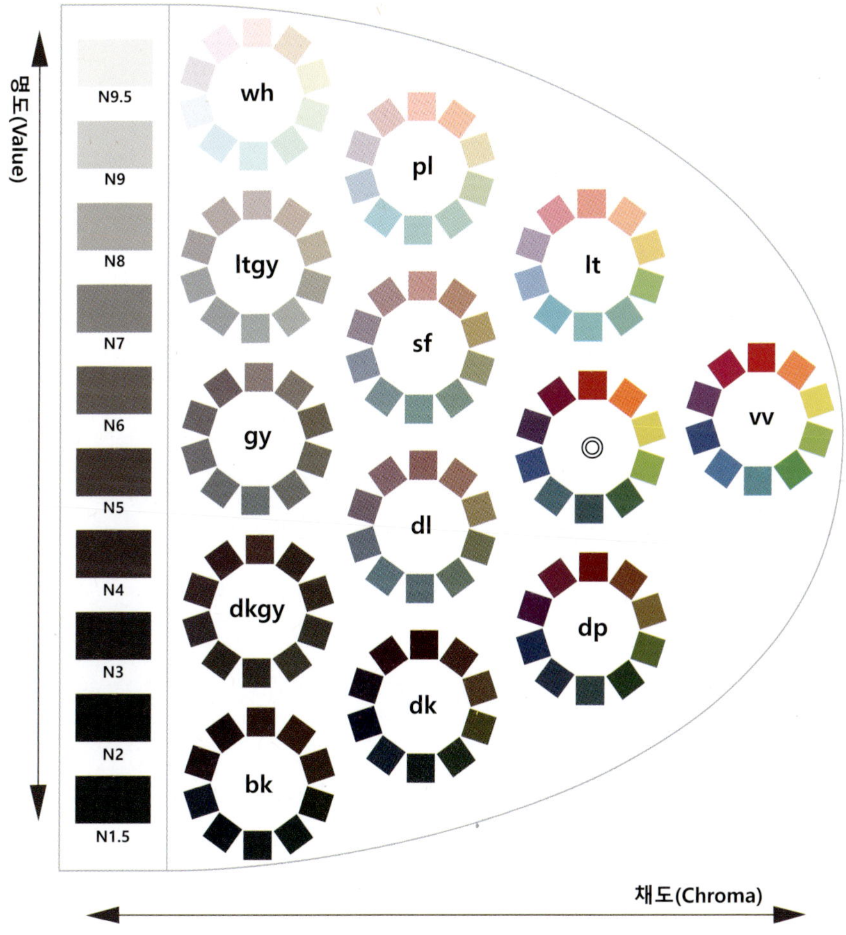

〈 그림 7-7 〉 KS 톤의 분류

① 비비드(Vivid)

비비드톤은 톤의 기준이 되는 가장 선명한 색조로 중명도, 고채도의 원색으로 구성된 강렬한 색조이다. 가장 채도가 높은 비비드 톤은 시각적으로 강한 인상을 나타내는 메시지를 전달한다. 자유분방한 화려함과 적극성, 활동적이고 자극적인 이미지를 주는 비비드톤은 스포티한 캐주얼 감성 등 액티브한 연출에 적합하다.

② 스트롱(Strong)

KS 표준색에서 기본색인 스트롱톤은 비비드톤보다는 채도가 조금 낮은 색조로 비비드톤의 경쾌함보다는 조금 더 강한 느낌을 준다. 즉, 명도는 같으나 아주 소량의 검정색이 섞여져 채도가 한단계 정도 낮다. 스트롱톤은 비비드톤처럼 강렬하고 역동적이고 액티브한 색감으로 민속풍의 화려한 이미지에 자주 사용한다.

③ 라이트(Light)

라이트톤은 기본색에 소량의 흰색을 혼합하여 얻은 고명도, 중채도의 색조합군이다. 이 톤은 혼합된 흰색의 양에 따라 색의 기운은 약해지고 밝고 부드러운 이미지를 주기 때문에 파스텔톤이라고도 한다. 라이트톤은 귀엽고 밝은 색조로 유아나 아동을 대상으로 하는 상품에 적합하며, 로맨틱함과 함께 가볍고 산뜻한 이미지에 활용된다.

④ 페일(Pale)

페일톤은 라이트톤보다 흰색의 양이 조금 더 섞여져 색 자체가 연하다. 이 톤은 채도는 아주 낮지만, 명도가 높은 편이어서 부드럽고 가벼운 색으로 청순함을 지닌 여성스럽고 맑은 이미지를 표현하는데 적합하다. 톤의 활용도는 밝고 감미로운 섬세함과 소프트한 느낌이 강하여 고급스러운 배색에 자주 적용된다.

⑤ 화이티시(Whitish)

화이티시톤은 저채도, 고명도의 색으로 페일톤보다 흰색의 혼합량이 많다. 주로 저채도의 순수하고 맑은 이미지를 지니고 있으므로 연약한 이미지를 돋보이게 하기 위해 사용된다. 이 톤은 유채색 중에서 가장 밝고 연한 톤으로서 색감이 강하지 않게 부드럽고 여린 이미지로 로맨틱한 디자인에 이상적이다.

⑥ 소프트(Soft)

소프트톤은 순색에 밝은 회색을 혼합한 것으로 중명도와 중채도의 색감이다. 비비드의 선명함은 덜하지만, 색의 느낌은 자연스러우며 밝고 부드러운 색조이다. 이 톤은 차분하고 온화한 이미지, 부드럽고 은은한 이미지, 편안하고 내추럴한 이미지에 주로 사용된다.

⑦ 덜(Dull)

덜톤은 순색에 중간 회색을 섞은 톤으로 소프트톤과 비교하면 좀 더 가라앉은 느낌으로 중간 정도의 명도와 채도를 지니고 있어 격식있고 차분한 느낌의 색조이다. 안정감이 있고, 중후한 느낌의 이 톤은 색 바랜 소프트톤으로 오래된 가구, 자연소재의 고풍스러운 이미지를 주기 때문에 고상한 클래식 스타일이나 인테리어에 적합하다.

⑧ 딥(Deep)

순색에 약간의 검정이 섞인 딥톤은 저명도, 고채도의 색으로 고풍스러운 이미지로 진하고 강한 특징을 가진다. 이 톤은 중간 이상의 채도와 낮은 명도로 스트롱톤보다 깊고 짙은 톤으로 고상하고 세련된 색조로서 착함, 충실함, 중후함의 전통적인 클래식한 이미지를 지닌다.

⑨ 다크(Dark)

다크톤은 검은색이 많이 포함되어 저채도의 무거운 색조로 톤 중에서 가장 어두운색이다. 품위가 있고 무게감이 느껴지는 다크톤은 중후한 클래식과 매니시한 느낌의 남성적인 이미지가 강하여 비즈니스룩에 주로 이용된다. 또한 저명도, 저채도의 색조로 공간이 축소해 보이며, 색상은 강하게 나타나지 않으므로 다양한 배색에 적용된다.

⑩ 블랙키시(Blackish)

저명도, 저채도의 무거운 블랙키시톤은 순색의 느낌이 아주 소량 포함하고 있는 검정에 가깝다. 이 톤은 대체로 검정에 가까우며, 딱딱한 남성적인 색감으로 흰색과의 조합에서는 모던한 이미지를 주고 비비드톤과의 배색에도 잘 어울린다.

⑪ 라이트 그레이시(Light Grayish)

라이트 그레이시톤은 라이트톤에 밝은 회색을 섞어 만들어진 색의 조합으로 은은하고 세련

〈 표 7-2 〉 톤의 이미지분류

톤	색 상 구 분	이 미 지
비비드 (Vivid)	 	• 고채도 원색의 선명하고 강렬한 색조 • 화려함, 적극성, 활동성, 자극성
스트롱 (Strong)	 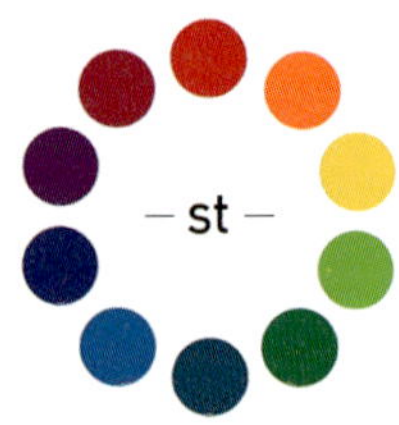	• 비비드톤보다 강한 색조 • 강렬함, 역동적, 액티브, 풍부함
라이트 (Light)	 	• 고명도, 중채도의 색조 • 귀여움, 밝음, 산뜻함
페일 (Pale)	 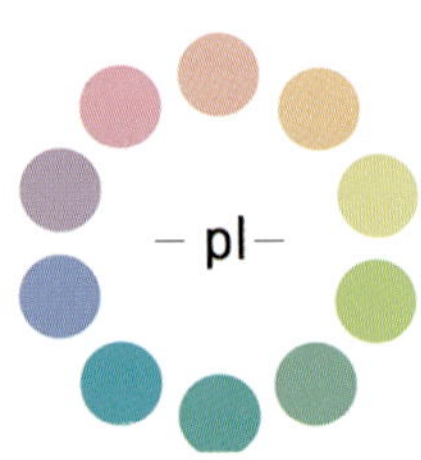	• 저채도, 고명도의 색조 • 연약함, 청순함, 부드러움, 로맨틱, 여성스러움
화이티시 (Whitish)	 	• 저채도, 고명도의 색조 • 순수함, 맑음, 연약함, 로맨틱

톤	색상 구분	이미지
소프트 (Soft)	 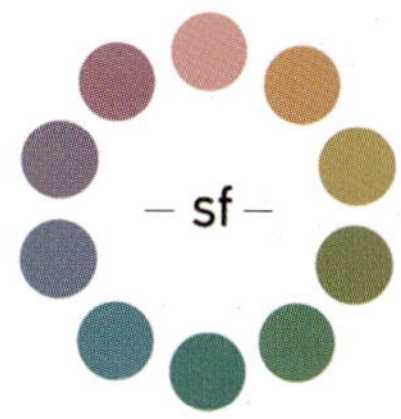	• 중명도, 중채도의 색조 • 밝음, 부드러움, 차분함, 자연스러움, 온화함, 은은함
덜 (Dull)	 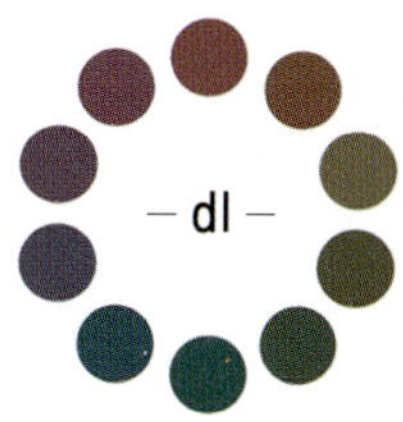	• 소프트톤보다 조금 가라앉은 색조 • 차분함, 클래식, 중후함, 전통, 고풍스러움, 고상함
딥 (Deep)	 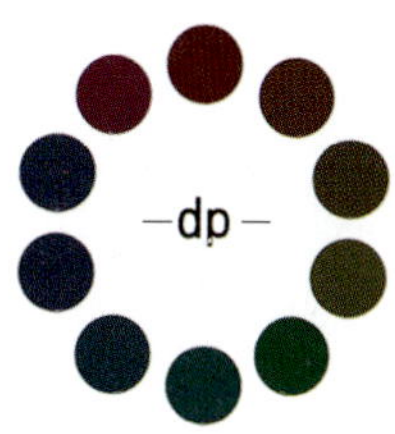	• 저명도, 고채도의 색조 • 고풍스러움, 중후함, 고상함, 충실함, 전통, 클래식
다크 (Dark)	 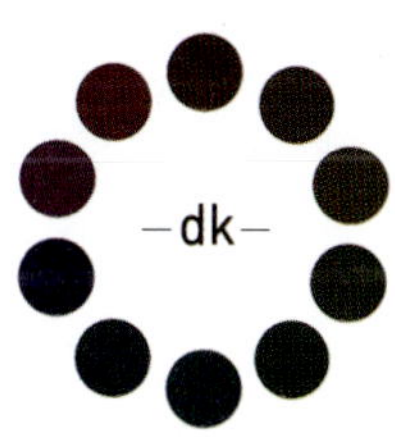	• 저채도의 무거운 색조 • 남성적, 어두움, 중후함, 클래식
블랙키시 (Blackish)	 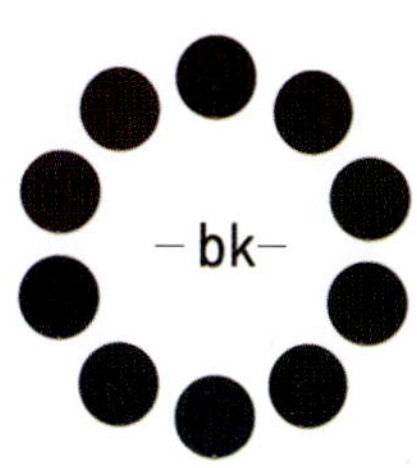	• 저명도, 저채도의 무거운 색조 • 딱딱함, 남성적, 무거움, 모던함

톤	색상 구분		이미지
라이트 그레이시 (Light Grayish)			• 밝은 회색이 혼합된 은은한 색조 • 수수함, 온화함, 편안함, 세련미
그레이시 (Grayish)			• 중명도, 중채도의 탁한 색조 • 침착함, 차분함, 정적임, 편안함, 자연스러움, 지성미, 세련미, 시크
다크 그레이시 (Dark Grayish)			• 저명도, 저채도의 매우 어두운 색조 • 소박함, 딱딱함, 견고함, 무거움, 남성적, 신비감, 고급스러움

된 이미지를 지닌 중명도, 저채도의 색이다. 이 톤은 수수하고 온화하여 편안한 느낌의 이미지를 준다. 특히, 라이트 그레이시톤의 퍼플 컬러군은 세련된 우아함이나 시크한 분위기를 연출하고 싶다면 라이트 그레이시톤의 한색계열은 아주 효과적이다.

⑫ 그레이시(Grayish)

그레이시톤은 덜톤에 중간 톤의 회색을 섞어 만든 중명도, 저채도의 탁색 그룹에 속한다. 또한 톤의 분위기는 침착하고 차분한 정적인 이미지와 함께 편안하고 자연스러운 이미지연출에 적당하다. 그레이시톤은 동시에 지적이고 세련미가 있으며, 도시적인 시크한 이미지로 다른 색과도 배색에 많이 활용된다.

⑬ 다크 그레이시(Dark Grayish)

다크 그레이시톤은 검정에 가까운 짙은 회색이 섞인 저명도, 저채도의 톤으로 매우 어둡고 짙은 톤이다. 이 톤은 소박하고 생동감이 적어서 딱딱하고 견고한 무거운 느낌의 남성적인 이미지를 나타내고, 검정에 가깝지만, 검정과는 다르게 미묘한 신비감을 지닌다. 또한 화려한 비비드톤의 유채색과의 배색에서는 고급스러움을 연출할 수 있다.

2. 컬러의 배색

1) 배색의 개념

배색이란 이미지에 따라 분위기에 어울리는 2가지 이상의 색을 아름답게 배열하는 것이다. 배색은 단순한 색의 배열이 아닌 색의 짜임과 2가지 이상의 색을 혼합하여 만드는 일이다. 그러므로 배색은 한 색만으로는 만들어낼 수 없는 색채심리적, 색채생리적인 효과를 만들어내는 조직과 창조의 작업으로 목적에 맞는 효과를 얻기 위해서 규칙과 질서 및 균형감각이 이루어져야 한다. 또한 기호나 이미지를 관련시켜 사람의 욕구와 동적인 밸런스를 갖도록 구성하는 것이 균형있는 배색이라 할 수 있다.

2) 배색의 분류

(1) 색상에 의한 배색

색상에 의한 배색은 색상, 명도, 채도의 3속성 중에서 색상을 중심으로 하는 배색이다. 색상환을 기준으로 같은 색을 배색하면 동일색상 배색이고, 색상환에서 인접해있는 색상의 배색은 유사색상 배색이며, 마주 보고 있는 반대쪽 색상끼리의 배색은 반대색상 배색이 된다.

① 동일색상의 배색

동일색상의 배색은 같은 색상 내에서 명도와 채도의 변화를 배색하는 방법으로 단색의 이미지를 효과적으로 표현할 수 있다. 이 배색은 차분하고 간결하여 안정감과 통일감을 주지만, 지루함을 느낄 수 있다. 난색계열의 동일색상 배색은 밝고 즐거운 분위기를, 한색계열의 동일색상 배색은 외롭고 적막한 분위기를 연출한다.

② 유사색상의 배색

색상환에서 인접한 색상끼리의 배색하는 유사색상 배색은 동일색상의 배색과 비슷한 이미지를 준다. 이 배색은 동일색상 배색에서 느껴지는 단조로움과 지루함보다는 자연스럽고 부드러움과 안정감을 줄 수 있다. 그러나 동일색상 배색과 마찬가지로 통일감 연출은 우수하나 색끼리의 구별이 뚜렷하지 않아서 밋밋해 보이기도 한다.

③ 보색색상의 배색

보색배색은 색상환에서 서로 마주 보고 있는 색상끼리 배색한 것으로 대담하고 강렬한 자극을 준다. 이 배색은 채도가 높을수록 강렬함과 화려한 정도는 더 커진다. 대비색상 배색은 색상환에서 마주 보는 보색과 그 주변의 대비색상을 배색하는 방법으로 보색 중 하나의 색을 주조색으로 하여 톤의 변화를 조절하면 트렌디한 느낌을 줄 수 있다.

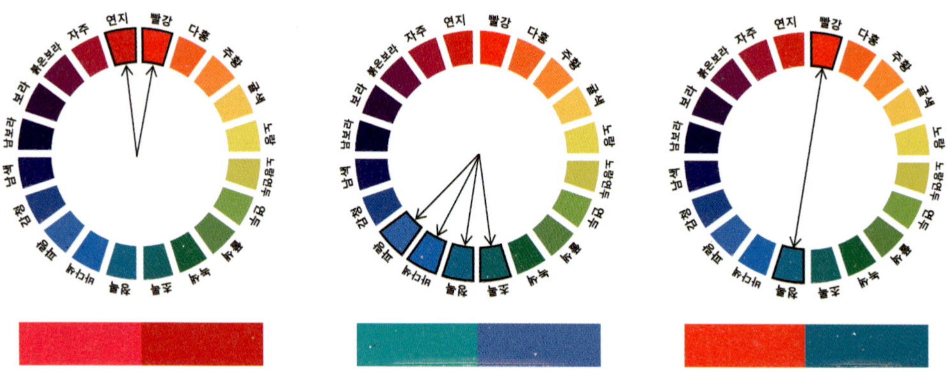

〈 그림 7-8 〉 색상에 의한 배색(동일·유사·보색)

(2) 톤에 의한 배색

톤은 명도와 채도의 복합개념으로 톤을 이용한 배색이다. 인접한 톤끼리 색상톤의 변화가 거의 없는 톤인톤(Tone in Tone)배색과 동일색상에서 농담의 변화를 준 톤온톤(Tone on Tone) 배색이 있다.

① 톤인톤(Tone in Tone) 배색

톤인톤 배색은 색상이 다양하기 때문에 톤은 서로 인접하여 있는 유사한 톤끼리의 배색으로 안정적인 배색을 만들 수 있다. 이 배색은 다양한 색상을 사용할 수 있어 활기차고 개성적으로 보이지만 다채로우면서도 온화하고 편안한 분위기를 연출할 수 있다.

② 톤온톤(Tone on Tone) 배색

톤온톤이란 '톤을 겹치다'라는 의미로 하나의 색상에서 톤의 차이를 비교적 크게 두는 배색을 말한다. 동일색상 내에서 농담 배색으로 보통 그라데이션이라고 한다. 다른 톤의 같은 색상 배색이므로 톤인톤의 배색보다 한결 차분하고 정돈된 이미지를 준다.

〈 그림 7-9 〉 톤에 의한 배색

3. 퍼스널컬러의 이해

1) 퍼스널컬러의 개념

퍼스널컬러(Personal Color)는 개인이 가진 고유의 신체컬러로 피부색, 머리카락색, 눈동자색을 바탕으로 자신과 조화롭게 어울려 생기가 있어 보이게 하는 컬러를 말한다. 선천적으로 타고난 신체 바탕색에 따라 어울리는 사계절컬러(Four Season Color)를 기준으로 이미지를 연출할 때 이용된다. 퍼스널컬러 시스템은 어울리는 색을 찾는 하나의 수단으로, 이 진단을 기반으로 체형, 얼굴형에 따라 뷰티와 패션 아이템 등 컬러코디네이션을 하므로서 원하는 이미지를 만들어내는 효과가 있다.

심리학자 캐롤 잭슨(Carole Jackson)은 '컬러 미 뷰티풀(Color Me Beautiful)'이라는 저서에서 인간의 이미지를 4가지로 분류하여 색팔레트를 제안했다. 1980년대 중반에는 퍼스널컬러 시스템이 일본을 비롯한 아시아에도 확산하여 퍼스널컬러는 뷰티와 패션뿐만 아니라 가전, 인테리어 산업분야에도 적용되었다.

2) 퍼스널컬러의 진단

퍼스널컬러의 진단은 자신의 컬러를 찾기 위해서 여러 가지 방법이 있는데, 기본적으로 베이스컬러와 톤의 진단결과를 조합하여 어울리는 색을 찾아야 한다.

사람은 누구나 개인적으로 좋아하는 색을 가지고 있다. 그러나 좋아하는 색과 어울리는 색은 다르다. 어울리는 색이란, 피부가 아름답고 건강해 보이며, 자신의 취미나 기호, 라이프스타일에 맞는 색이다. 좋아하는 색을 어울리는 색으로 동일화하는 것은 훈련과 학습으로 가능하다. 퍼스널컬러 연출의 목적은 주관색으로서 퍼스널컬러를 제안하고 이미지메이킹을 하는 것이다.

(1) 퍼스널컬러의 진단절차

퍼스널컬러 진단법은 신체색상과 가장 어울리는 자신의 색을 찾아내는 방법이다. 퍼스널컬러는 자신의 신체색상에 의해 결정되는데, 자신에게 맞는 색상을 선택하기 위해서는 자신의 신체색상에 따른 정확한 색채진단이 요구된다. 개인의 피부, 머리카락, 눈동자 등의 색과 어울리는 색채계열을 찾아내는 것으로 컬러드레이핑이나 컬러차트를 사용한다.

퍼스널컬러를 결정하는 요인인 신체색상은 따뜻한 색(Warm Tone)과 차가운 색(Cool Tone)으로 구분한 후, 신체색상 대비의 강·약에 따라 봄, 여름, 가을, 겨울의 4가지 타입으로 구분한다. 퍼스널컬러 진단프로세스는 〈 표 7-3 〉과 같이 4단계로 설명할 수 있다.

(2) 퍼스널컬러의 결정요인

개인에게 어울리는 색은 퍼스널컬러의 진단을 위해 본인의 피부색, 머리카락색, 눈동자색, 뒷머리 두피색 및 손목 안쪽색을 이용하여 찾는다. 피부색이나 머라카락색, 눈동자색 등은 유전적 요인으로 멜라닌 색소 합성의 정도에 따라 결정된다. 기계태닝을 하거나 염색 및 탈색 등으로 본래의 피부색과 머리카락 색은 일시적인 변화가 가능하지만 뒷머리 두피색이나 손목 안쪽색은 자외선을 덜 받는 부위로 다른 사람과 비교하면서 진단할 수 있다.

〈 표 7-3 〉 퍼스널컬러의 진단프로세스

단 계		진 단 내 용
1차진단 색채감성도 진단	1단계	Color Emotion Test 색채에 대한 기호도와 선호도를 알아보기 위해 색채심리 테스트를 실시하여 각 색상에 대한 느낌을 표시한다.
	2단계	Color Reflection Test 각 계절(봄, 여름, 가을, 겨울) 색상들이 주는 느낌을 표시한다.
	3단계	Healing Color Test
2차진단 라이프스타일 분석	1단계	Image Check
	2단계	Life Style Check 나이, 성격, 직업, 취향, 건강, 특성 등 개인의 생활환경을 분석한다.
3차진단 신체색상유형 분석	1단계	신체색상 육안측정 피부 바탕색을 먼저 분석하기 위해서 신체색상 컬러차트를 이용하여 피부색, 눈동자색, 머리카락색, 두피색과 팔목 안쪽 부분의 피부색을 육안측정 한다.
	2단계	신체색상 램프 측정 피부진단을 정확하게 측정하기 위해서 중성빛의 진단램프를 이용하여 신체색상을 측정한다.
	4단계	따뜻한 유형 / 차가운 유형 구분 피부 바탕색의 분석을 통해서 따뜻한 유형과 차가운 유형을 구분하다.
4차진단 사계절컬러 드레이핑	1단계	컬러드레이핑 진단 컬러진단 램프의 중성빛을 통해서 컬러진단 천의 모든 계절색으로 드레이핑(Draping) 한다.
	2단계	사계절컬러 유형 분석 봄, 여름, 가을, 겨울의 사계절 유형으로 구분한다.
	3단계	컬러이미지 스타일 분석 계절유형을 진단하고 체형 및 라이프스타일에 맞는 이미지와 스타일을 분석한다.

퍼스널컬러는 단순히 피부의 색뿐 아니라 얼굴형과 이목구비의 생김새 등도 종합적으로 고려해 도출하는 분류이기 때문에 객관적인 컨설팅이 뒷받침이 되어야한다.

(3) 퍼스널컬러의 특징

'어울린다'는 것은 색채가 조화롭게 어울려 건강하고 활기차며 아름답게 보인다는 것이다. 퍼스널컬러에서는 공통의 특징을 갖는 복수의 색과 이들 간의 조화를 말한다. 어울리는 색의 그룹을 찾아 제안하는 것이 퍼스널컬러의 진단이다.

피부색이 비슷한 사람일지라도 모두 같은 색이 어울리는 것은 아니며, 닮은 색의 조합이 어울리기도 하고, 대조적인 조합이 어울리기도 한다. 배합되는 색의 조합이 어울리면 편안한 조화를 느끼지만, 반대의 경우는 아파보이는 경향이 있다. 따라서 퍼스널컬러 시스템을 알게 되면 개인의 퍼스널컬러메이킹을 자유롭게 조절할 수 있다.

(4) 퍼스널컬러의 진단법

컬러에 대한 선호도는 주관적인 것에 반해, '어울린다와 어울리지 않는다'는 것은 객관적인 판단이라 할 수 있다. 사람들의 얼굴생김새가 다르듯이 각 개인은 퍼스널컬러를 가지고 태어난다. 타고난 피부색과, 머리카락색, 눈동자색 등 신체에 착용하는 색의 배색으로 자신의 인상은 플러스가 되기도 하고 마이너스가 되기도 한다. 퍼스널컬러에 의한 긍정적인 외모의 변화는 심리적·정서적 변화도 긍정적으로 변화시킨다. 이에 따라 사회적으로도 긍정적인 평가를 얻을 수 있기에 자신만의 컬러를 정확히 진단하여 알고 있다는 것은 아주 중요하다.

〈 표 7-4 〉 어울리는 색 & 어울리지 않는 색

어울리는 색	어울리지 않는 색
• 건강하고 혈색있어 보인다.	• 누렇거나 울긋불긋 보인다.
• 투명하고 젊어 보인다.	• 칙칙하고 나이들어 보인다.
• 윤기있어 보인다.	• 거칠어 보인다.
• 얼굴형이 뚜렷해 보인다.	• 얼굴형이 뚜렷하지 않다
• 잡티 및 다크서클이 잘 보이지 않는다.	• 잡티나 다크서클이 짙어진다.
• 주름이 눈에 띄지 않는다.	• 팔자주름 등 주름이 깊어 보인다.
• 볼패임이 없어 보인다.	• 볼이 패어 보인다.
• 광대가 부드러워 보인다.	• 광대가 두드러져 보인다.
• 코주변이나 턱이 깨끗해 보인다.	• 코주변이나 턱주위에 그늘이 생긴다.
• 눈동자가 활기차고 빛나 보인다.	• 눈동자가 빛을 잃고 흐릿해 보인다.

〈 표 7-5 〉 퍼스널컬러 진단의 결정요인

구분	진단결정요인	웜 & 쿨
피부색	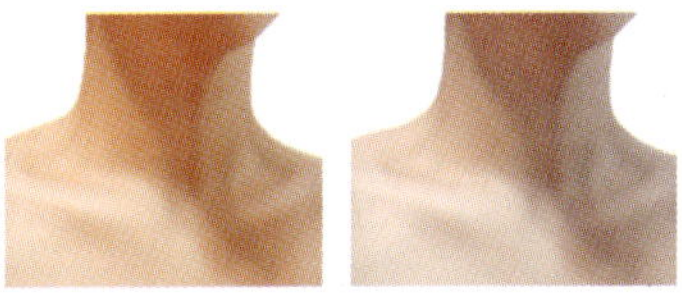	• 인종과 환경, 지역에 따라 다름 • 멜라닌의 갈색, 헤모글로빈의 붉은색, 카로틴의 황색 등 • 태닝한 경우, 태닝 이전의 피부색을 기준 • 옐로베이스(Warm) : 옐로베이지계열 • 블루베이스(Cool) : 핑크베이지나 희거나 어두운 푸른계열
머리카락색	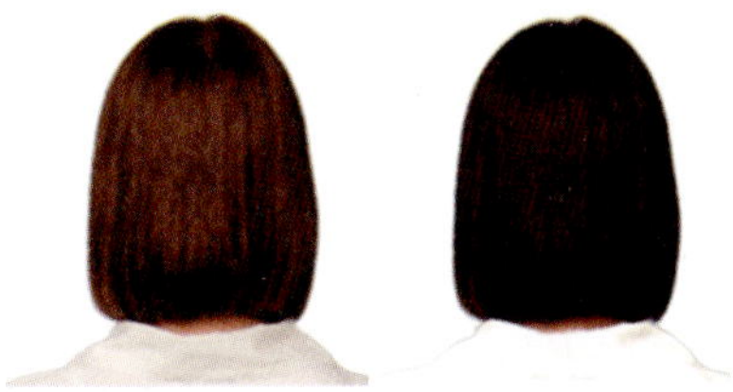	• 유전적 요인, 환경, 인종에 따라 다름 • 멜라닌 색소합성의 정도에 따라 결정 : 흑갈색을 띠는 유멜라닌(Eumelanin), 황적색을 띠는 페오멜라닌(Pheomelanin) • 옐로베이스(Warm) : 브라운계열 • 블루베이스(Cool) : 블랙계열
눈동자색	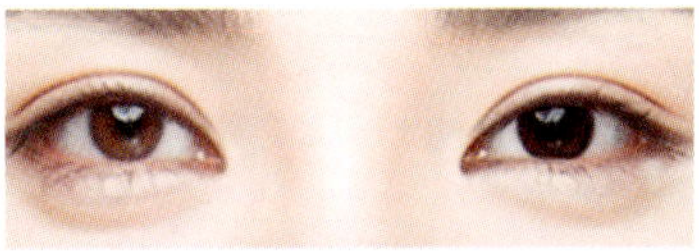	• 홍채안 멜라닌색소의 빛깔과 혈관분포정도 • 홍채기질에 다량의 멜라닌색소가 다량함유되면 갈색눈동자, 부족하면 파란색눈동자 • 옐로베이스(Warm) : 브라운계열 • 블루베이스(Cool) : 블랙계열
손목안쪽색	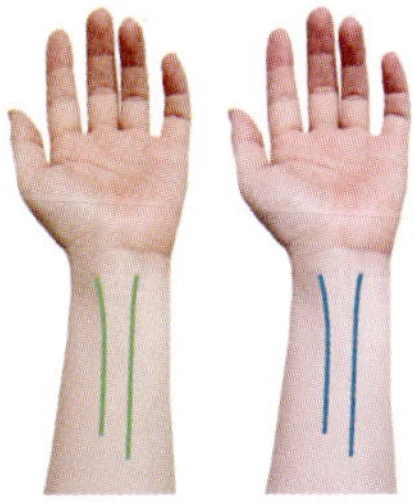	• 자외선을 덜 받는 부위로 퍼스널컬러 진단하기 수월 • 옐로베이스(Warm) : 초록색 동맥 • 블루베이스(Cool) : 푸르스름한 동맥
뒷머리두피색	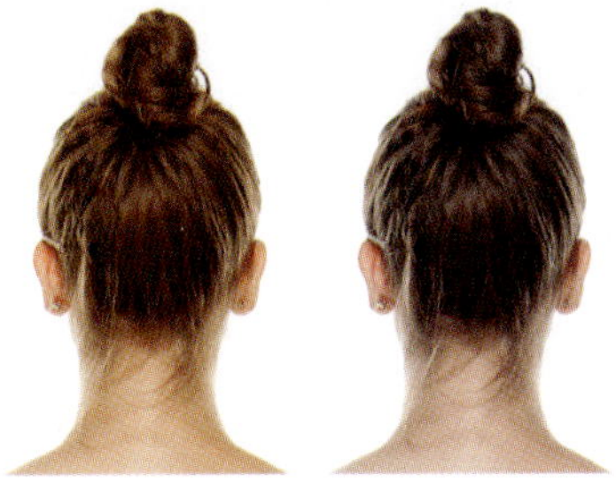	• 자외선 노출이 적은 부위로 퍼스널컬러 진단 시에 거의 정확 • 태닝이나 염색 등 본래의 피부색과 머리카락색은 일시적인 변화가 가능하지만 두피색은 일시적 변화가 어려움 • 옐로베이스(Warm) : 노르스름하거나 황색빛 • 블루베이스(Cool) : 희거나 푸른빛

Tip **퍼스널컬러 진단 시 준비물**

퍼스널컬러 진단드레이프 천, 상반신 이상이 보이는 거울,
진단용 케이프와 두건, 사계절컬러 유형의 메이크업 제품

① 퍼스널컬러 진단 시 유의사항

컬러진단은 퍼스널컬러를 진단하는 컨설턴트의 주관을 최소화하고 정확한 분석결과를 파악하기 위해서는 준비를 철저하게 한다. 우선 조명은 보통 오전 10시에서 오후 3시 사이에 자연광에서 컬러진단을 한다. 만약 시간을 맞추기가 힘들다면 이와 비슷하게 5,500~6,000K의 색온도로 한다. 형광등의 경우, 청색계가 강하지 않은 조정색은 괜찮으며, 백열등은 노랑계열이 강하므로 피하도록 한다.

진단대상자는 입고 있는 옷의 영향을 최소화하기 위해 어깨에 흰색 케이프를 두르고 염색모를 가진 대상자의 경우는 반드시 머리에 흰 두건을 착용하도록 한다. 그 외에 착용한 안경이나 렌즈, 액세서리 모두를 탈의하고 메이크업도 클렌징을 하는 것이 바람직하다.

정확한 퍼스널컬러 진단을 위해서 평상시 태닝을 즐기는 사람일지라도 진단 전 15~30일 정도는 태닝을 삼가고, 피부색소에 영향을 줄 수 있는 비타민A, 케라틴이 함유된 식품 및 영양제 섭취는 주의하도록 한다.

진단자 및 컨설턴트도 차분한 무채색의 복장을 착용하고, 액세서리와 네일아트는 생략하고, 3인 이상의 진단과 이를 비교 분석하여 객관성을 유지한다.

② 퍼스널컬러의 진단 프로세스

퍼스널컬러 진단은 신체색과 가장 잘 어울리는 색을 찾아 색이 가진 이미지효과로서 자신의 이미지를 향상시킬 수 있다. 컬러를 진단할 때는 드레이프 진단천을 배색하여 개인의 신체색들과 비교하면서 진단하되, 따뜻한 옐로 언더베이스와 차가운 블루 언더베이스로 먼저 구분한다. 그다음은 사계절의 분류법으로 봄, 여름, 가을, 겨울의 특징을 나타내고 있는 드레이프 진단천을 얼굴에 대어보고 안색의 변화를 비교하면서 자신과 가장 근접한 퍼스널컬러를 찾는다.

3) 퍼스널컬러 연출

퍼스널컬러는 피부색에 따라 따뜻한 유형(Warm Tone)과 차가운 유형(Cool Tone)으로 나누어지고 다시 각각 4개의 그룹으로 나뉘는데 이것을 사계절컬러 분석법이라 한다. 퍼스널컬러 분석법 중 가장 대표적인 사계절컬러 분석법은 퍼스널컬러를 봄·가을·여름·겨울의 이미지에 어울리는 색의 그룹으로 나눈다. 사계절컬러의 첫번째 분류는 따뜻한(Warm) 옐로 언더베이스와 차가운(Cool) 블루 언더베이스이고, 따뜻함은 봄(Spring)과 가을(Autumn)로, 차가움은 여름(Summer)과 겨울(Winter)로 구분할 수 있다.

사계절컬러에는 따뜻한 톤도 어울리면서 차가운 톤도 어울리는 간절기 컬러 즉, 두 유형에 어울리는 것을 뉴트럴 톤(Neutral Tone)이라고 부른다. 뉴트럴은 '중립의, 중립적인'이라는 뜻의 차분한 컬러로 체형이나 나이, 피부색, 스타일 선호도와 관계없이 컬러파레트의 폭이 넓어 어떤 색이든 모든 사람에게 어울리는 컬러이다.

봄, 가을, 여름, 겨울 사계절의 특성과 이미지를 기반으로 체형, 얼굴형에 따라 뷰티 및 패션 아이템 등 컬러코디네이션으로 퍼스널컬러를 연출할 수 있다.

〈 그림 7-10 〉 계절별 이미지 분류

(1) 봄타입(Spring Type)의 퍼스널컬러 연출

봄타입 사람의 이미지는 화사하고 생동감을 지니고 있어 연령을 불문하고 귀여운 이미지를 줄 수 있다. 이 타입은 표정도 풍부하고 동작도 가벼우며 아주 경쾌하고 리드미컬한 이미지로 봄날의 새싹을 연상케 한다. 피부는 매끄럽게 맑고 투명하며 피부가 얇아서 얼굴에 주근깨 같은 잡티가 생기기 쉽다. 머리카락은 대체로 눈동자색과 비슷한 밝은 갈색으로 윤기 나고 부드러우며 얇은 것이 특징이다.

■ 시즌컬러(Season Color)

봄타입은 경쾌하고 발랄하며 동안의 이미지를 가지고 있다. 봄에 어울리는 색상은 기본적으로 명도와 채도가 높아 가볍고 투명한 색으로 따뜻한 색이 봄타입 사람에게 어울린다. 밝은 옐로 계열, 따뜻한 느낌의 피치계열, 그린계열로 화사한 분위기의 밝은 이미지를 지닌다.

〈 그림 7-11 〉 봄타입의 컬러연출

(2) 여름타입(Summer Type)의 퍼스널컬러 연출

여름타입은 여성스러움을 지닌 사람으로 차가우면서도 부드럽고 낭만적인 이미지를 갖고 있다. 우아한 여름사람의 피부색은 복숭아빛이나 핑크빛이 나타나면서 붉고 흰피부가 많아 햇볕에 노출되면 타지는 않고 붉어지는 편이다. 눈동자는 선명하지 않은 다크 브라운이고, 모발은 소프트한 블랙이나 브라운컬러이다.

■ 시즌컬러(Season Color)

여름타입은 로맨틱하고 우아하며 부드러운 이미지가 돋보인다. 여름에 어울리는 색상은 강한 색으로 보는 경향이 있지만, 모든 컬러에 흰빛을 지니고 있어, 내추럴 파스텔톤으로 선명하지는 않지만 부드럽다. 핑크나 블루계열의 파스텔톤이나 밝고 소프트한 색, 라이트 그레이시톤과 그레이시톤 등의 차가운 색을 배색하면 잘 어울린다.

〈 그림 7-12 〉 여름타입의 컬러연출

(3) 가을타입(Autumn Type)의 퍼스널컬러 연출

가을타입의 사람은 어른스럽고 지적이며 침착한 분위기를 느끼게 한다. 고전적이지만, 따뜻하고 부드러운 이미지로 상대방에게 친근감과 편안함을 준다. 피부는 노르스름한 피부색에 윤기와 혈색이 부족하다. 햇볕에 노출되면 잘 타는 편이고, 모발은 다크 브라운에 눈동자는 밝은 브라운으로 그윽하고 포근한 느낌을 준다.

■ 시즌컬러(Season Color)

가을타입은 내추럴하고 클래식하며 고급스러운 이미지를 가지고 있다. 가을에 어울리는 색상은 전체적으로 자연의 색상으로 베이지, 카키, 올리브 그린, 브라운, 골드, 틸블루 등으로 차분하고 따뜻한 톤이다.

〈 그림 7-13 〉 가을타입의 컬러연출

(4) 겨울타입(Winter Type)의 퍼스널컬러 연출

겨울타입의 사람은 일반적으로 당당하고 두려움이 없는 유형으로, 차갑고 강렬하며 이지적인 느낌을 지니고 있어 조용하면서도 개성이 강한 인상을 준다. 피부색은 희고 창백하며, 모발은 윤기가 많고 두꺼운 편이다. 눈동자색은 짙은 회갈색이나 검정으로 흰피부와 대조를 이루어 깔끔하고 세련된 이미지로 존재감이 뚜렷하다.

■ 시즌컬러(Season Color)

겨울타입은 카리스마가 있고 심플하며 모던한 이미지를 연출할 수 있다. 겨울에 어울리는 색상은 기본적으로 푸른빛과 검정을 지닌 색으로 감색, 회색, 흰색, 검정, 와인, 청보라 등 푸른빛을 지닌 차가운 톤이며, 선명하고 대비가 확실한 색이다.

〈그림 7-14〉 겨울타입의 컬러연출

〈 표 7-6 〉 사계절 타입의 컬러메이크업 연출방법

유형	구분	연출 방법
봄 타입	컬러	
	베이스	• 옐로베이스로 혈색이 없어 보이므로 퍼플 베이스와 밝은 베이지 계열의 파운데이션으로 화사하게 연출 • 투명 파우더나 핑크 베이지 파우더로 가볍게 연출
	아이섀도	• 베이스컬러 – 고명도, 저채도의 색으로 아이홀 전체에 펴 바름 • 포인트컬러 – 밝은 봄의 컬러팔레트에서 선택
	블러셔	• 코랄 핑크, 옅은 오렌지
	립	• 오렌지계열, 코랄핑크, 옅은 베이지계열, 누드 핑크계열 등으로 중간색 혹은 밝은색을 사용하며 립글로스로 촉촉하게 표현
여름 타입	컬러	
	베이스	• 쿨톤의 붉은 기운이 있기에 그린 베이스와 핑크 베이지의 리퀴드 타입의 파운데이션 • 투명 파우더나 내추럴 베이지, 바이올렛 파우더로 가볍게 연출
	아이섀도	• 베이스컬러 – 파스텔톤으로 아이홀 펴 바름 • 포인트컬러 – 중간톤으로 여름의 컬러팔레트에서 선택
	블러셔	• 로즈계열이나 바이올렛
	립	• 짙은 계열은 피하고 중간 톤의 핑크, 누드 베이지, 투명 립글로스로 촉촉하게 표현

유형	구분	연출방법
가을타입	컬러	
	베이스	• 노르스름한 피부톤으로 바이올렛 메이크업 베이스와 리퀴드타입 혹은 크림타입의 파운데이션으로 차분하게 표현 • 투명 파우더나 베이지 파우더로 가볍게 연출
	아이섀도	• 베이스컬러 – 고명도, 저채도색으로 아이홀 전체에 펴 바름 • 포인트컬러 – 깊이 있는 가을 컬러팔레트에서 선택
	블러셔	• 광대 아래로 다크한 딥오렌지, 브라운으로 성숙하게 연출
	립	• 여러 가지 컬러들의 혼합으로 미묘하며 풍부한 립컬러(브라운계열, 브릭계열 등)
겨울타입	컬러	
	베이스	• 라이트 핑크의 메이크업 베이스와 크림타입의 핑크 베이지로 화사하게 연출 • 투명 파우더나 내추럴 베이지, 핑크 파우더로 가볍게 연출
	아이섀도	• 베이스컬러 – 연하게 한가지 톤으로 아이홀 전체에 펴 바름 • 포인트컬러 – 겨울컬러 팔레트에서 선택
	블러셔	• 핑크, 브라운 베이지계열로 연출
	립	• 와인계열이나 퍼플계열과 브라운을 믹스해서 윤기있게 표현

WORKSHEET

1. 아래의 기본컬러 칩을 참조하여 좋아하는 색과 어울리는 색, 힐링컬러를 찾아보자.

좋아하는 색

어울리는 색

힐링컬러

2-1. 유형별 문항에 따라 자신의 퍼스널컬러를 진단해보자.

따뜻한 유형	체 크	차가운 유형	체 크
• 햇빛에 장시간 노출되면 쉽게 탄다.	☐	• 햇빛에 장시간 노출되면 빨갛게 달아오른다.	☐
• 피부에 노란색이 많다.	☐	• 피부에 붉은색이 많다.	☐
• 모발색이 브라운에 가깝다.	☐	• 모발색이 블랙에 가깝다.	☐
• 두피컬러가 아이보리색에 가깝다.	☐	• 두피컬러가 청백색에 가깝다.	☐
• 눈동자색이 갈색에 가깝다.	☐	• 눈동자색이 블랙에 가깝다.	☐
• 손목안쪽 핏줄이 초록색에 가깝다.	☐	• 손목안쪽 핏줄이 청색에 가깝다.	☐
• 오렌지 & 브라운계열의 립스틱이 잘 어울린다.	☐	• 핑크 & 와인계열의 립스틱이 잘 어울린다.	☐
• 골드 액세서리가 잘 어울린다.	☐	• 실버 액세서리가 잘 어울린다.	☐

2-2. 진단한 퍼스널컬러를 바탕으로 스타일링맵을 작업해보자.

WORKSHEET

3. 자신의 사계절타입에 어울리는 선호색을 찾아보자.

분류 \ 타입	봄타입	여름타입	가을타입	겨울타입
헤어	쿠퍼 브라운 골드 브라운 밀크 브라운	애쉬 그레이 애쉬 브라운 애쉬 블론드 라벤더, 핑크	다크 브라운 골드 브라운 초코 브라운 카키 브라운	블루 블랙 다크 브라운 버건디, 와인
선호색체크				
메이크업	옐로, 그린 오렌지, 코랄 라이트 그린	핑크, 로즈 블루, 화이트	카키, 브라운 골드, 베이지	블랙, 와인 바이올렛
선호색체크				
구두	아이보리 카멜, 베이지 라이트 브라운	회색, 청회색 아쿠아, 와인	올리브, 브라운 아이보리, 카멜	블랙, 회색 실버, 와인
선호색체크				
액세서리	아이보리 옐로, 루비 라이트 골드	화이트 골드 로즈골드 엔틱실버	쿠퍼, 브론즈 골드, 크림색	화이트 골드 플래티늄
선호색체크				
선글라스	라이트 그린 피치, 옐로	실버, 핑크 라이트 그레이	카키, 브라운 모스 그린	다크 그레이 실버, 블루
선호색체크				

08

Chapter 08

뷰티이미지

학 습 목 표

뷰티의 미적 표현을 위한 피부, 헤어 및 메이크업으로 자신의 장점을 극대화하고, 단점을 보완하여 개인의 뷰티이미지를 개성있게 연출할 수 있도록 전체적인 코디네이션의 조화로움을 향상할 수 있다.

1. 피부관리의 개요

우리는 사회생활에서 받는 스트레스를 해소하기 위해 스킨케어를 받으면서 물리적인 청결과 신체적 건강함은 물론 심리적인 안정감도 충족할 수 있다. 스킨케어(Skin Care)는 얼굴 및 전신의 피부에 피부미용 기기와 화장품을 이용하여 건강하고 아름다운 피부유지 및 개선하는 피부손질을 말한다. 스킨케어는 에스테틱(Esthetic)이라고 부르며, 심미, 미학, 미의식의 의미와 피부관리(Skin Treatment)의 의미가 내포되어 있다. 따라서 피부의 유형을 잘 파악하여 나이와 계절별로 관리법을 익혀 더욱 건강하고 이상적인 피부상태로 향상시켜 탄력있는 퍼스널이미지를 관리할 수 있다.

1) 피부의 특성

피부는 인체에서 가장 넓은 부위를 차지하고 있으며 신체의 표면을 덮고 있는 기관으로 외부환경과 신체의 경계를 담당한다. 피부는 몸의 표면을 덮고 있으나, 그것만으로 독립된 것이 아니고, 외부의 물리적인 자극으로부터 신체를 보호하고 신진대사 작용에 영향을 준다.

피부의 총면적은 성인이 1.6㎡에 이르고, 두께는 1.5~4㎜이며, 무게는 체중의 약 16%를 차지하고, 건강한 피부의 가장 이상적인 pH는 4.5~6.5의 약산성으로 클렌징 및 기초 화장품을 선택할 때 피부의 pH 밸런스를 지키도록 한다.

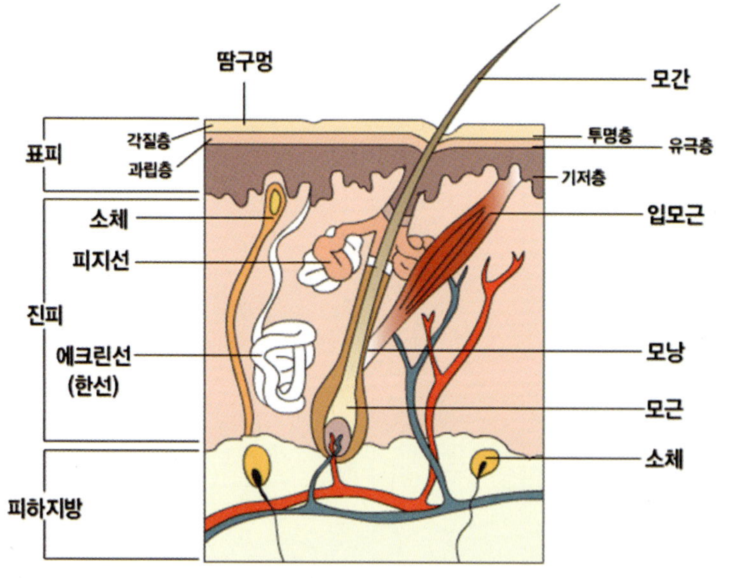

〈 그림 8-1 〉 피부의 구조

(1) 피부의 기능

피부는 피하지방과 모발에 의한 완충작용 및 외부 충격이나 압력으로부터 인체를 보호하고 외부 온도의 변화에 적응하여 체내 적정온도를 유지한다. 그뿐만 아니라 피부는 자외선에 노출되어 비타민 D를 생성하고 땀이나 피지의 분비로 배설기능을 하며 수분과 영양분, 혈액을 저장한다. 또한, 피부에 분포되어 있는 감각점의 통각, 온각, 촉각, 냉각, 압각을 지각하며 미흡하지만 피부를 통하여 호흡작용을 하기도 한다.

(2) 피부의 구조

피부의 구조는 〈그림 8-1〉에서 보는 바와 같이 신체에서 가장 외부로부터 표피층, 진피층, 피하조직으로 이루어져 크게 3개의 층으로 나누어진다. 표피는 다시 5개의 층, 진피층은 2개의 층으로 나뉘는데 인체 노화와 직결된 층이 바로 진피층이다.

표피층에는 수분증발을 방지하는 레인 방어막이 있는데 이는 외부로부터 이물질 침입을 방지하고 체내의 필요한 물질이 체외로 빠져나가는 것을 방지한다. 피하지방층은 진피와 근육 사이에 위치하며, 신체부위 및 성별과 나이 차이로 두께가 다르다. 특히, 여성이 남성보다 두껍고 중년층의 경우에는 복부의 피하지방이 두꺼운 편이다.

2) 피부의 유형

피부의 유형은 땀샘이나 기름샘의 기능, 피부의 조직과 혈액순환, 색소침착, 모공, 탄력성, 피부결 등 여러 가지 요인에 따라 나누어지는데 정상피부, 건성피부, 지성피부, 민감성피부, 복합성피부, 노화피부, 여드름피부로 나눌 수 있다.

Tip 피부의 자가 진단법

가. 물방울테스트 : 피부조직이 탄탄하고 모공이 작다면 물방울이 피부에 닿자마자 흩어지는 범위가 작고, 주르륵 흘러내리게 된다.

나. 손등테스트 : 손등을 꼬집었을 때 다시 탱탱해지는데 약 3초 이상 걸리면 노화가 진행되고 있다.

다. 티슈테스트 : 티슈나 기름종이를 2~3㎝ 크기로 자른 뒤, 이마, 양 볼, 코, 턱에 붙인 후 묻어나오는 피지의 양을 관찰한다.
묻어나오는 피지의 양이 많으면 지성피부이다.

피부는 물리적인 외적 환경에 따라 민감한 반응을 보이는데 특히, 계절이 변화하는 간절기에 더욱 민감성을 띤다. 따라서 자신의 탄력있는 피부를 유지하기 위해서는 계절별 사용하는 제품을 달리하여 피부의 유형과 계절에 적합한 관리법을 적용한다.

피부의 유형과 계절에 적합한 피부관리를 하여 건강하고 탄력있는 피부를 유지하도록 한다.

〈 표 8-1 〉 피부유형의 특징과 화장품 활용법

구 분	특 징
정상 피부	• 피부결이 부드럽고 탄력이 좋으며, 유·수분의 균형이 좋음 • 모공이 촘촘하며 세안 후 피부당김이 없음 • 화장품 ; 영양과 보습 크림, 유연 화장수
건성 피부	• 피지와 땀의 분비저하로 유·수분의 균형이 정상적이지 못함 • 세안 후 이마와 볼부위 당김이 있고 화장이 잘 들뜸 • 피부가 얇고, 피부결은 섬세해 보임 • 모공이 작고 탄력저하로 주름이 잘 생김 • 건성피부를 방치하면 민감성 피부노화가 되기 쉬움 • 화장품 ; 무알코올성 토너, 영양과 보습을 위한 오일이나 에센스, 보습기능이 강화된 토너, 밀크타입의 클렌저
지성 피부	• 여성보다는 주로 남성에게 많음 • 모공이 크고 피지분비가 왕성하여 여드름과 뾰루지가 잘 생김 • 피부에 윤기가 많아서 피부결이 곱지 못하여 화장이 잘 지워짐 • 화장품 ; 피지 조절제가 함유된 화장품, 오일 및 유분이 적은 영양크림, 수렴효과가 우수한 화장품
민감성 피부	• 표피가 얇고 외부의 자극에 쉽게 붉어짐 • 여드름, 알레르기 등 피부 이상이 자주 발생 • 모공이 거의 보이지 않으며 자주 건조해짐 • 화장품 ; 진정과 보습 뛰어난 저자극성 화장품, 알코올·향·색소·방부제가 적게 함유된 화장품, 유분기가 많이 함유된 영양크림 사용자제
복합성 피부	• T 존은 지성피부이고 U 존은 건성피부 • 유분함량은 많지만, 세안 후, 볼당김 심함 • 피부의 윤기가 적고, 칙칙하며, 화장이 잘 지워짐 • 화장품 ; T 존은 수렴효과, U 존은 보습효과가 있는 화장수, 보습용 크림

스킨케어는 전신을 대상으로 의약품이나 치유행위가 아닌 기능성 화장품을 포함하거나 간단한 기기를 사용하는 시술로써, 피부의 단점을 정상피부에 가깝게 하여 아름다운 신체를 건강하고 탄력있게 유지하는 것이다.

〈 표 8-2 〉 계절별 스킨케어

계 절	피부 관리 사항
봄	• 민감한 피부를 가진 사람들에게 가장 예민한 계절 • 꽃가루 또는 미세먼지로부터 피부보호 • 가장 순한 클렌징 제품을 선택하고 각질제거는 약하게 함 • 마사지와 팩은 주 1회 정도 사용 • 림프마사지를 통한 피부의 면역력과 재생력 증대
여름	• 고온다습한 기후, 피지분비로 미생물 번식이 증가하므로 청결을 위한 철저한 이중세안이 필요함 • 땀의 증발 후 남은 염분으로 pH 밸런스가 깨지고 알카리화 됨 • 외견상 피부상태가 건조해 보이지 않아 피부보습이 소홀함 • 토닝 로션, 에센스, 시트 마스크(Sheet Mask)를 차게 해서 사용하면 보습뿐만 아니라 모공수축과 수렴효과 있음 • 자외선 노출시간이 길어지므로 자외선 차단제 사용 (워터프루프 제품 : 차단지수 SPF는 15이상으로 3~4시간마다 덧발라 줌)
가을	• 신진대사와 혈액순환이 둔화되는 시기 • 여름철 뜨거운 태양열의 건조함으로 인해 잔주름 증가 • 재생관리와 미백관리 • 고보습 앰플과 에센스
겨울	• 땀과 피지, 분비량이 감소하고 거칠고 메마른 피부가 되기 쉬움 • 난방으로 인한 건조한 피부는 민감화 현상이 나타남 • 강력한 보습이 필요한 시기 • 방한모나 마스크 등으로 피부노출 피함 • 유분함량이 많은 크림, 에센스 사용

3) 피부의 노화

피부노화의 원인에는 내인성 노화와 외인성 노화가 있다. 내인성 노화는 나이가 들어감에 따라 자연적으로 따라오는 노화이고, 외인성 노화에는 그 이유가 여러 가지가 있으나 가장 큰 영향을 미치는 것은 자외선이다. 이 중 특히, 우리가 주의해야 할 자외선은 UV A(Ultra Violet A)와 UV B(Ultra Violet B)이다. UV A는 색소침착, 잡티, 탄력저하에 영향을 미치고, UV B는 발진, 홍반, 화상 및 피부암 등을 일으킨다. 이를 막기 위해서 자외선 차단제의 사용이 필수적이다.

〈 표 8-3 〉 자외선이 미치는 영향

긍정적 영향	부정적 영향
• 신진대사 촉진 • 노폐물 제거 • 면역기능 증진 • 살균·소독기능(UV C) • 비타민 D 합성(UV B)	• 일광화상(UV B) • 홍반반응(UV B) • 색소침착(UV A, UV B) • 광노화·잔주름(UV A) • 피부암(UV C)

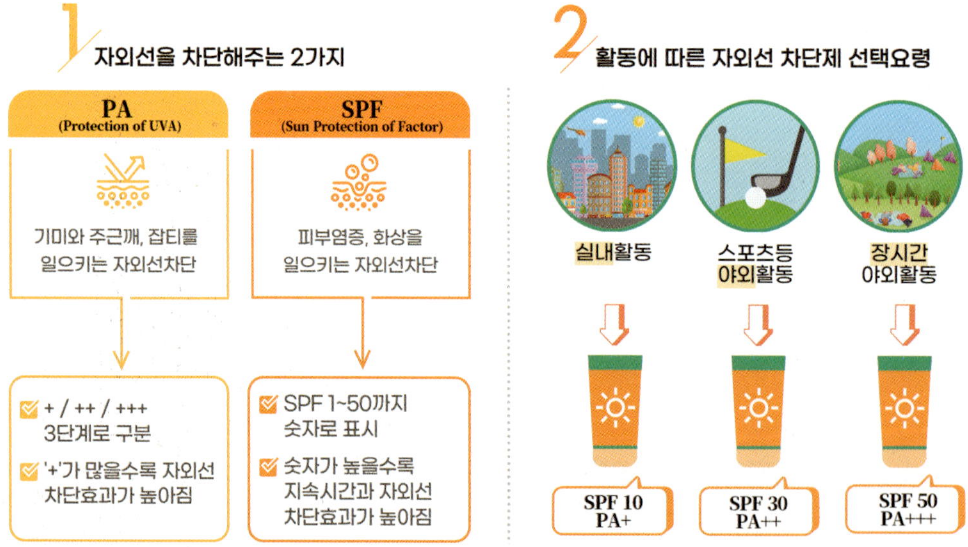

〈 그림 8-2 〉 자외선 차단제의 역할 및 선택요령

자외선량은 오전 10시에서부터 오후 2시까지가 가장 많아서 이 시간에 외출은 자제하도록 하고, 외출할 때는 자외선 차단제를 꼼꼼히 발라주도록 한다. 자외선 차단제는 2가지 타입이 있는데 자외선을 흡수하는 차단제는 백탁현상이 없는 대신 피부에 문제가 발생하기 쉽다. 반면 자외선을 산란시키는 차단제는 자외선 차단율이 높은 대신 발림성이 좋지 않다.

2. 메이크업의 실제

1) 메이크업의 특성

메이크업의 사전적 의미는 '제작하다, 완성하다, 보완하다'의 뜻이며 일반적으로 미화의 목적이 강하여 얼굴에 화장하는 행위이다. 화장한다는 행위는 단순히 외부의 물리적 위험요소로부터 신체를 보호하고 신체 장식적 의미가 부여되고 표출되는 인간의 미적 욕망을 담고 있다. 메이크업은 본래의 타고난 얼굴에 화장품이나 도구 등을 사용하여 약점은 보완하고, 장점은 극대화해서 추구하고자 하는 외적 이미지를 표현하기 위해 제작·완성 및 수정하거나 보완한다. 이것은 외적인 면을 업그레이드시킴으로써 내면과 조화롭게 표출하는 하나의 방법이다.

〈 표 8-4 〉 메이크업의 기능

구 분	기 능
보호기능	• 피부보호를 목적으로 외부의 먼지나 자외선, 대기오염, 온도 등의 변화로부터 피부보호
미화기능	• 인간의 본능적인 미화기능을 충족시키는 목적으로 메이크업 제품으로 얼굴의 장점은 부각, 단점은 보완하여 아름다움 추구
사회기능	• 자신이 사회에 갖는 지위, 직업, 신분을 표시하고 사회적인 관습도 나타냄
심리기능	• 외모에 자신감을 부여함으로써 심리적으로 능동적이고 적극적인 자신감을 가지게 됨으로써 긍정적 효과를 기대함. • 최근 메이크업 테라피(Makeup Therapy)로 심리적 우울증상 및 치매 등의 치료완화

오늘날의 메이크업은 단순히 용모를 아름답게 한다는 의미를 초월한다. 현대인은 피부보호부터 자신의 지위, 직업, 신분 등을 나타내고, 자기 효능감을 높이는 메이크업을 한다. 또한 메이크업 테라피(Make up Therapy), 힐링 메이크업(Healing Make up)이라는 개념을 접목시켜 생활문화로 자리매김하고 있으며 그 기능도 변화하고 있다.

메이크업의 가장 큰 기능인 미적 기능을 향상시키기 위해서 얼굴의 비율과 특징을 파악하여 얼굴의 골격분석과 장·단점 파악이 우선시 되어야 하고, 표현하고자 하는 이미지에 알맞게 얼굴의 균형과 조화를 이루도록 한다.

얼굴형은 얼굴정면을 가로분할, 세로분할과 눈썹의 위치 및 이상적인 입술의 두께 등 세부적인 특징으로 구분한다.

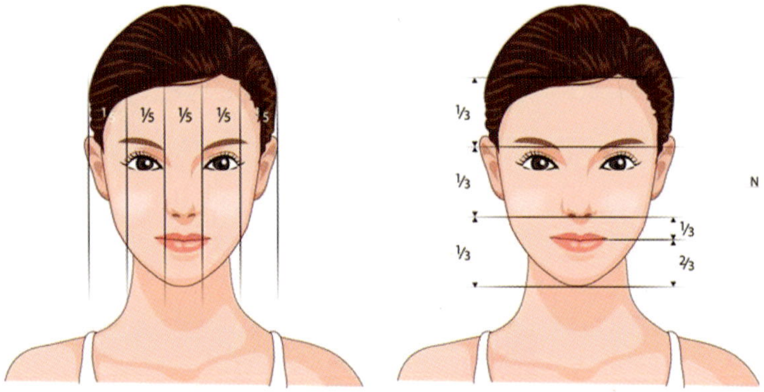

〈 그림 8-3 〉 이상적인 얼굴 균형도

2) 메이크업의 기본 테크닉

메이크업 테크닉은 기초를 탄탄하게 하는 것에서부터 시작한다. 촉촉하고 윤기있는 물광 베이스 메이크업은 빛을 반사하며 얼굴의 입체감을 부여한다. 기본 테크닉은 제품별 특징과 기능을 익혀서 얼굴형의 특징과 표현하고자 하는 이미지에 맞게 활용한다면 효과적인 메이크업으로 호감형 이미지메이킹을 할 수 있다.

(1) 베이스 메이크업(Base Make up)

베이스 메이크업은 메이크업 베이스, 파운데이션, 파우더를 일컫는 말로 요즘은 파우더를 거의 사용하지 않는 추세로 파우더의 역할을 포함하고 있는 에어 쿠션류를 사용한다.

① 메이크업 베이스(Make up Base)

메이크업 베이스는 파운데이션을 바르기 전에 사용하는 것으로 파운데이션의 밀착력을 상승시켜주고, 피부톤을 정돈하며 색조 메이크업으로부터 피부를 보호해 준다. 컬러별로 베이스 메이크업의 기능을 달리함은 물론이고, 피부톤에 따라서도 선택을 달리하도록 한다.

〈 표 8-5 〉 메이크업 베이스 색상별 분류 및 기능

색 상	기 능
그린 & 블루	• 여드름 및 잡티가 많은 피부나 붉은 피부의 톤조절
핑크	• 창백한 얼굴에 혈색부여
옐로	• 거무스레한 피부를 노르스름하게 중화
오렌지	• 태닝피부나 건강한 피부색 표현
퍼플	• 노르스름한 피부나 청순한 메이크업을 원할 때

② 파운데이션(Foundation)

실질적으로 메이크업 시 아름다운 피부표현을 해주는 것은 파운데이션이다. 피부색을 일정하게 조절하여 자연스러운 피부를 표현함은 물론, 기미나 주근깨, 상처나 흉터 등의 잡티를 커버하는 역할을 한다. 그리고 색상이 다른 파운데이션을 하이라이트와 셰이딩으로 나누어 발라줌으로써 얼굴에 윤곽을 부여하여 입체적인 메이크업을 완성할 수 있다.

〈 표 8-6 〉 파운데이션의 종류 및 사용법

종 류	기 능
베이스컬러 (Bbase Color)	• 얼굴 전체에 바르는 컬러로 피부와 거의 유사한 컬러 • 목컬러와 되도록 유사하게 선택하는 것이 자연스러움
하이라이트컬러 (Highlight Color)	• 베이스컬러보다 1~2단계 정도 밝은 컬러 • T존 부위와 C존 부위, 눈밑과 턱밑에 사용하여 팽창, 확대되어 보이는 효과
셰이딩컬러 (Shading Color)	• 베이스컬러보다 1~2단계 정도 어두운 컬러 • 노즈 섀도, 각진 턱이나 이마 등 페이스라인에 수축, 후퇴되어 보이는 효과

파운데이션은 본인의 피부톤과 유사하다고 해서 사계절 모두 같은 타입의 제품을 사용하기보다는 계절이나 연령에 따라 혹은, 목적에 따라 파운데이션을 타입별로 다르게 한다.

〈 표 8-7 〉 파운데이션의 타입별 특징

종 류	특 징
리퀴드타입 (Liquid Type)	• 로션타입으로 수분함유량이 많아 가볍고 산뜻한 사용감 • 퍼짐성이 우수하고 가벼워 지성피부나 여름철에 적합 • 화장을 처음하는 사람이나 모든 피부에 부담없이 사용이 가능하며 젊은 연령층에 적당
크림타입 (Cream Type)	• 유분을 많이 함유하고 있어 무겁지만, 피부커버력 우수 • 퍼짐성과 부착성이 좋아 땀이나 물에 잘 지워지지 않음 • 외부자극으로부터 보호가 필요한 건성, 노화피부나 겨울철에 적합
스틱타입 (Stick Type)	• 립스틱모양으로 크림 파운데이션보다 커버력 우수 • 무대 메이크업에 주로 사용

파운데이션은 많은 양을 한꺼번에 바르는 것보다 소량씩 덧바르며, 손을 사용해도 무방하지만 여러번 세척하여 사용할 수 있는 비건 라텍스(Vegan Latex) 퍼프를 사용하면 피부뿐만 아니라 환경에도 이롭다.

③ 파우더(Powder)

파우더는 파운데이션의 유분기를 잡아주어 메이크업의 지속력을 높여주고 난반사 효과로 자외선으로부터 피부를 보호한다. 파우더 또한 베이스 제품과 마찬가지로 색상별 그 기능이 다르고 유형별로도 차이가 있다. 가루타입 외에 고형으로 만든 콤팩트 파우더는 휴대 및 사용이 간편하다. 펄 파우더는 펄가루를 섞어 글로시하거나 쉬머 메이크업 연출 시에 사용하고, 펄 파우더보다 더 화려한 분위기를 연출할 때는 입자가 굵은 스타 파우더를 사용하면 효과적이다.

(2) 아이 메이크업(Eye Make up)

① 눈썹 메이크업(Eye brow)

눈썹은 얼굴의 전체적인 분위기를 좌우하므로 자신의 얼굴형과 이목구비에 어울리는 자연스러운 눈썹을 연출하도록 한다.

눈썹 메이크업 시에는 아이브로우 펜슬이나 에보니 펜슬로 눈썹형태를 스케치하고 앵글 브러시를 이용해서 섀도색상으로 터치해준다. 초보자의 경우, 그리기도 쉽고 휴대가 편리한 펜슬 타입의 아이브로우를 권장하지만, 잘 지워지는 단점이 있다. 반면 섀도 브러시를 이용하면 자연스럽게 그려지고 잘 지워지지 않는 장점이 있지만, 전문적인 스킬이 요구된다.

Tip **기본형 눈썹 그리는 방법**

가. 시작점은 콧방울과 눈앞머리를 지나는 동일선상
나. 눈썹 끝점은 콧방울을 지나 눈꼬리를 지나는 45°
다. 눈썹의 굵기는 꼬리쪽으로 갈수록 가늘게
라. 눈썹산은 눈썹길이의 ⅔지점
마. 시작점과 끝점의 높이는 같거나 꼬리쪽이 살짝 높게

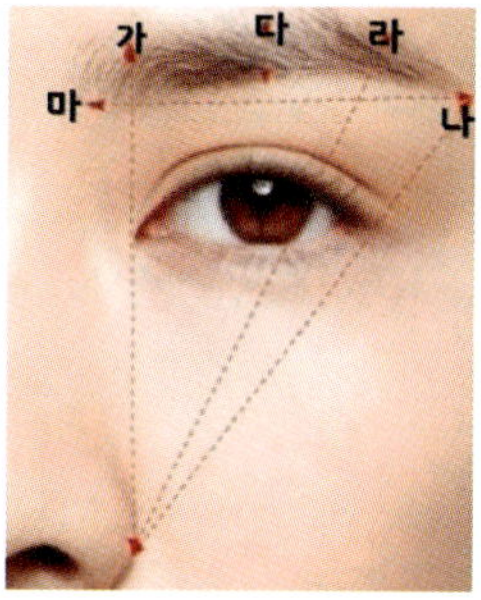

〈 표 8-8 〉 아이섀도의 컬러별 특징 및 연출법

구 분	특 징
베이스컬러 (Base Color)	• 다른 컬러들을 바르기 전 정돈하는 컬러 • 스킨컬러와 유사한 베이지와 화이트를 믹스
메인컬러 (Main Color)	• 눈을 뜬 상태에서 어느 정도 컬러가 보임 • 아이섀도 전체분위기를 좌우하는 컬러
포인트컬러 (Point Color)	• 메인컬러보다 짙은 톤의 아이섀도로 선명한 눈매표현 • 쌍꺼풀라인을 중심을 바름
언더컬러 (Under Color)	• 아이라인과 연결되는 눈 끝 삼각존 • 보통 포인트컬러로 함께 연출하면 자연스러움
하이라이트컬러 (High-light Color)	• 눈앞머리, 눈썹뼈에서 관자놀이로 이어지는 곳 • 화이트, 펄감이 있는 파스텔톤의 컬러사용으로 음영표현 • 눈썹뼈보다는 눈앞머리쪽에 주는 것이 세련됨

② 아이섀도(Eyeshadow)

아이섀도는 눈에 다양한 컬러감을 부여하여 눈매를 수정하고 보완해서 깊이감을 주어 매력적인 눈매로 보이는 역할을 한다. 계절감은 물론 트렌드에 민감하여 시즌별로 유행하는 색채가

제시되지만, 전체적인 분위기와 조화를 이루도록 한다. 즉, 컬러의 고유이미지와 자신의 분위기에 맞게 선택하는 것이 가장 이상적인 아이섀도 컬러의 선택방법이다.

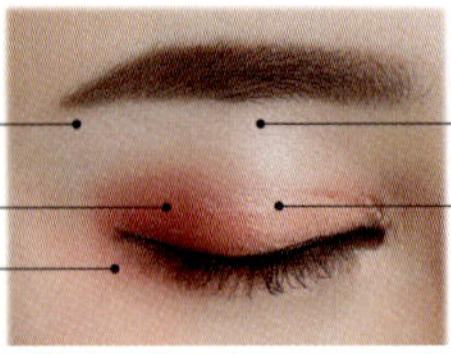

〈 그림 8-4 〉 아이섀도 부위별 명칭

③ 아이라인(Eye Line)

아이라인은 눈의 모양을 수정하여 눈을 선명하게 보이도록 생동감을 부여한다. 아이라인은 블랙컬러를 기본으로 다크 그레이 및 브라운 등 다양한 색이 사용되고 있다.

아이라인을 그릴 때는 매끈한 라인으로 표현하고 최대한 속눈썹이 난 부분에 가깝게 그려주면 자연스러운 아이라인을 표현할 수 있다. 라인의 굵기는 일정하게 하고, 중간에 끊어지거나 눈주변에 번지지 않도록 주의한다.

〈 표 8-9 〉 아이라인의 형태별 분류 및 특징

종 류	특 징
펜슬타입 (Pencil Type)	• 그리기 쉬워 초보자에게 적합 • 정교함이 다소 떨어지나 자연스러움 • 쉽게 번지거나 지워짐
리퀴드타입 (Liquid Type)	• 내수성, 방수성, 부착성, 지속성 우수 • 시술 후 수정이 어려워 전문성 요구 • 선명한 눈매연출
케이크타입 (Cake Type)	• 물, 스킨을 섞어 사용하므로 사용빈도가 낮음 • 자연스러운 분위기를 연출
젤타입 (Gel Type)	• 리퀴드타입의 장점과 케이크타입의 장점만 믹스 • 젤이 굳을 수 있으므로 사용 시 주의 필요
붓펜타입 (Brush Pencil Type)	• 건조가 빠르고 번짐이 적음 • 자연스럽고 내수성, 지속력 우수 • 뚜껑을 열어두면 휘발성이 강해 굳어져 버림

④ 마스카라(Mascara)

마스카라는 속눈썹을 풍성하게 표현하여 크고 깊이감있는 눈매를 연출한다. 아이래쉬컬로 살을 꼬집지 않으면서 속눈썹의 최대한 안쪽부터 여러번 반복해서 컬링하는 것을 권장한다. 마스카라를 바를 때는 마스카라 입구에서 조절하고, 눈아래를 바라보고 아랫방향을 쓸어내리듯 바른다. 그다음은 아래에서 지그재그방향으로 컬링하면 자연스러운 J컬의 효과를 얻을 수 있다. 아래의 속눈썹에 마스카라를 바를 때는 브러시를 세워서 끝부분만 살짝 바른다. 이때 티슈를 대고 바르면 눈아래 마스카라가 묻는 것을 방지할 수 있다.

(3) 립메이크업(Lip Make up)

립메이크업은 얼굴 전체 메이크업에 포인트로 생기를 주며, 민낯에 립메이크업만 하여도 화장을 한 느낌을 준다. 본인의 입술모양을 수정하여 아름다운 메이크업을 연출하고 외부의 자극과 자외선으로부터 입술을 보호한다. 사람마다 눈썹의 모양과 크기가 다르듯이 입술 또한 각양각색이다. 가장 이상적인 입술라인은 정면을 응시할 때 눈동자의 정중앙선과 양쪽 입술끝이 만나는 것이다. 큰 입술의 경우는 본인의 입술보다 1~2mm 정도 안쪽으로, 작은 입술은 본인의 입술보다 1~2mm 정도 바깥쪽으로 그려 입술모양을 수정한다.

〈 표 8-10 〉 립라인의 유형에 따른 립메이크업

유 형	립 메이크업 방법
아웃커브 	• 매혹적이며 관능적인 이미지 • 작은입술 : 원래입술라인보다 1~2mm 넓게 그리기 • 윗입술의 산과 산사이를 약간 벌어진 상태로 자연스럽게 그리기 • 아랫입술 : 둥글고 두툼하게 그리기
인커브 	• 귀엽고 사랑스러운 동안의 이미지 • 크고 두툼한 입술 : 원래입술라인보다 1~2mm 정도 안쪽으로 작게 그리면 부드럽고 여성적인 분위기이며, 구각을 올려 그리면 청순한 이미지연출
스트레이트커브 	• 활동적이고 샤프하면서 지적인 이미지 • 원래의 입술라인을 살리되 구순을 직선처리하여 그리기 • 아랫입술 : 길고 가름하게 그리며 단정한 느낌

토탈코디네이션의 립메이크업 컬러선택은 패션 및 헤어컬러, 계절에 따른 자신의 피부색 등을 고려하여 자신의 퍼스널이미지에 맞게 전체적인 분위기와 개인적인 컬러선호도 및 트렌드를 반영하도록 한다.

〈 표 8-11 〉 얼굴형에 따른 메이크업

구 분	얼 굴 형		메이크업 테크닉
둥근형	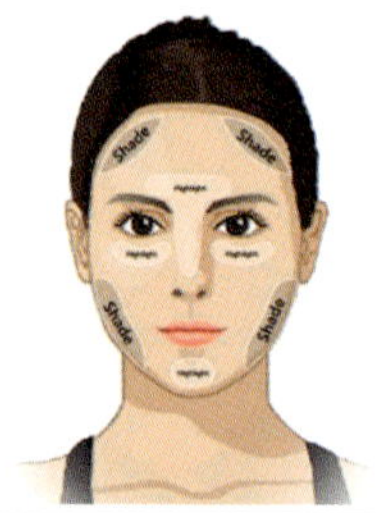	• 동안으로 보이는 얼굴형으로 귀여움이 장점이지만 통통한 볼살을 갸름하게 보이는데 초점	• Base: 양볼에 길게 셰이딩, 하이라이트와 T-zone은 길게, 턱에도 하이라이트 처리 • Eye: 상승형 눈썹, 눈꼬리쪽 사선터치로 그라데이션 • Blusher: 관자놀이에서 입꼬리를 향하여 사선터치로 세로느낌 강조
역삼각형	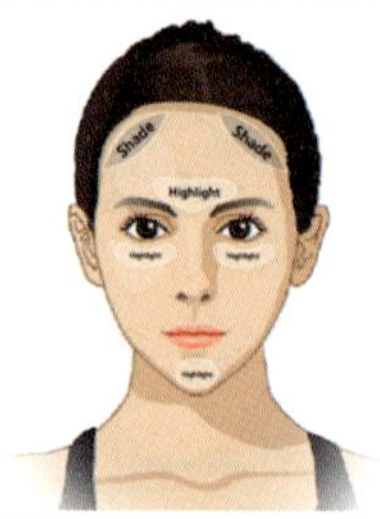	• 이마는 넓고 턱이 뾰족한 얼굴형으로 넓은 이마는 좁혀주고 뾰족한 턱은 부드럽게	• Base: 넓은 양쪽 이마와 뾰족한 턱끝은 셰이딩, 양볼에 하이라이트 • Eye: 아치모양의 둥근형 눈썹, 밝은 파스텔 계열의 컬러로 가로터치 그라데이션 • Blusher: 광대 윗부분 약간 갸름하게
긴형	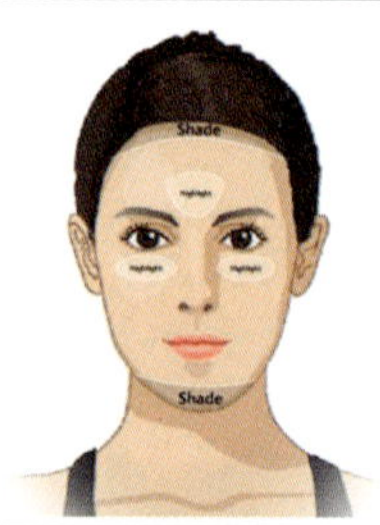	• 가로폭이 좁아 길고 성숙한 이미지로 길이는 줄여주고 얼굴 좌우에 볼륨감	• Base: 이마와 턱끝부분에 셰이딩, 양볼에 가로로 하이라이트 처리 • Eye: 일자형눈썹, 가로터치 섀도, 아이라인을 눈길이보다 좀더 길게 • Blusher: 광대 바깥쪽에서 눈앞머리를 향하도록 터치
사각형	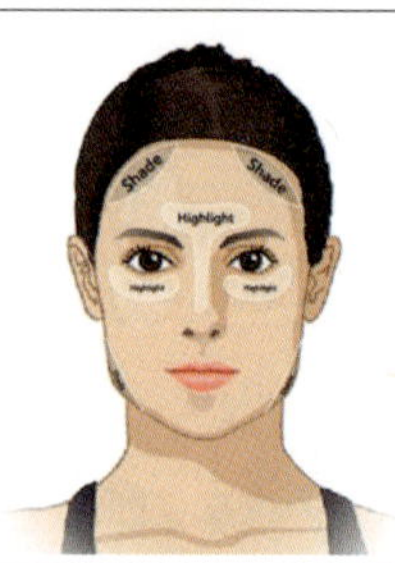	• 활동적이고 남성적인 느낌을 주는 얼굴형으로 부족한 여성스러움을 부여하여 부드러운 얼굴형으로 수정	• Base: 각진 양이마와 턱끝부분에 셰이딩처리, 이마에서 콧등, 아래턱까지 길이 강조 • Eye: 둥근형 눈썹, 아이홀쪽으로 곡선느낌이 나도록 그라데이션 • Blusher: 턱을 향해 둥근 느낌이 나도록 약간 넓게 터치

(4) 블러셔 메이크업(Blusher Make up)

블러셔 메이크업은 얼굴의 윤곽을 수정하여 아름다운 얼굴형을 연출하고 볼에 혈색을 부여하여 여성스러움과 화사함을 표현하는 것이 블러셔 메이크업의 목적이다. 핑크 블러셔는 귀여운 느낌을, 오렌지 블러셔는 건강하고 발랄한 느낌, 브라운 블러셔는 세련되고 차분하며 지적인 느낌을 준다. 여성스러움과 화사함을 연출하고 싶다면 로즈컬러의 블러셔를 해준다.

블러셔의 위치는 정면을 응시할 때 검정눈동자 가운데 수직연장선과 코끝부분 수평연장선을 연결해서 만나는 지점의 상단 바깥부분이다. 블러셔 브러시를 어느 방향으로 바르고 마무리하느냐에 따라서 얼굴형을 수정할 수 있다.

〈 표 8-12 〉 눈썹의 형태에 따른 이미지 분류

기본형(표준형) 눈썹	일자형(직선형) 눈썹	각진형 눈썹

모든 얼굴형에 어울리는 기본 눈썹형	동안의 긴형에 적합 활동적인 캐주얼이미지	둥근형에 적합 현대적이고 지적인 이미지
둥근형(아치형) 눈썹	**상승형(화살형) 눈썹**	**처진형 눈썹**

각진얼굴에 적합 부드럽고 여성스러운 이미지	개성이 뚜렷하며 생동감 날카롭고 도전적인 이미지	희극적인 표현 수동적인 이미지

3) 메이크업 이미지메이킹

얼굴을 분석해보면 이목구비가 뚜렷한 얼굴형태를 연출하기 위해서는 셰이딩과 하이라이트에 의한 명암으로 수정할 수 있다. 따라서 얼굴특징을 잘 파악하고 얼굴형에 맞는 셰이딩과 하이라이트, 아이브로우와 아이섀도, 블러셔 등의 실제메이크업 테크닉을 알아보도록 한다.

눈썹은 형태외에도 길이나 두께, 컬러에 따라서도 이미지가 달라 보이며 본인의 모발색과 유사한 눈썹색을 사용하는 것이 바람직한 방법이다.

〈 표 8-12 〉에서 보는 바와 같이 눈썹의 형태는 기본형을 비롯하여 6가지 유형으로 분류한다. 본인의 얼굴형에 어울리도록 자연스럽게 표현하고, 특별한 메이크업을 할 때는 T.P.O에 맞게 개성적으로 연출한다.

3. 헤어스타일의 실제

현대사회에서는 나를 표현하는 하나의 방법으로 '개성'이 강조되었다. 자신의 개성을 표출하기 위해 헤어스타일은 인상과 이미지를 결정짓는데 메이크업보다 더 큰 영향력을 발휘한다. 건강한 머릿결은 헤어스타일링, 스킨케어 및 패션스타일링 못지않게 우리를 매력적으로 돋보이게 한다. 외적 스타일링만이 아니라 모발구조 및 특성을 파악한 후, 헤어케어가 이루어지면 스타일을 연출하기가 수월하다.

1) 모발의 특성

피부 부속기관인 모발은 크게 모간부과 모근부로 나뉘고, 우리 눈에 보이는 모간(Hair Shaft)부, 두피조직 안에서 모발의 성장에 관여하는 부분이 모근(Hair Root)부로 구성된다. 모근부는 모발의 생성과 탈모, 문제성 두피발생과 관련이 깊으며, 모근의 손상이나 모낭의 위축, 모유두 손상 등으로 인해 모발생성이 억제된다. 모발성장에 중요한 역할을 하는 두피의 손상과 이상은 모근의 이상으로 이어지고, 결국 모근이 두피의 특징이 된다.

모발은 모근에서 유연한 세포로 생성되어 자라다가 모간으로 나오면서 서서히 탈수현상을 겪으며 수분이 빠지고 각화되어 단단해진다. 모발의 성장은 개인의 영양상태, 호르몬의 변화,

유전적인 요인, 기온과 일광 등의 영향을 받는다.

모발은 여러 겹의 층으로 이루어져 있는데 모간부분은 모표피(Cuticle), 모피질(Cortex), 모수질(Medulla)로 분류된다. 이 중에서 모발의 성질을 좌우하는 제일 중요한 부분은 모피질로 모발의 색을 결정하는 멜라닌색소를 포함하고 있다. 또한 퍼머넌트나 염색 등의 시술성능도 모피질의 성능에 의해 좌우된다.

모발의 pH는 4.5 ~ 5.5일 때 케라틴은 가장 안정적이고 단단한 구조를 가진다. 이 범위를 벗어나면 변성하기 때문에 산성쪽으로 기울수록 딱딱하게 응고가 되고 알칼리쪽으로 기울수록 부드럽게 연화되며 팽윤성을 가진다. 모발은 산성에서보다 알칼리에서 손상도가 더 크므로 강알칼리로 시술한 모발은 특별하게 돌봐야 한다.

2) 두피 및 모발관리

모발은 환경오염과 잦은 화학적 시술로 인해 손상되고, 내적인 스트레스까지 가중되면 문제성 두피로 발전하게 되어, 심하면 탈모까지 진행될 수 있다. 따라서 건강한 모발을 유지하기 위해서는 두피를 건강하게 하고 균형있는 영양을 섭취와 과도한 시술을 자제한다.

(1) 두피케어

건강한 모발과 두피관리는 두피를 유형별로 이해하고 관리법을 잘 파악하여, 건강하고 탄력있는 모발케어를 위한 첫걸음이다. 건강한 두피는 정상적인 색, 부드러운 모발과 외부로부터의 자극에도 저항성을 가지고 있어 두피의 생리작용이 활발하다. 피부의 유형이 사람마다 다르듯이 두피의 특성 또한 개인마다 다르므로 두피 유형별 특징과 발생원인을 파악하고 그에 따른 올바른 관리를 해야 한다.

마사지는 죽은 각질세포의 제거를 돕고, 세포분열을 자극함으로써 두피의 건강함을 유지하게 한다. 두피마사지는 근육의 긴장을 풀기 위해 정돈되고 부드러운 리듬으로 작용하여 두피뿐만 아니라, 심리적인 긴장의 완화를 도와주며 스트레스를 풀어주는 데도 아주 효과적이다.

탄력있는 모발관리는 두피유형에 맞는 적절한 아로마오일을 블렌딩하여 사용하면 두피마사지의 효과를 더욱 상승시켜 두피를 건강하게 할 수 있다.

〈 표 8-13 〉 두피의 유형별 특징 및 관리법

유 형	특징 및 발생원인	관 리 법
정상두피	• 유전적 요인 • 올바른 생활습관과 샴푸	• 현재의 상태를 유지하되 수분과 영양공급
건성두피	• 잦은 펌과 염색시술 • 냉·난방에 의한 건조한 실내 • 탈지력이 강한 샴푸사용 • 피지분비 기능저하	• 각질제거와 막힌 모공세척 • 혈행 촉진에 중점 • 중성 샴푸사용과 찬바람 건조 • 적절한 유·수분 공급
지성두피	• 남성 호르몬 과다작용 • 자극적인 음식과 스트레스 • 과도한 스타일링 제품사용 • 청결하지 않은 두피관리	• 두피청결과 피지조절 중점 • 두피자극 최소화 • 스타일링 제품자제 • 지성용 샴푸로 모공청소
민감성두피	• 스트레스와 피로 • 선천적인 요인 • 건성두피 방치 • 잦은 펌과 화학적 시술 • 자극이 강한 제품사용 • 생리전후, 출산 후	• 스트레스 환경개선 • 두피자극 최소화 • 두피마사지(후두부 마사지) • 화학적 시술 최소화 • 스타일링 제품사용 최소화 • 저자극 천연샴푸 사용
지루성두피	• 과도한 스트레스 • 잦은 화학적 시술 • 과도한 피지분비	• 스트레스 환경개선 • 화학적 시술 최소화 • 두피의 자극 최소화 • 스타일링 제품사용 최소화 • 매일 샴푸로 청결유지
비듬성두피	• 비듬균과 유전적 요인 • 호르몬의 불균형 • 불규칙한 생활 • 잘못된 식습관 • 피지선의 과다분비 • 샴푸 후 젖은 상태유지	• 전문의 상담과 진료 • 건성비듬/지성비듬 파악 • 스트레스 환경개선 • 음식조절과 식습관개선 • 불규칙한 생활개선 • 샴푸 후 완전 건조 • 샴푸 전 브러싱

(2) 모발케어

모발은 모발의 성장사이클이 있어 자연적으로 성장이 멈추는 휴지기를 갖는다. 또한 퍼머넌트나 염색시술 등의 화학적 자극으로 모발성장이 변화되기도 한다. 건강한 모발을 유지하기 위해서는 두피와 모발유형에 맞는 헤어제품을 사용한다.

〈 표 8-14 〉 모발 유형별 관리법

유 형	관 리 법
손상 모발	• 손상된 모발끝 커트 • 샴푸 후 트리트먼트로 수분공급과 표피층 코팅처리하여 광택부여 • 드라이사용을 피하고 자연바람 건조(드라이 사용 시 찬바람 건조)
건성 모발	• 화학적 시술 전 모발보호 제품으로 전처리 • 알코올과 알칼리성성분 다량 함유된 제품자제 • 부적합한 샴푸로 무리한 세정금지 • 헤어팩, 트리트먼트로 수분 공급
지성 모발	• 브러싱으로 모발을 정돈하고 청결유지 • 지성모발용 기능성 샴푸사용 • 주 1회 트리트먼트 사용으로 모발끝 손상방지
비듬 모발	• 자주 샴푸하여 항상 청결유지 • 비듬 전용 샴푸사용 • 혈액순환을 원활하게 브러싱과 두피마사지

3) 헤어스타일 이미지메이킹

첫인상을 결정짓는 외적 요소 중 헤어스타일은 자신의 피부색과 얼굴형에 맞도록 연출하여 자신감은 상승시키고 사회생활을 할 때 호감가는 인상을 줄 수 있다. 자신에게 맞는 헤어스타일을 결정하는 데는 4가지 요소가 있다. 4가지 요소는 얼굴형과 체형, 피부톤 및 라이프스타일로, 직업별, TPO(시간, 장소, 상황) 등에 알맞고 자신이 표현하고 싶은 이미지에 맞게 헤어스타일을 연출하여 매력적인 이미지를 표현할 수 있다. 자신에게 꼭 맞는 헤어컬러는 두상을 작아 보이게 하는 것뿐만 아니라 피부의 단점을 보완하여 건강하고 아름답게 보이게 한다. 헤어컬러는 자신의 피부톤, 눈썹컬러, 눈동자색에 어울리는 것으로 선택하여 조화롭게 연출한다.

〈 표 8-15 〉 얼굴형과 헤어스타일

얼굴형		헤어스타일
계란형	 	• 어떠한 헤어스타일도 잘 어울림 • 앞머리를 남기지 않고 모발을 모두 올려 턱선과 이마를 드러내는 업스타일 및 베이비 퍼머넌트 추천
둥근형	 	• 머리의 탑부분은 볼륨감을 넣어 살려주고 사이드부분은 볼륨감을 없애줌 • 전형적인 롱스트레이트, 턱선아래, 끝부분만 살짝 웨이브에 약간 레이어드 스타일을 추천
역삼각형	 	• 뱅스타일로 앞머리 부분을 강조 • 턱선에 볼륨감 주고, 사이드 뱅에 끝에만 바깥 C컬을 추천
긴형	 	• 머리의 탑 부분은 볼륨감 없애고, 좌우로 시선 분산 • 어깨 기장의 미디엄길이 • 앞머리는 무거운 뱅 스타일로 직모보다는 웨이브스타일 추천
사각형	 	• 긴머리의 경우 굵은 컬로 턱선까지 헤어라인을 만들어 사각턱부분으로 연결되는 시선을 분산시킴 • 앞머리와 옆머리에 웨이브를 준 레이어드 커트와 광대뼈나 턱선 아래부터 시작하는 레이어드 커트 및 비대칭 커트스타일 추천
마름모형	 	• 앞머리는 사선이나 눈썹 바로 위로 짧게 하고, 이마와 턱부분을 넓게 보이도록 턱아래부분에서 부드럽게 바깥 C컬 추천

〈 표 8-16 〉 추구이미지와 헤어스타일

추구이미지			헤어스타일
내추럴			• 친근하면서도 자연스러운 이미지 • 힘을 다소 뺀 물결모양의 웨이브 • 모발끝만 살짝 컬이 들어가 있는 자연스러운 C컬 • 남성도 헤어제품 사용을 자제하고 앞머리를 자연스럽게 스타일링
클래식			• 전통과 보수를 지향 • 시대를 초월하는 가치를 지닌 스타일 • 포니테일이나 웨이브 없는 블로우 드라이로 마무리 • 남성의 경우는 전형적인 2:8 혹은 3:7의 가르마로 모발용 제품사용하여 이마를 보이도록 연출
엘레강스			• 기품과 품위, 우아하면서도 세련됨 • 성숙한 여성스러움의 대표적인 이미지 • 컬의 굵기는 가는 것보다는 굵게 • 하나로 묶거나 살짝 반묶음 • 우아하게 올린 업스타일 • 남성의 경우 클래식 이미지와 비슷
액티브			• 활동적, 자유분방함, 생동감 넘치는 이미지 • 백 포인트 포니테일, 레이어드 커트 • 남성 스포츠헤어
모던			• 도회적 감성, 개성적 하이테크한 분위기 • 직모의 단발이나 비대칭 커트 • 헤어장식을 최대한 배제 • 남성의 경우는 투블럭 커트하고 모발용 제품을 사용하여 볼륨감

헤어스타일링은 직업, TPO 또는 개인이 추구하고자 하는 이미지에 따라 연출할 수 있는 실전연습을 통해 가능하다. 꾸준한 연습을 해서 멋진 스타일링을 연출해보자.

(1) 얼굴형과 헤어스타일

① 계란형

계란형은 가장 이상적인 얼굴형으로 아름답고 자연스러운 균형을 이루고 있어 어떠한 헤어스타일도 잘 어울린다. 계란형이라도 이목구비, 이마의 차이에 따라 각각의 특징이 있으므로 모발의 길이와 디자인이 달라질 수 있다.

② 역삼각형

역삼각형은 이마의 윗부분이 넓고 갸름한 턱선으로 약해보일 수 있으므로 얼굴형이 확연히 드러나는 스타일은 피하고, 헤어스타일의 포인트는 턱선에 헤어컬과 웨이브를 주어 부드러움을 분위기를 준다.

③ 둥근형

둥근형은 실제 나이보다 어려보이고 귀여운 이미지의 장점은 있으나 세련된 분위기가 부족하다. 스타일의 포인트는 얼굴전체를 작아보이게 하는 것이며 둥근 얼굴을 강조하면 개성적으로 보인다. 짧은 커트에 부드러운 컬이 있으면 귀여운 이미지로 표현할 수 있다.

④ 각진형

각진형은 서양인의 얼굴에서 많이 보이고 광대뼈와 각진 턱으로 강한 분위기를 줄 수 있다. 결점을 커버하기보다는 지적이고 세련된 이미지를 부각시켜 개성을 표현하거나 부드러움을 주어 여성다움을 연출한다.

(2) 추구이미지와 헤어스타일

얼굴형, 피부톤 등의 물리적인 특징과 직업 및 상황별 등에 알맞고 개인이 추구하고자 하는 이미지에 맞는 헤어스타일을 연출하면 매력적인 이미지를 만들어 갈 수 있을 뿐만 아니라 삶의 즐거움을 누릴 수 있다.

1. 자신의 모발타입을 스스로 진단해보자.

아래 문항에서 해당하는 문항을 체크한 후, 나의 모발타입을 솔루션해보자.

유 형	구 분	문 항	체 크
A	손상모발	드라이기나 스타일링기를 거의 매일 사용한다.	
		퍼머넌트를 2~3개월에 한번씩 한다.	
		염색을 2~3개월에 한번씩 한다.	
		육안으로 봐서 모발이 푸석하게 보인다.	
		모발끝이 갈라져 있다.	
		모발이 쉽게 끊긴다.	
		바깥 활동이 잦은 편이다.	
		린스를 사용하지 않으면 모발이 뻣뻣하다.	
B	중건성모발	퍼머넌트를 6개월에 한번씩 한다.	
		염색을 6개월에 한번씩 한다.	
		린스를 사용하지 않아도 모발이 촉촉하다.	
		머리를 묶었다가 풀어도 자국이 없다.	
		퍼머넌트가 잘 되는 편이다.	
		육안으로 봐서 모발손상이 거의 없는 편이다.	
		모발끝에 갈라짐이 없다.	
		머리를 감고 자연바람으로 말리는 편이다.	
C	지성두피	샴푸한지 5~6시간 지나면 두피에서 유분이 느껴진다.	
		두피에 뾰루지가 난다.	
		머리에 땀과 열이 많은 편이다.	
		저녁 무렵이면 머리에서 냄새가 나는 편이다.	
		머리를 감아도 개운한 느낌이 부족하다.	
		가끔씩 두피가 가렵다.	
		여름에는 하루에 2~3번 머리를 감아도 개운치 않다.	
		겨울철에도 머리에 땀이 난다.	
D	비듬성두피	두피가 자주 가렵다.	
		머리를 감아도 두피에서 유분이 많이 느껴진다.	
		두피에 뾰루지가 나서 종종 짓무른다.	
		육안으로 봐도 두피에 각질이 있다.	
		두피에 탄력이 없다.	
		두피가 가려워서 자주 긁는 편이다.	
		두피에서 피가 난 적이 있다.	

▶ **모발타입에 따른 솔루션** 1~32까지 3개미만 : 정상모 / A문항–5개이상 : 손상모발 / B문항–5개이상 : 중건성모발
C문항–5개이상 : 지성두피 / D문항–5개이상 : 비듬성두피

WORKSHEET

2. 자신의 현재 메이크업을 검토해보자.

구 분	체 크 내 용	YES	NO
기초 화장	1. 피부유형에 적합한 클렌징 제품을 사용하고 있다.		
	2. 피부유형에 적합한 기초 화장품을 잘 알고 있다.		
	3. 피부유형에 적합한 피부를 잘 관리하고 있다.		
베이스	4. 피부톤에 맞는 메이크업 베이스 컬러를 선택하였다.		
	5. 피부결점을 가리는 프라이머 및 컨실러를 사용한다.		
	6. 피부톤에 맞는 파운데이션 컬러를 선택하였다.		
	7. 얼굴형을 고려한 컨투어링을 잘하고 있다.		
아이브로	8. 얼굴형에 맞는 눈썹이미지를 하고 있다.		
	9. 모발컬러와 같거나 유사한 컬러의 눈썹을 하고 있다.		
	10. 양쪽 눈썹 출발점의 위치가 동일하다.		
	11. 양쪽 눈썹산의 위치가 동일하다.		
	12. 눈썹꼬리가 눈썹 앞머리보다 처져있지 않는다.		
아이	13. 피부톤에 어울리는 섀도컬러를 선택하였다.		
	14. 패션컬러와 어울리는 섀도우 컬러를 선택하였다.		
	15. 양쪽 섀도컬러 영역이 동일하다.		
	16. 양쪽 섀도컬러 그라데이션이 동일하다.		
	17. 양쪽눈의 아이라인이 대칭을 이루고 있다.		
	18. 양쪽 속눈썹을 뷰러로 자연스러운 컬링을 하였다.		
립	19. 피부톤에 어울리는 립스틱 컬러선택을 하였다.		
	20. 나의 립케어 상태가 좋은 편이다.		
	21. 섀도컬러와 조화를 이루는 립스틱 컬러를 선택하였다.		
	22. 입술형태와 조화되는 립스틱 컬러를 선택하였다.		
	23. 윗입술과 아랫입술의 비율이 1:1.5이다.		
	24. 섀도컬러와 어울리는 립스틱 컬러를 선택하였다.		

Chapter 09

패션이미지

학 습 목 표

세련된 퍼스널이미지를 갖추기 위해서 패션트렌드 및 아이템과 비즈니스 웨어의 특징을 이해하고 외모의 장점과 단점을 파악한 후, 매력적인 패션감각을 습득하여 개성있는 패션스타일링을 할 수 있다.

1. 패션이미지의 이해

패션은 대인관계에서 외적 이미지를 전달하는 비언어적 커뮤니케이션의 도구이다. 우리는 처음보는 사람과 대화를 나누며 언어적 정보를 교환하기 전부터 외모를 기반으로 그 사람에 대한 정보를 파악할 수 있다. 대인관계에서 강점으로 작용하는 이미지는 패션이미지의 이해와 자신에게 적합한 패션스타일링을 통해 자기효능감을 높이고, 타인에게 매력적인 이미지를 구축하고 전달하도록 한다.

1) 패션의 개념

패션은 특정 기간과 공간 내에서 대다수 사람이 의식적이거나 무의식적으로 유행스타일을 받아들이거나 따르는 행동양식 혹은 사회현상으로 시대를 반영하고 주기적이며 변화를 한다는 것이 특징이다. 또한 정치·경제·사회 및 문화적 요인에 의해 시대 및 시즌별로 다양한 트렌드에 따라 개인의 취향에 맞게 선택되기도 하고 거부되기도 한다.

고든 올포트(Gorden Allport)는 '지각자는 아주 짧은 시간 동안 수집된 정보를 복잡한 두뇌작용으로 인하여 처음 본 사람의 성별, 연령, 체격, 인종, 직업, 사회계층을 판단하며, 대상에 대한 성격, 우월성, 깔끔함, 신뢰감, 성실성 등의 내적 이미지까지도 어느 정도 평가한다.'라고 하였다. 이렇게 결정된 인상은 다른 측면까지 영향을 미치게 된다. 어떤 이미지를 지니느냐에 따라서 인상에 대한 평가가 달라지므로 이미지연출은 대인관계에서 중요성을 차지하고 있다. 그러므로 자신의 신체적 특성에 맞게 개성있는 자신만의 매력을 높이고 사회적 관계의 상황 속에서 적합한 패션스타일을 이미지화하여 퍼스널이미지를 관리한다.

2) 패션스타일링의 목적

패션스타일(Fashion Style)은 의복을 비롯하여 헤어스타일, 메이크업, 액세서리, 소품 등 머리에서 발끝까지 사용되는 모든 아이템을 착용자의 신체특성과 개성 및 라이프스타일을 적절하게 표현하여 조화를 이루게 한다. 외모지상주의에 빠져 유행하는 패션스타일을 무조건 모방하기보다는 자신만의 개성을 나타내고 패션이미지의 장점은 극대화하고 단점은 보완하여 패션스타일링을 할 수 있는 패션감각을 키우는 것이 바람직하다.

패션 이미지메이킹을 위해 고려되어야 할 사항은 다음과 같다.

① 자신의 사회적 역할과 패션이 조화되도록 한다.

외적 이미지는 패션스타일링 요소와 착용자가 함께 평가되므로 착용자 특징과 스타일링 요소 간의 조화를 이루지 못할 때는 비호의적으로 인식된다.

② 패션스타일링은 TPO와 조화되도록 한다.

자신이 처한 상황(Time), 장소(Place), 기회(Opportunity)와 자신이 추구하는 패션과의 조화 여부에 따라 착용자의 심미안, 규범인식 등에 대한 평가가 이루어진다.

③ 연령과 패션이 조화되도록 한다.

착용자의 연령별 특성과 개인의 개성을 연출하는 장점에 따라 패션과 조화를 이룰 때 세련된 패션스타일링이 타인에게 호의적으로 인식된다.

④ 자신의 체형을 정확히 파악한다.

자신의 체형을 파악하여 단점을 보완한다면 매력적이고 자신감 있는 패션이미지를 연출하거나 긍정적인 이미지를 전달할 수 있다.

⑤ 자신의 장점을 활용하고 단점은 개성으로 살린다.

자신의 신체적인 장점을 적절하게 활용하는 것은 이미지관리의 효과적인 방법이다. 반면 단점은 자신만의 개성적 패션스타일링으로 보완한다.

2. 패션스타일링의 실제

패션스타일링은 외적 이미지의 형성에 영향을 미치는 신체적 특성 요소인 얼굴형과 체형을 파악하고, 분석하여 이미지메이킹을 하는 것이다. 다음은 각 스타일의 유형과 특성에 알맞은 네크라인, 칼라, 액세서리 및 패션아이템의 코디네이션으로 사회생활이나 직장생활에서 호감이 가는 이미지를 구현하도록 한다.

1) 얼굴형 따른 패션스타일

얼굴은 그 사람을 대표하는 신체부분으로 눈, 코, 입 등 형태로 개인을 식별하는 요소이다. 얼굴형은 일반적으로 계란형, 둥근형, 사각형, 긴형, 역삼각형으로 구분한다.

〈 그림 9-1 〉을 참고로 하여 자신의 얼굴형을 파악하고, 5개 유형의 얼굴형에 따른 인상의 특성에 어울리는 네크라인, 칼라 및 액세서리 등으로 패션스타일링을 할 수 있다.

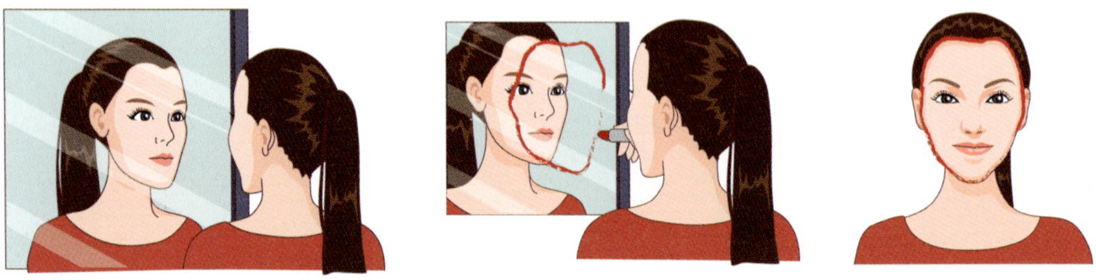

- 큰 전면거울 앞에서 선다.
- 머리는 뒤로 넘겨 포니테일을 한다.
- 등을 곧게 세우고, 머리를 들고 어깨를 펴고, 거울의 정면을 바라본다.

- 거울 위에 보여진 얼굴의 윤곽을 그린다.
- 귀는 그리지 않고 얼굴의 가장자리 윤곽만 그린다.

- 거울에 그려진 얼굴의 윤곽선을 확인한다.

〈 그림 9-1 〉 얼굴형의 자가체크법

2) 체형에 따른 패션스타일

체형(體型)은 체격(體格)에 나타나는 특징으로 골격의 크기와 굵기에 따라 이루어진 체격과 근육이나 피하지방을 포함한 것이다. 체형은 인체의 매력을 결정하며, 매력적인 체형은 문화적 기준과 시대적 환경에 의해 변화되며, 미의 기준은 신체이미지의 변화에 영향을 미치고 있다. 아름다운 패션이미지를 연출하고자 할 때는 〈 표 9-2 〉와 〈 표 9-3 〉에서 제시한 패션코디네이션의 남성과 여성별 차이점을 비교하여 자신의 체형 상 특징을 파악하여 장점을 부각시키고, 단점을 보완하면 품위있는 퍼스널이미지를 표현하게 된다.

(1) 체형별 특징

체형분류 및 체형별 특징은 산업통상자원부 국가기술표준원의 사이즈 코리아(Size Korea)에서 인체치수조사에 의해 한국인 표준체형을 분류한 것으로, 한국인의 인체적합성에 맞춘 표

〈 표 9-1 〉 얼굴형에 따른 패션스타일

얼굴형 구분	얼굴형 특징	네크라인	액세서리	안 경
계란형 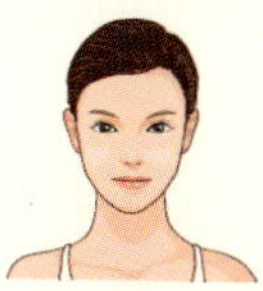	이마:눈썹:코=1:1:1 이상적 얼굴형 	셔링 보우트 네크라인 	대체적으로 잘 어울림 	사각프레임 폭스형 
둥근형 	전형적인 미인형 귀여운 이미지 	스퀘어 네크라인 V형 네크라인 	드롭형, 모빌형 귀걸이 	사각프레임 폭스형· 캣츠아이형 
사각형 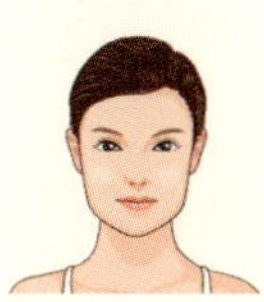	사각의 턱라인 중성적인 이미지 	깊게 파인 Y형 U형 네크라인 	드롭형, 모빌형 귀걸이 	원형 및 타원형 캣츠아이형 
긴형 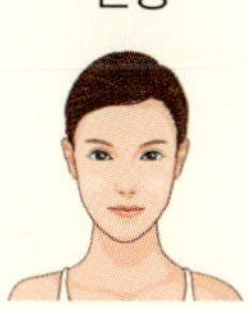	이마 및 긴 하관형 지적인 이미지 	U형, 리본형 네크라인 	클립형, 버튼형 귀걸이 	티어드롭형 혹은 아이브로형 
역삼각형 	턱이 좁고 긴 형 차가운 지적 이미지 	라운드, 보우트 네크라인 	이어머프 이어링 	둥근 웰링턴형 

준화된 제품디자인을 위해 제공된 데이터를 기준으로 하였다. 연령대별 체형의 통계치를 기반으로 한 평균체형을 표준체형으로 설정하고, 표준체형과 체형별 특징을 비교분석 하였다. 평균적인 특징을 지닌 사람의 신장에 대비한 허리둘레의 수치와 어깨너비 수치를 비교할 때, 어깨너비가 크다면 역삼각형으로 분류하고, 반대로 어깨너비보다 허리둘레가 크다면 삼각형 체형으로 구분한다.

남자의 경우 표준체형, 작은 역삼각형, 큰삼각형, 사각형으로 여성의 경우는 표준체형, 작은 역삼각형, 큰 삼각형, 역삼각형 및 사각형 체형으로 분류한다. 20대 남성의 경우 표준체형을 기준으로 작은 역삼각형, 큰 삼각형과 사각형으로 분류된다.

작은 역삼각형 체형은 20대 남성의 30.8%로 표준체형이 비해 가는 몸통, 큰 머리, 넓고 처진 어깨, 긴 팔과 짧은 엉덩이 길이를 보인다. 큰 역삼각형 체형은 표준체형 대비 굵은 몸통, 작은 머리, 추켜진 보통의 어깨폭, 긴 팔과 짧은 엉덩이 길이를 갖고 있으며 33.2%로 분포하고 있다. 20대 남성의 35.9%의 사각형 체형은 표준체형에 비해 작은 머리, 짧은 팔과 긴 엉덩이 길이를 갖고 있다.

20대 여성의 경우 표준체형을 기준으로 작은 역삼각형, 큰 삼각형, 역삼각형 및 사각형 체형으로 분류된다. 20대 여성의 29.0%의 작은 역삼각형 체형은 표준체형 대비 가는 몸통, 큰 머리, 처진 어깨, 긴 팔과 짧은 엉덩이 길이를 갖고 있다. 큰 삼각형 체형은 보통의 어깨너비에 비해 굵은 몸통을 갖고 있으며 20대 여성의 17.3%로 다소 적은 구성비를 보인다. 역삼각형 체형은 28.3%로 표준체형과 같은 굵기의 몸통과 보통의 엉덩이 길이를 갖고 있지만, 어깨너비는 매우 넓고 팔길이는 짧다. 20대 여성의 25.0% 분포의 사각형 체형은 표준체형 대비 가는 몸통, 매우 좁고 추켜진 어깨, 약간 긴 엉덩이 길이와 비교하면 팔은 매우 짧다.

(2) 체형별 패션코디네이션

남성의 체형은 여성에 비해 단순한 편으로 키가 크고 작거나 골격이 가늘거나 근육질 체형, 살이 찐 체형이 대부분이다. 성별 체형의 특성과 패션코디네이션을 알아보기 위해 남성은 작은 역삼각형, 큰삼각형, 사각형으로 분류한다. 여성은 작은역삼각형, 큰삼각형, 역삼각형, 사각형으로 구분하여 각 체형별 특징과 시각적 인식의 유도를 통한 단점을 보완하는 방법을 살펴본다. 체형별 패션코디네이션은 전체적인 실루엣을 기준으로 하여 의복의 아이템과 세부적인 디테일을 응용하는 방법으로 장점을 살리고 단점을 보완하는 방법을 제시하였다.

〈 표 9-2 〉 남성의 체형별 패션코디네이션

20대 남성체형		패션코디네이션	
작은역삼각형	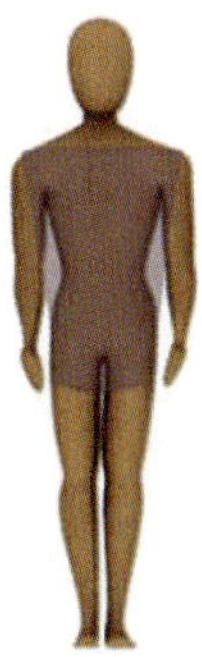	남성적인 건강미가 돋보이는 체형으로 상·하체의 균형감있게 디테일, 슈즈 등으로 시선을 하체로 유도한다. 스키니 팬츠 및 깊게 파인 네크라인은 피하도록 한다.	
큰삼각형		당당하고 활력있게 보이고 몸 전체를 길게 보이도록 직선적인 실루엣 연출하거나 상체로 시선을 유도한다. 가로선 및 밝은색 벨트, 긴부츠, 상하 컬러대비가 큰 것 권장하지 않는다.	
사각형		날씬하고 매끈한 체형으로 지적이며 현대적인 인상연출. 어깨를 넓게 보이도록 강조한다. 어깨부분이 강조되거나 라운드넥, 가로스트라이프, 레이어드룩, 드레이프성이 처지는 원단은 피한다.	

〈 표 9-3 〉 여성의 체형별 패션코디네이션

20대 여성체형		패션코디네이션	
작은역삼각형		균형잡힌 모래시계형으로 하의로 시선을 유도하여 부드러운 원단의 V네크라인의 상의, A라인 스커트 및 부츠컷 팬츠를 활용한다. 큼직한 네크라인 상의, 큰 칼라, 강조된 셔츠, 밑으로 갈수록 좁아지는 테이퍼드 팬츠는 권장하지 않는다.	
큰삼각형	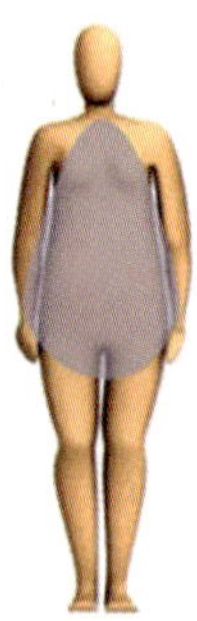	하체발달형으로 각진어깨, 가슴 상단의 장식, 허리 강조한 상의, 퍼프소매, 하이웨이스트 원피스, 블랙 계열의 부츠컷, 스트레이트 팬츠 및 볼드 목걸이는 상체로 시선을 유도한다. 복부에 주름잡힌 상의, 달라 붙는 상의, 플레어스커트, 너무 헐렁한 하의나 부피감이 있는 것은 피한다.	
역삼각형		부드러운 원단의 V네크라인 상의, 허리부터 퍼지는 A라인 스커트, 원단의 하의 및 부츠컷 팬츠 등으로 시선을 하체 쪽으로 유도한다. 큼직한 네크라인 좁의 상의/큰 칼라 강조된 셔츠, 밑으로 갈수록 좁아지는 테이퍼드 팬츠는 권장하지 않는다.	
사각형		허리와 어깨를 인위적으로 강조, 몸의 곡선을 만들어 준다. 퍼프소매, 퍼프숄더로 어깨강조. 상의 & 튜브탑 & 오프숄더. 허리를 감싸주는 원피스, 플레어스커트 및 허리벨트 착용을 추천한다. 반면 타이트하고 깊게 파인 네크라인, H라인 펜슬스커트 및 달라붙는 것은 피한다.	

3. 상황별 패션스타일

호감가는 외모는 사회경제적 효과가 높아짐에 따라 외모관리에 관한 관심이 증가하고 있다. 신체적 외모는 직업사회에서의 고용과 승진, 소득에 영향을 미치는 한 요인으로 교육수준, 근로자 숙련도와 더불어 직업적 성공을 위해 자산이 되기도 한다. 비즈니스스타일에서 정장차림은 기본 매너로 자신의 분야에서 전문적인 사람임을 나타낼 수 있는 효과적인 자기표현의 수단이 된다. 따라서 정장의 기본 아이템, 디자인 및 디테일의 특징을 파악하면 매력적인 비즈니스 정장스타일링을 할 수 있다.

1) 비즈니스 정장

비즈니스 웨어의 정장차림은 기본 매너로 자신의 분야에서 전문적인 사람임을 나타낼 수 있는 효과적인 자기표현의 수단이 된다. 이에 준하여 여성복과 남성복의 정장 기본 아이템, 디자인 및 디테일의 특징을 파악하면 호감을 주는 비지니스 차림을 연출할 수 있다. 또한 비즈니스 패션은 개인의 직업을 알리며 일의 효율을 증진시킬 수 있는 기회이다.

따라서 정장은 직업적인 특성과 직무의 특성을 고려하여 격식을 갖춘 품격의 보수적인 클래식 스타일과 개성적인 자유로운 느낌의 트렌디 스타일의 균형을 맞추도록 한다.

(1) 여성복

여성정장은 매력적인 비즈니스 웨어를 연출하기 위해 여성복의 정장 기본 아이템, 디자인 및 디테일의 특징을 파악하도록 한다.

① 비즈니스 정장 아이템

정장연출을 위한 여성 비즈니스 웨어 아이템으로는 슈트, 재킷, 스커트, 팬츠, 베스트, 셔츠 및 블라우스 등이 있으며, 액세서리와 조화시키도록 한다. 슈트는 상의와 하의가 같은 재질과 색상의 격식있는 정장으로 남성복에서부터 비롯되었으나 여성복 영역에서 더욱 발전하여 다양한 스타일링을 할 수 있다. 원피스는 재킷과 앙상블로 함께 착용하기도 하고 계절에 따라 하절기에 단독으로 착용하면 더욱 풍성한 의생활을 향유할 수 있을 것이다.

〈 표 9-4 〉 여성복 비즈니스 웨어 아이템

아이템	설명	디자인
슈트(Suits)	남성복에서부터 시작된 것으로 상·하의가 동일한 재질과 컬러로 된 격식을 갖춘 한 벌의 옷	 테일러드 슈트 / 샤넬 슈트 / 카디건 슈트 / 팬츠 슈트
재킷(Jacket)	전형적으로 보수적인 테일러드 칼라 슈트. 시대의 유행에 맞추어 재킷길이, 칼라형태, 여밈방식, 앞단여밈, 뒤트임의 형식과 스타일 등의 변화	 테일러드 재킷 / 블레이져 재킷 / 사파리 재킷 / 볼레로 재킷
블라우스(Blouse)	겉옷 및 재킷 안에 입는 상의로 정장용은 단색이 무난하다. 목둘레와 소매부분의 장식에 의해 다양한 이미지표현	 셔츠 블라우스 / 보우 블라우스 / 페플럼 블라우스 / 페전트 블라우스
스커트(Skirts)	상의의 재킷과 어울리는 것, 블라우스나 카디건에 코디하면 다양한 연출가능 스커트는 트임이 있는 쪽에 지퍼가 달리기 때문에 옆이나 뒤쪽에 트임을 주어 걷기에 불편함이 없는 것을 선택	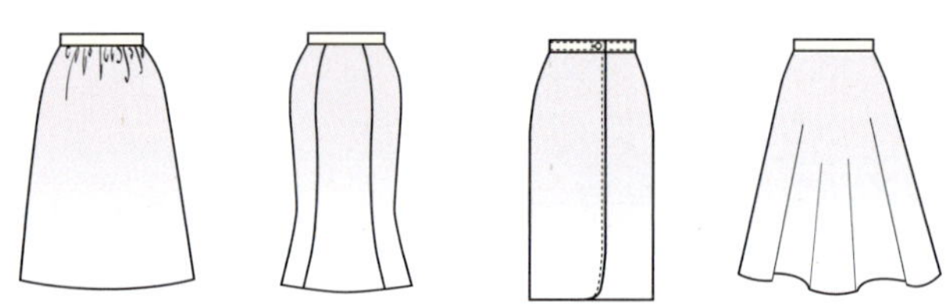 개더 스커트 / 고어드 스커트 / 랩 스커트 / 플레어 스커트 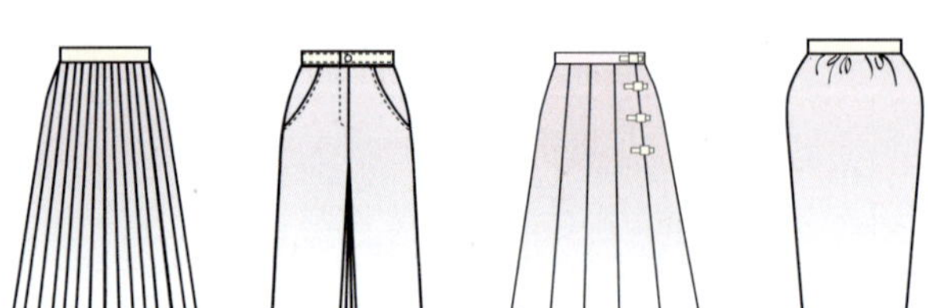 플리츠 스커트 / 퀼로트 스커트 / 킬트 스커트 / 페그 톱 스커트

팬츠(Pants)

바지통과 길이, 외곽선 형태, 허리선의 위치와 바지 부리의 형태에 따라 명칭이 다름. 재킷과 한 벌로 코디하여 정장으로 입거나 블라우스, 스웨터, 셔츠 등과 조화롭게 착용

스트레이트 팬츠 / 테이퍼드 팬츠 / 부츠 컷 팬츠 / 배기 팬츠

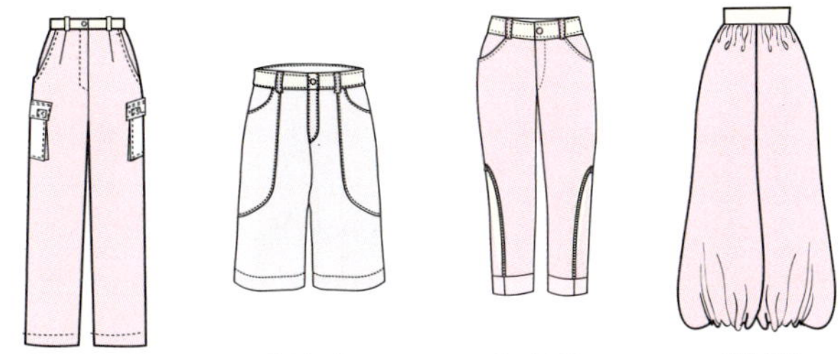

카고 팬츠 / 버뮤다 팬츠 / 카프리 팬츠 / 하렘 팬츠

베스트(Vest)

소매가 없는 상의로 블라우스나 셔츠, 슈트나 코트 속에 연출. 길이는 허리 위나 아래 7부 길이 등 다양하다. 방한용 이상으로 센스 있는 코디네이션을 위한 아이템

웨스킷 / 코치맨즈 베스트 / 뉴 마켓 베스트 / 아프카니스탄 베스트

코트(Coats)

가장 겉에 입는 의상의 총칭. 방한을 위한 실용적인 목적뿐만 아니라 스타일을 완성하고 마무리하는 아이템으로 체형의 단점 커버에 효과 있음

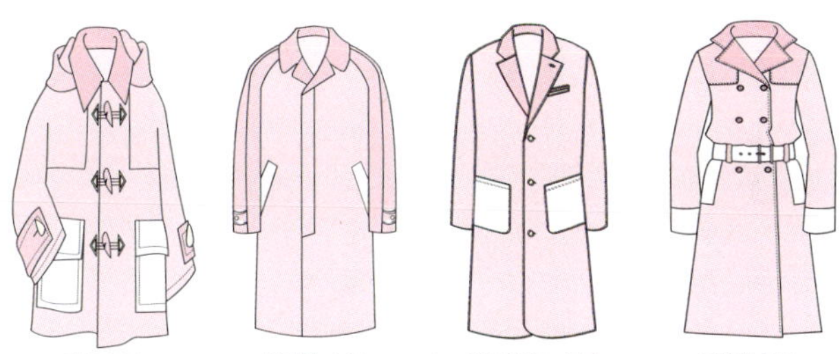

더플 코트 / 발마칸 코트 / 체스터필드 코트 / 트렌치 코트

원피스드레스 (One-piece Dress)

상의부분과 스커트부분이 연결된 옷. 우아하며 발랄한 느낌을 표현하는 여성아이템. 다양한 상의와 코디하면 매력적인 스타일링 가능

셔츠 드레스 / 프린세스 드레스 / 시스 드레스 / 엠파이어 드레스

② 비즈니스 정장 코디네이션

비즈니스를 위한 정장은 너무 꼭 끼거나 너무 헐렁한 것, 너무 짧거나 풍성하고 긴 것 등과 과장된 디테일, 눈에 띄는 색상 등을 제외하고, 패션트렌드 경향에 따라 활동하기에 알맞은 적당한 착용감, 여유로운 품과 길이 등의 비즈니스 웨어를 권장한다. 기본 정장을 코디할 때 색상은 3가지 이상 사용하지 말고 슈트와 톤온톤(Tone on Tone) 혹은 톤인톤(Tone in Tone) 컬러를 코디하여 깔끔하고 단정한 이미지로 연출한다.

〈 그림 9-2 〉 여성정장의 비즈니스 스타일

비즈니스 웨어 스타일링은 직업, 직무, 기업의 비전 등에 부합하도록 회색, 검은색, 감색 등의 기본적인 짙은 슈트 정장을 기본으로 셔츠, 블라우스, 스카프 및 머플러 등의 각 아이템과 액세서리로 포인트를 주어 상대에게 표현하고 싶은 패션이미지를 전달할 수 있다. 그리고 직업 유형에 따라 창의적, 개성적 특성과 신뢰성, 독창성 및 전문성을 나타낼 수 있는 패션이미지의 감성을 연출하면 효과적이다.

짙은 컬러의 모던하고 심플한 디테일의 클래식 스타일은 품격과 함께 보수적이면서 신뢰감을 주는 코디네이션이라고 할 수 있다. 사무직, 공무원 이외에도, 전문직, 금융직의 직무에도 잘 어울린다. 고급소재의 럭셔리풍 스타일은 전문직뿐만 아니라 무역 및 바이어 직무에 적합하고, 세련미와 함께 신뢰감을 주는 이미지를 연출할 수 있다. 반면 프리랜서는 트렌디한 감성과 함께 열정과 개성을 충분히 살릴 수 있는 자유로운 스타일을 권장한다.

〈 표 9-5 〉 여성 직무별 패션코디네이션

직무	패션감성의 코디네이션		직무	패션감성의 코디네이션	
사무직	무늬가 많지 않은 투피스 정장으로 깨끗하고 차분하고 보수적인 이미지연출.		전문직	클래식 정장뿐만 아니라 트렌디한 디테일이 가미된 정장으로 지적인 격식 및 세련미 연출.	
공무원	신뢰감을 주는 블루, 짙은 회색계열의 슈트로 격식과 품격의 인상연출.		무역 및 바이어	고급소재의 럭셔리 풍의 스타일로 품격을 유지하면서 신뢰감을 주는 이미지연출.	
금융직	기본적으로 회색계열의 슈트, 컬러플한 블라우스 및 클래식 슈트와 화려한 스카프 등을 매치해서 신뢰감 및 예리한 이미지 연출.		프리랜서	비즈니스 캐주얼로 개성적이고 자유로운 스타일과 코디네이션으로 열정적이고 감각적인 패션연출.	

(2) 남성복

산업혁명 이후, 직물과 양복산업의 부흥과 더불어 시민계급에 의해 실용적인 형태의 복식이 대중화되면서 남성의 신사복은 현재와 같은 형태를 갖추기 시작하였다. 19세기 중반 영국 런던의 '새빌로(Savil Row)' 거리의 양복점들이 명성을 얻게 되었으며, 20세기 초 서양의 패션리더들은 양복의 흐름과 유행을 선도하였다. 비즈니스맨의 정장차림은 자신의 인격을 나타내고 성공을 상징한다. 사회구성원으로서 역할과 상황에 맞는 비즈니스 스타일은 신뢰와 존경을 유도하기도 한다. 비즈니스 정장을 착용할 때는 착용자의 피부색과 체형에 알맞게 조화를 이루어 세련된 옷차림을 연출하도록 한다.

① 비즈니스 정장 아이템

정장연출을 위한 남성 비즈니스 웨어 아이템으로는 신사의 품격을 표현하는 슈트가 가장 대표적이다. 슈트는 상의인 재킷과 하의인 바지가 같은 색상과 재질로 만들어진 한벌의 정장으로 셔츠와 베스트 등과 함께 착용한다.

가. 슈트(Suits)

슈트는 남자옷의 전체적인 스타일을 결정짓는데 가장 큰 비중을 차지하는 아이템이다. 쓰리피스 슈트(Three-piece Suits)는 한가지의 소재로 만들어진 재킷, 베스트와 팬츠를 포함한 한 벌의 신사복을 말하며, 기성복화되면서 베스트의 착용은 개인의 취향이 되었다.

남성슈트의 실루엣은 재킷의 길이, 소매크기, 여밈의 종류, 어깨와 칼라의 넓이, 트임의 형식에 의해서 나타나고, 이 중 트임은 남성복 스타일에 많은 영향을 준다. 슈트는 일반적으로 왼쪽 가슴위치에 입술주머니 형태의 웰트포켓(Welt Pocket)과 허리선 아래에서 좌우양쪽에 덮개가 있는 주머니형태의 플랩포켓(Flap Pocket)이 있다. 또한 슈트는 단추가 앞 중심선에 한 줄로 달린 싱글 브레스티드(Single Breasted)와 2줄로 달린 더블 브레스티드(Double Breasted)로 구분된다.

남성슈트는 재킷의 어깨선의 흐름, 몸통에 맞는 정도의 실루엣 및 뒤트임의 특징에 따라 브리티시 스타일(British Style), 아메리칸 스타일(American Style) 및 이탈리안 스타일(Italian Style)의 3가지 스타일로 구분할 수 있다. 브리티시 스타일은 고전적인 영국 새빌로 스타일로 신체 윤곽선의 흐름이 자연스럽고 어깨에 한 장의 패드를 넣어 부드러운 각진 어깨모양과 싱글 여밈으로 2개의 뒤트임이 있다. 아메리칸 스타일은 부드러운 어깨선과 직선적인 허리선 및 뒤

트임이 있는 싱글 여밈이다. 누구나 입을 수 있도록 크게 재단되어 입는 사람의 체형 커버에 효과적이지만, 감각을 표현하기에는 다소 부족하다. 이탈리안 스타일은 어깨가 조금 넓고 허리에 곡선이 들어가 가슴과 엉덩이 부분이 꼭 맞고 아랫단이 부드러운 곡선으로 연결되어 세련미가 있다. 아메리칸 스타일과 브리티시 스타일의 균형미가 조화를 이룬 형태이다.

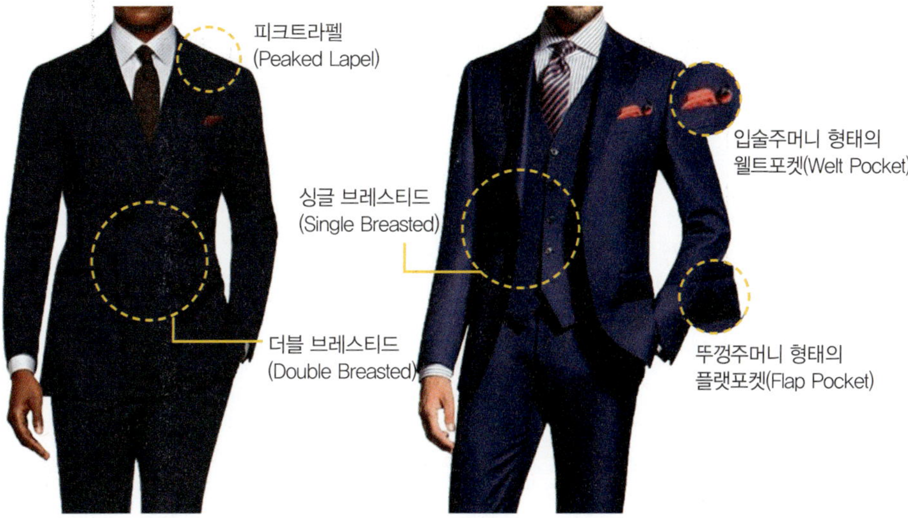

〈 그림 9-3 〉 남성슈트의 특징

슈트의 라펠과 칼라가 만나는 일반적인 형태는 노치트라펠(Notched Lapel)이라고 하며, 깃의 끝을 뾰족하게 위로 꺾어 올린 형태는 피크트라펠(Peaked Lapel)이라고 한다. 일반적으로 더블 브레스티드 슈트의 재킷은 피크트라펠의 칼라를, 싱글 브레스티드 슈트의 재킷은 노치트라펠 칼라를 사용한다. 슈트의 뒤트임을 벤트(Vent)라고 하는데, 이것은 군인들이 말을 타고 활동할 때 편리함과 안정성 및 권위의 목적으로 재킷의 뒤부분에 트임을 한 데서 비롯되었다고 한다. 벤트는 시대와 유행에 따라 달라지고, 뒤 중앙에 하나의 트임, 양 옆트임, 트임이 없는 것 등 3가지 스타일로 나뉜다.

싱글 벤티드 스타일(Single Vented Style)은 뒤 중심에 한 개의 트임이 있어 키가 커 보이고 가장 선호도가 높은 것으로 싱글 여밈의 쓰리버튼 슈트 및 아메리칸 스타일 슈트에서 많이 볼 수 있다. 뒤에 트임이 없는 노 벤티드 스타일(No Vented Style)은 이탈리안 스타일 슈트의 특징으로 가장 깔끔해 보이지만 재킷과 바지 주머니에 손을 넣거나 앉을 때 주름이 생긴다. 더블 벤티드 스타일(Double Vented Style)은 뒤 양옆에 2개의 트임이 있는 것으로 브리티시 스타일 슈트에서 많이 보이고 엉덩이 부분을 가려줄 수 있지만, 엉덩이가 크거나 배가 나온 사람들에게는 적합하지 않다.

브리티시 스타일 (British Style) | 아메리칸 스타일 (American Style) | 이탈리안 스타일 (Italian Style)

〈 그림 9-4 〉 남성슈트의 종류별 스타일비교

싱글 벤티드 스타일 (Single Vented Style) | 노 벤티드 스타일 (No Vented Style) | 더블 벤티드 스타일 (Double Vented Style)

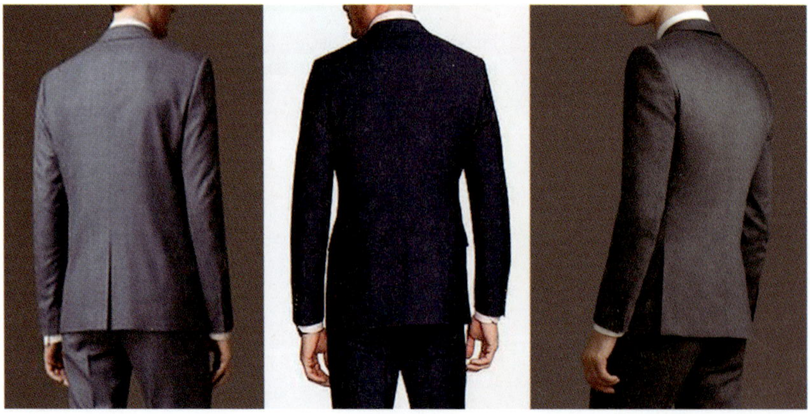

〈 그림 9-5 〉 남성슈트의 디테일

나. 팬츠(Pants)

남성의 전통적인 바지스타일은 클래식, 일자형, 아래로 내려가면서 좁아지는 3가지 형태가 있다. 바지허리의 주름은 바지의 통이 넓어지면서 생겼으며, 앞쪽에 각 2개의 주름이 있는 바지가 정통이다. 일자형 바지의 길이는 신발의 3/4정도 가려지는 것이 적당하고, 걸을 때 양말이 보이지 않을 정도로 한다. 밑단을 접은 바지는 구두의 등을 살짝 덮는 정도의 길이가 적당하고, 단을 접지 않는 바지는 뒷부분이 구두창과 굽이 만나는 지점까지 내려오도록 한다. 바지는 남자의 체형에 맞게 엉덩이 부분을 넉넉하게 착용해야 가랑이 앞부분의 가로형 주름이 생기지 않고 주머니가 벌어지지 않는다.

〈 그림 9-6 〉 남성팬츠의 특징 및 착용법

다. 셔츠(Shirts)

셔츠는 스타일에 따라 예복용, 비즈니스, 타운셔츠로 나눌 수 있다. 비즈니스 셔츠(Business Shirts)는 넥타이를 맬 때 입는 모든 종류의 셔츠로서 드레스셔츠 또는 와이셔츠라고 한다. 예복용(Formal Shirts)은 격식을 차리는 경우 착용하는 셔츠를 말하며, 주로 흰색이다. 턱시도나 연미복과 함께 입는 윙칼라 셔츠, 플리츠와 프릴로 장식한 셔츠 등이 있다.

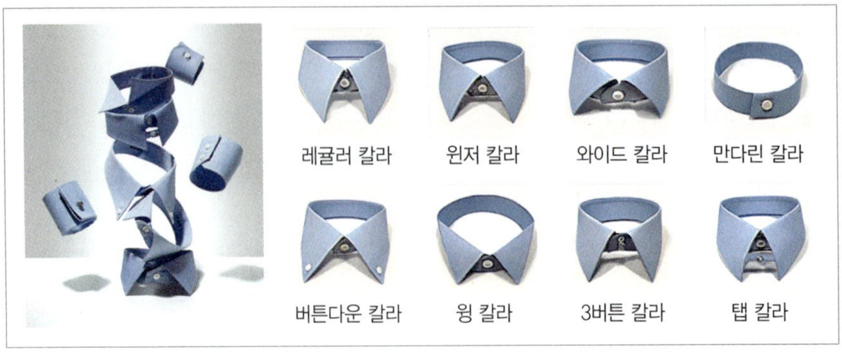

〈 그림 9-7 〉 셔츠의 칼라 종류

잘 맞는 셔츠의 네크밴드는 둘째손가락을 넣을 수 있는 정도의 여유가 있어야 한다. 셔츠의 품은 너무 넓지 않아야 하며, 길이는 허리 아래로 15cm는 내려와야 상체를 움직이는 동작 시 셔츠가 바지 밖으로 빠져나오지 않는다. 소매는 재킷 아래로 1~1.5cm 정도 보이는 것이 미관상 맵씨가 있는 길이로 적절하다.

소매끝에 달린 커프스(Cuffs)는 단추를 채워 입는 일반적인 셔츠의 배럴 커프스(Barrel Cuffs)와 턱시도와 함께 입는 셔츠에서 볼 수 있는 것으로 두 겹의 소매단을 커프스 링크스(Cuffs Link)로 고정하는 프렌치 커프스(French Cuffs)가 있다.

〈 그림 9-8 〉 남성셔츠의 선택 및 착용법

라. 베스트(Vest)

고전적인 클래식 베스트는 겉옷의 길이에 맞춰 무릎 위까지 내려오는 긴 길이였으나, 19세기에 이르러 점차 현대와 같은 조끼형태가 되었다. 베스트는 몸에 꼭 맞게 입고, 바지의 허리단을 감추는 길이가 적당하다. 또한 슈트상의의 단추를 채웠을 때 상의 위로 조끼가 살짝 보이도록 착용한다. 뒷면에는 품을 조절할 수 있는 벨트가 있다.

조끼는 보통 체격의 사람은 몸에 꼭 맞게, 뚱뚱한 체형은 약간 여유있게 착용하면 체형의 결점을 보완할 수 있다. 조끼 밑으로 셔츠나 바지의 허릿단이 보이지 않도록 하고, 맨 아랫단추는 채우지 않는 것이 활동하기도 편하고 격에 맞는 연출법이다.

베스트는 바지와 같은 색상과 소재가 무난하며, 착용했을 때에 다리가 길어 보이는 효과를 준다.

② 비즈니스 정장 코디네이션

슈트차림은 대표적인 남성의 정장스타일로 자신의 인격과 성공을 상징하고, 사회구성원으로서 역할과 상황에 맞는 정장스타일은 신뢰와 존경을 유도하기도 한다. 비즈니스 정장을 착용할 때는 착용자의 피부색과 체형에 맞게 조화를 이룰 수 있도록 세련된 옷차림을 연출한다. 투버튼 슈트는 위단추만 채워 입는 것이 바른 착장법이며, 아랫단추가 반쯤 보이는 것이 멋스럽다.

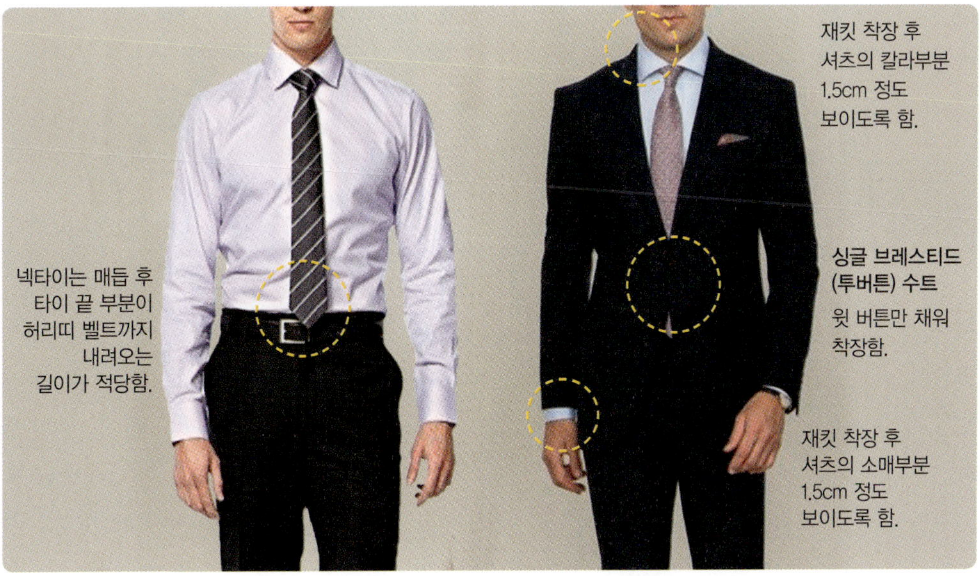

〈 그림 9-9 〉 남성의 셔츠 및 슈트 착용법

쓰리버튼 슈트는 위나 가운데 단추를, 더블 브레스티드 슈트는 위 단추나 아랫단추 중 하나만 채운다. 소매는 차렷자세에서 밑단에 손이 잡히는 정도가 적당하다.

셔츠는 재킷을 입었을 때 생기는 V존의 색상을 고려하고, 어두운 색의 재킷에는 밝은색의 셔츠, 밝은색의 재킷에는 색이 약간 들어간 셔츠가 어울린다. 셔츠의 칼라형태에 따라 넥타이의 매는법을 선택하도록 한다. 셔츠의 색상은 흰색이 기본이며, 슈트의 속옷이므로 셔츠 안에는 러닝셔츠를 입지 않는다. 목 뒤로 보이는 셔츠의 뒤칼라와 더불어 드레스셔츠의 소매길이는 재킷보다 약 1.5㎝ 더 보이도록 한다.

셔츠는 칼라의 모양과 칼라사이의 벌어진 정도나 높이를 고려하여 착용한다면 얼굴형의 단점을 보완할 수 있다. 둥근 얼굴형의 경우는 레귤러 칼라셔츠가 가장 알맞으며, 칼라의 벌어진 정도가 좁고 칼라끝이 뾰족한 것이 어울린다. 그러나 라운드 칼라나 탭칼라 셔츠는 둥근 얼굴을 더욱 강조하므로 피해야 한다. 길고 각진 얼굴형의 경우는 부드러운 라운드 칼라나 넓게 벌어진 탭칼라 셔츠를 착용하면 길고 각진 얼굴형의 단점을 커버할 수 있다.

플레인 노트 (Plain Knot) | 윈저 노트 (Windsor Knot) | 하프윈저 노트 (Half Windsor Knot)

〈 그림 9-10 〉 남성의 넥타이 연출법

넥타이의 길이는 윈저노트를 제외하고 보통 132~147㎝ 정도의 길이가 적당하다. 또한 넓이는 8㎝ 정도가 일반적이지만 유행에 따라 7~9㎝까지 허용된다. 넥타이는 매는 방법에 따라 다양한 느낌을 표현할 수 있는데 넥타이를 매는 방법은 플레인 노트, 하프윈저 노트, 윈저노트 및 보우 타이법으로 나눌 수 있다. 넥타이는 유행에 따라 길이, 폭, 문양 등이 변하므로 신장과 체격에 따라 길이와 색상을 고른다. 키와 체격이 큰 남성의 경우, 차가운 색계열의 작은 무늬나 페이즐리 무늬를 선택하여 윈저 노트를 매는 것이 조화롭다. 키가 작고 체격이 큰 남성은 스트라이프나 솔리드 무늬를 선택하고, 키가 작고 마른 체형은 따뜻한 색 계열의 넥타이로 플레인 노트로 묶어 착용한다.

2) 비즈니스 캐주얼

비즈니스 캐주얼이란 상의와 하의가 다른 세퍼레이트 스타일로 엄격한 슈트 코디네이션보다는 예의에 벗어나지는 않으면서도 자신만의 개성을 적절히 가미한 세미 정장룩으로 보편적이면서 편리함과 품격을 표현할 수 있도록 용모와 차림새를 유지하도록 한다. 패션트렌드를 알면 한층 돋보이는 비즈니스 캐주얼 스타일링을 완성할 수 있다.

(1) 여성 코디네이션

여성들의 비즈니스 캐주얼룩은 남성보다 스타일링 연출폭이 넓은 편이다. 옷감의 종류, 무늬, 컬러 등 다양한 스타일링 요소 중에서 포멀한 느낌을 줄 수 있는 재킷을 중심으로 모든 직업군에 코디네이션을 한다.

비즈니스 캐주얼은 화려한 모습에 치중하는 것보다는 전체적인 실루엣을 고려하여 심플한 디자인과 소재에 변형을 주어 여성스러우면서도, 프로패셔널하고 자신감있는 스타일을 연출하도록 한다. 컬러선택은 단순한 블랙과 그레이의 모노톤에서 벗어나 컬러감이 있고 화사하고 다양한 아이템들을 활용하여 비즈니스 캐주얼을 완성하는 것도 권장할 만하다.

〈 그림 9-11 〉 여성의 비즈니스 캐주얼 코디네이션

(2) 남성 코디네이션

옷차림은 자신을 표현하고 직무에도 개성과 자유 및 역량에도 긍정적인 영향을 미치는 것으로 인정되면서 비즈니스 캐주얼이 유행하게 되어 직장에서의 복장이 예전보다 조금 더 자유로워지고 있다. 남성의 비즈니스 캐주얼은 핵심 아이템인 재킷, 바지, 셔츠, 베스트, 카디건 등 TPO와 직업군에 따라 다양한 스타일링을 할 수 있다. 대표 아이템인 블레이저(Blazer)는 상의 이너웨어와 모든 바지와 자연스러운 코디가 가능하다. 간혹 블레이저 재킷을 슈트 재킷과 혼용하는 경우가 있긴 하지만, 슈트 재킷은 일반 바지와 매치를 권장하지 않으며, 반드시 슈트바지와 함께 착용해야 한다.

〈 그림 9-12 〉 남성의 비즈니스 캐주얼 코디네이션

3) 액세서리(Accessories)

액세서리는 의상을 돋보이게 하고 개성을 나타낼 수 있는 토털코디네이션 아이템으로 매력적인 패션이미지를 표현하는데 효과적이다. 액세서리는 TPO에 따라 적절하게 사용하고 착용자의 개성과 의복과의 조화 등을 고려해야 하며 되도록 강조하고자 한 곳에 포인트로 사용하는 것을 권장한다. 액세서리는 의복 이외에 모자, 가방, 스카프, 벨트, 머플러, 장갑, 안경, 주얼리의 펜던트, 목걸이, 반지, 이어링, 팔찌 및 구두 등이 있으며, 의복의 스타일과 어울리게 연출한다.

〈 그림 9-13 〉 남성 정장 액세서리

인간의 미의식이 강조되고 미적 욕구가 커짐에 따라 액세서리도 더욱 정교해지고 다양해졌다. 액세서리는 자신의 신체적 특성, 직업과 직무의 특성을 고려하여 너무 크거나, 과장된 것, 화려한 것 등은 권장하지 않는다.

남성의 경우, 정장차림에는 목걸이, 팔찌 등의 주얼리는 착용하지 않는 것이 격식있는 비즈니스 매너이다. 또한 너무 눈에 띄지 않고 부피감이 없는 것을 선택하는 것이 품격있는 이미지 연출에 효과적이다. 남성의 정장차림을 세련되게 완성하기 위한 액세서리로는 넥타이, 구두, 가방, 벨트, 커프스 링크, 포켓치프 등이 있다.

〈 그림 9-14 〉 남성·여성의 스카프 및 머플러

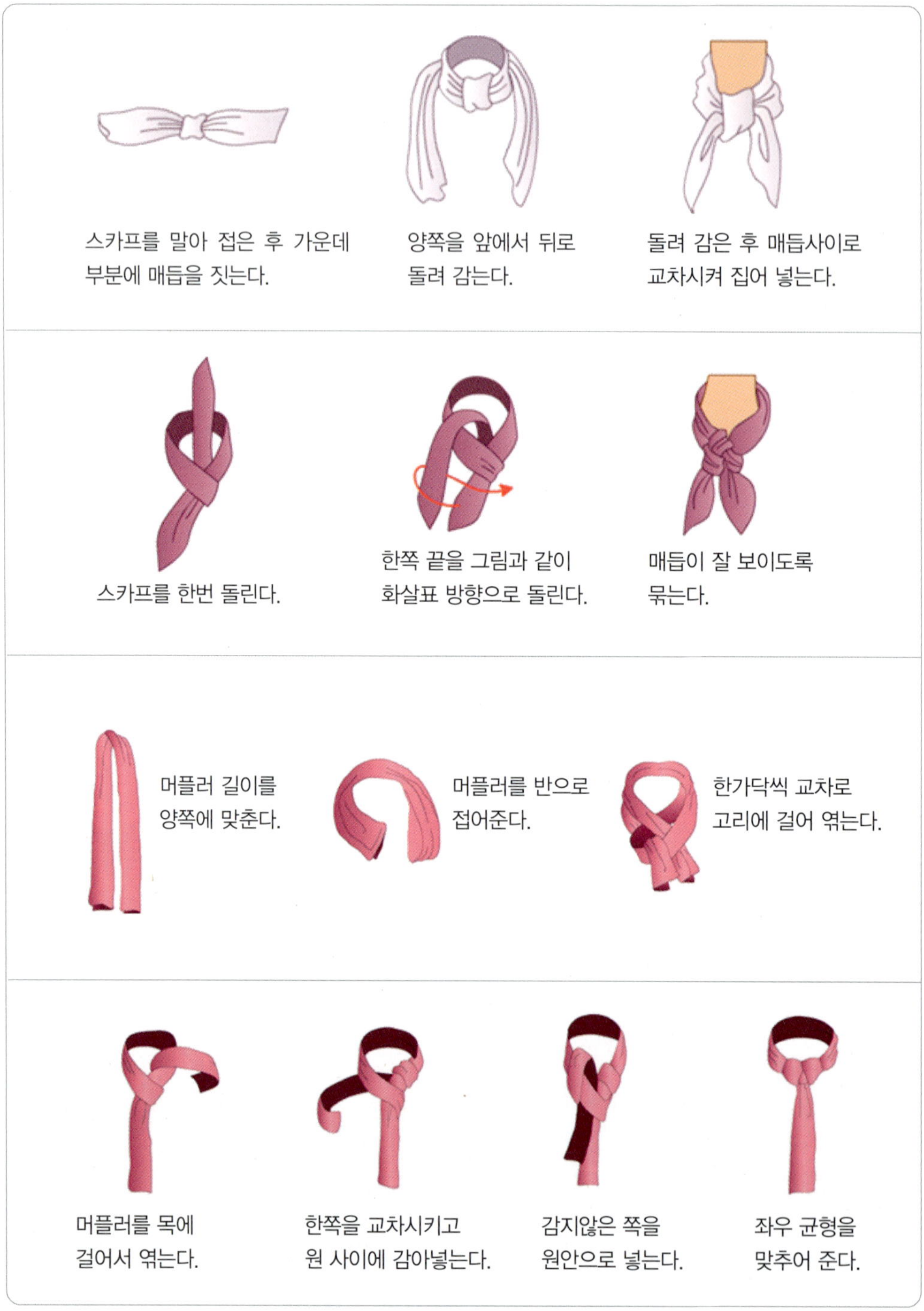

〈 그림 9-15 〉 스카프 및 머플러 매는 법

〈 그림 9-16 〉 남성·여성의 슈즈

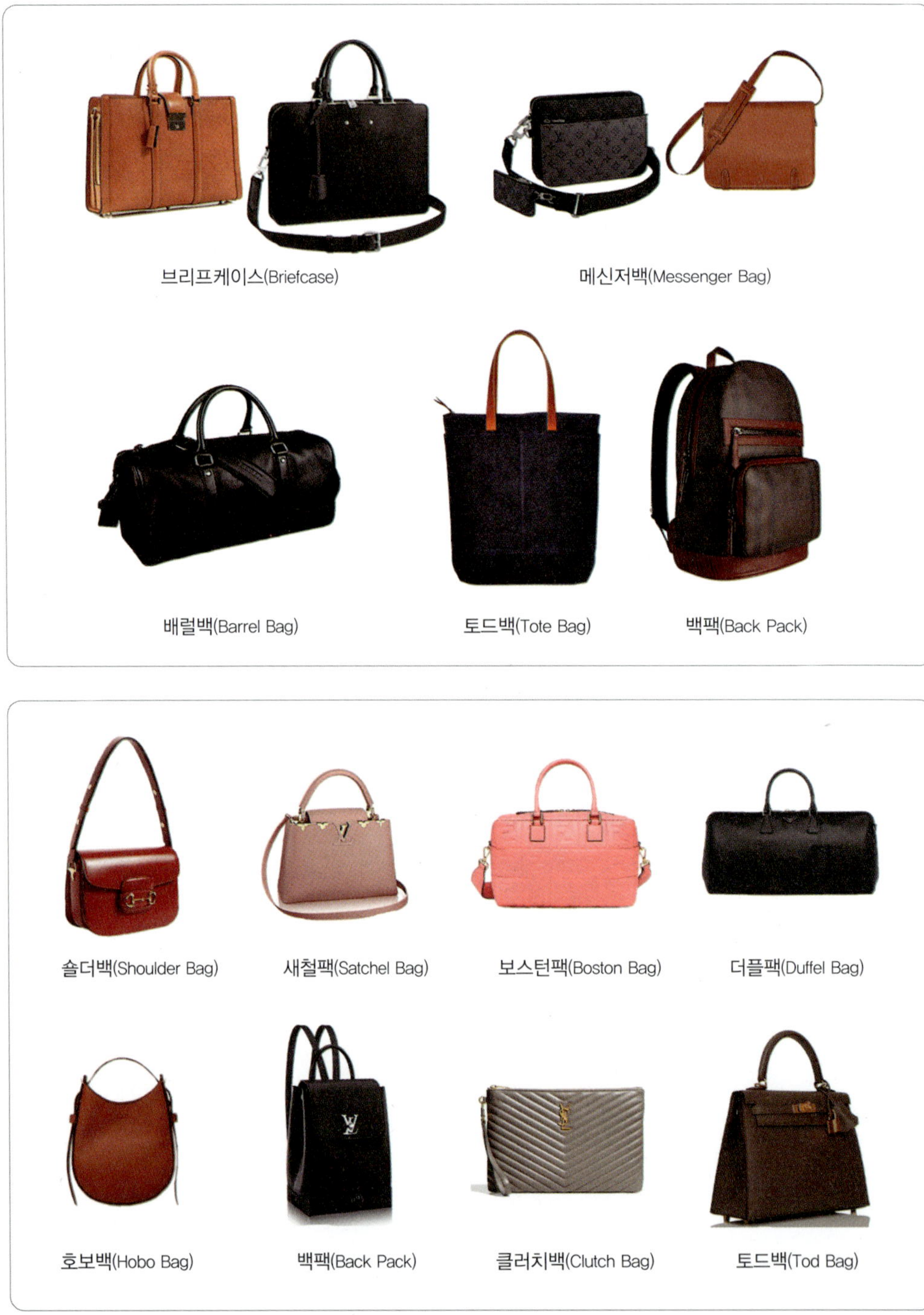

〈 그림 9-17 〉 남성·여성의 가방

WORKSHEET

1. 자신의 신체치수와 체형을 진단해보자.

- 기본 속옷 혹은 소매가 없는 상의와 얇은 팬츠를 입고 유연한 줄자를 이용하여 전신거울을 보면서 측정한다.
- 줄자 측정 시, 너무 조이거나 너무 느슨하지 않게 하고, 줄자 사이에 검지와 중지손가락을 넣어서 측정한다.

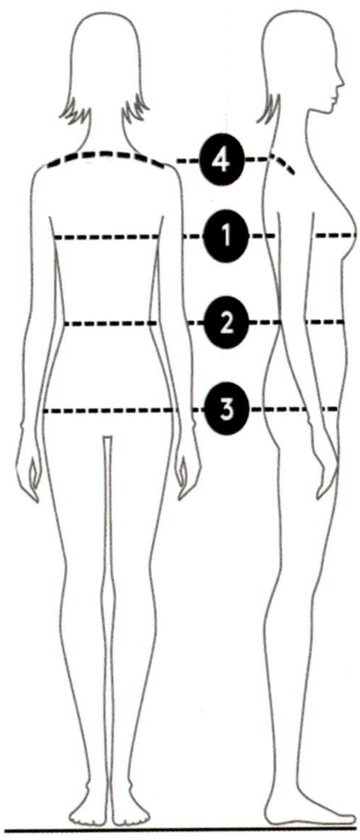

① 가슴둘레

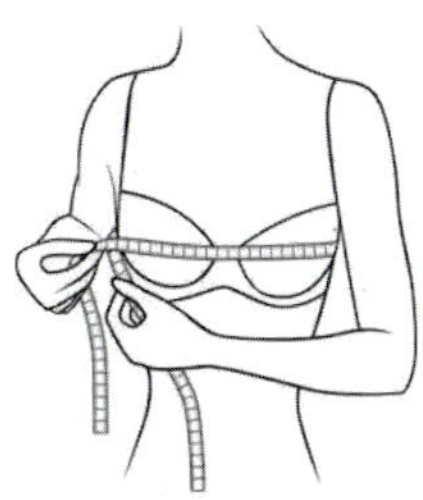

겨드랑이 밑의 가슴전체에 줄자로 유두높이를 지나, 가장 넓은 부위의 둘레를 측정한다.

② 허리둘레

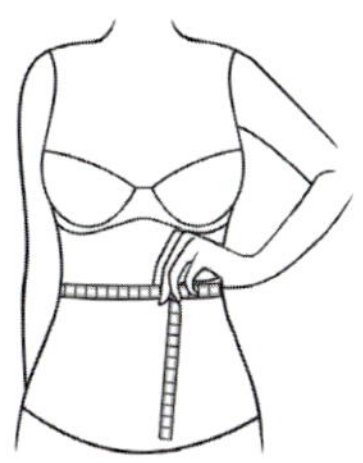

허리의 가장 얇은 부분으로 갈비뼈 밑이나 배꼽에서 5~7.5cm 윗부분에서 측정한다.

③ 엉덩이둘레

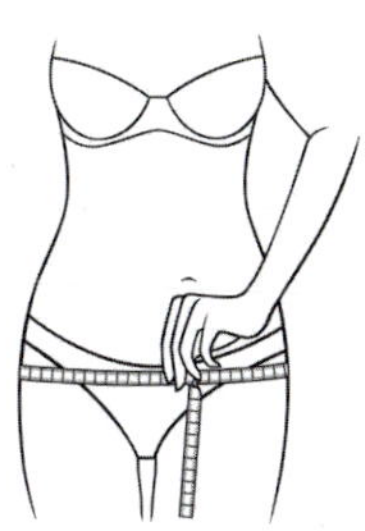

일반적으로 엉덩이의 가장 넓은 위치에서 줄자를 두르고 측정한다.

④ 어깨너비

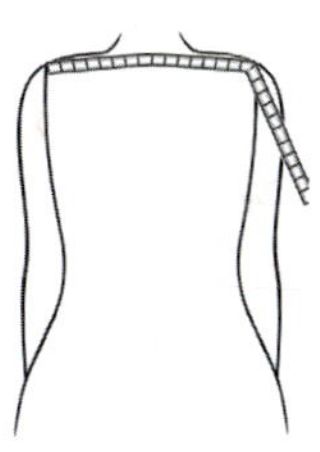

겨드랑이 바로 위 지점 즉, 양 어깨점 사이의 너비를 측정한다.

성별	남성 ☐	여성 ☐	신장	cm	몸무게	kg

신체치수 (cm)	
가슴둘레	
허리둘레	
엉덩이둘레	
어깨너비	

남자체형	(√표)
표준체형	☐
작은역삼각형	☐
큰삼각형	☐
사각형	☐

여자체형	(√표)
표준형	☐
작은역삼각형	☐
큰삼각형	☐
역삼각형	☐
사각형	☐

WORKSHEET

2. 성별에 따라 체형분류를 참고하여 자신의 체형을 판정해보자.

측정한 치수인 가슴둘레, 허리둘레 및 엉덩이둘레를 비교하여 가장 크고 가장 작은 부분을 정하여 순위를 매기면 체형을 시각화하기 쉽다. 만약 측정한 두 부분의 차이가 2.5cm 이하이면 같은 것으로 판정한다.

어깨너비의 경우에는 가슴, 허리 및 엉덩이 너비보다 넓다면 역삼각형 체형에 가깝다고 판정한다. 남성 및 여성의 체형분류와 각 특징을 참고한다.

성별	체 형	구 분	특 징
남자체형	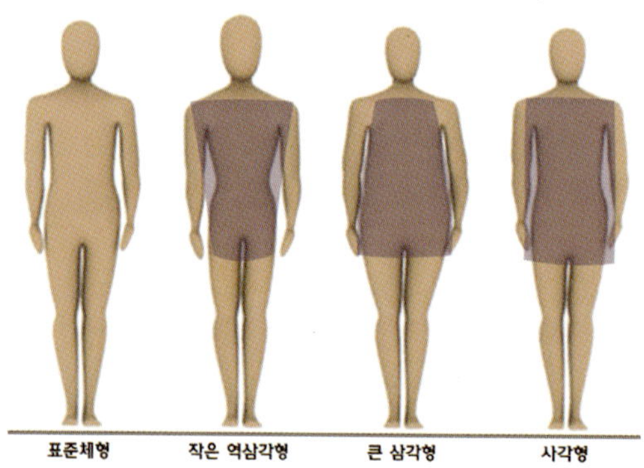	작은 역삼각형	• 가는 몸통 • 큰 머리 • 넓고 처진 어깨 • 긴 팔 • 짧은 엉덩이 길이
		큰삼각형	• 굵은 몸통 • 작은 머리 • 추켜진 보통 어깨폭 • 긴 팔 • 짧은 엉덩이 길이
		사각형	• 표준체형과 같은 굵기의 몸통 • 작은 머리 • 보통의 어깨폭 • 짧은 팔 • 긴 엉덩이 길이
여자체형	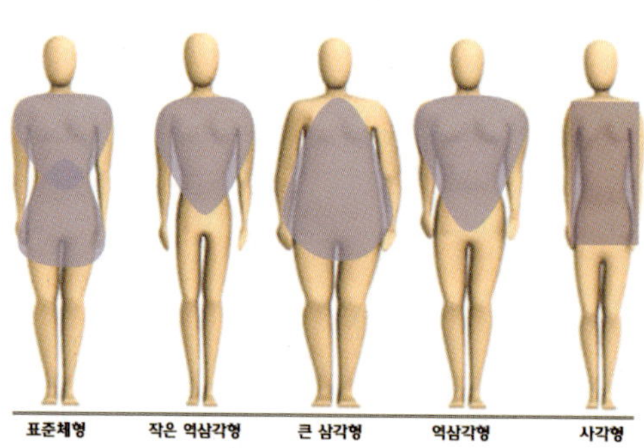	작은 역삼각형	• 가는 몸통 • 큰 머리 • 보통의 처진 어깨 • 긴 팔 • 짧은 엉덩이 길이
		큰삼각형	• 굵은 몸통 • 보통 너비의 어깨 • 긴 팔 • 보통 엉덩이 길이
		역삼각형	• 표준체형과 같은 굵기의 몸통 • 매우 넓은 어깨폭 • 짧은 팔 • 보통 엉덩이 길이
		사각형	• 가는 몸통 • 매우 좁고 추켜진 어깨폭 • 짧은 팔 • 긴 엉덩이 길이

10

Chapter 10

면접이미지

학 습 목 표

성공적인 취업을 위한 입사의 채용절차를 이해하고, 기업에서 요구하는 입사지원에 필요한 서류 및 면접전형에 따른 프로세스와 면접매너 등을 익혀서 면접스킬을 함양시킬 수 있다.

1. 면접이미지의 이해

개인에게 있어서 일이란 행복한 인생을 위한 생계유지의 수단이자 우리에게 삶의 보람과 만족감을 느끼게 해주며 생애의 목적을 달성하게 도와준다. 우리는 일을 하면서 재정적 보상, 사회적 역할, 자아실현, 의미있는 경험, 사회적 상호작용 기회 등을 얻을 수 있다. 즉, 직업은 개인에게 경제적 의미와 사회적, 심리적인 의미를 지닌다.

한 개인이 궁극적으로 직업을 선택한다는 것은 어느 한 시점에 결정되었다기보다는 일련의 과정을 통한 선택과 흥미, 능력, 가치관 등의 주관적 요소와 자신이 처한 현실과의 타협으로 이루어진다.

직장은 사람들이 일정한 직업을 가지고 일하는 곳을 말하며 다양한 형태를 가진다. 기업은 끊임없이 변화하는 경영환경에서 살아남기 위해 인재관에 변화를 주면서 실질적인 능력을 중심으로 역량을 평가하는 경향을 보인다. 기업의 인재상은 그 기업이 추구하는 가치, 성과를 창출할 수 있는 능력과 경험을 갖춘 사람의 표준이 되는 모습이다.

1) 면접의 특성

최근에는 사물인터넷(IoT), 인공지능(AI), 빅데이터(Big Data), 가상현실(VR) 등으로 대변되는 제4차 산업혁명의 도래에 따라 급속한 변화를 가져왔으며, 이러한 사회변화는 실제적인 창의성과 문제해결 능력, 소통 및 협력역량이 있는 인재를 더욱 요구하고 있다.

대한상공회의소(2018)는 국내 매출액 상위 100대 기업의 인재상을 분석한 결과, 인재가 갖춰야 할 1위는 '소통과 협력'을 역량으로 꼽았고, 전문성, 원칙과 신뢰, 도전정신, 주인의식, 창의성 순으로 나타났다. 그러나 2020년 이후 경영환경이 급격하게 변하면서 기업들의 인재상도 변화하고 있다. 사람인(2021)이 기업 316개 사를 대상으로 인재상 평가를 조사한 결과, 34.2%가 그 이전의 인재상과 평가에 변화가 있다고 밝혔다. 변화된 인재상 키워드로는 '책임감'이 1위를 차지하였고, 문제해결 능력, 위기대응 능력, 소통 능력, 성실성 등의 순이었다.

이에 따라 기업은 글로벌 사회에 적합한 우수한 인재를 선발하기 위해서 다양한 채용방식으로 지원자를 평가한다. 성공적인 취업대비는 변화하는 기업환경에 대응하고자 하는 지원자의 태도와 자신의 장점을 극대화하고 개성을 돋보이게 하는 전략이다.

2) 면접의 프로세스

일반적으로 기업의 채용절차는 서류전형, 인적성 검사, 면접전형, 신체검사 순으로 진행된다. 기업에서 면접을 중요하게 생각하는 이유는 서류전형과 필기시험에서는 파악하기 어려운 지원자의 직무능력과 경험, 적극적인 태도, 성실성, 유연한 사고, 잠재적 능력, 업무 추진력 등을 파악할 수 있기 때문이다.

2019년 개정된 채용절차법은 상시근로자 수 30인 이상 사업장을 대상으로 하며, 지원자와 인사담당자 모두 알아야 하는 법률로 채용의 공정성을 확보하는 것이 목적이다. 이에 따라서 채용의 공정성을 침해하는 행위를 하거나 직무수행과 관계없는 본인의 용모, 키, 체중 등 신체적 조건과 출신지역, 혼인여부, 재산, 본인의 직계존비속 및 형제자매의 학력, 직업, 재산 정보의 기재를 금지한다.

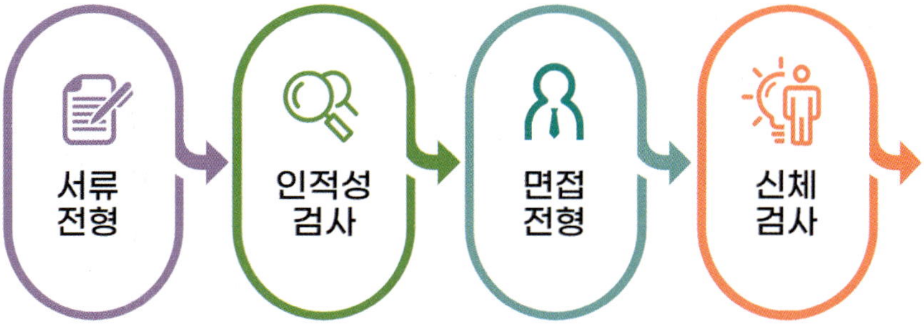

〈 그림 10-1 〉 기업의 인재채용 절차

(1) 서류전형

구직자의 취업과정은 기업에 자신이 필요한 존재임을 설득하는 과정의 연속이며, 설득의 시작이 서류전형이다. 서류전형은 면접으로 가기 위한 시작일 뿐 아니라 지원자의 자질을 가늠하는데 영향력을 미치는 변수이다. 서류전형에 필요한 입사지원서는 지원자를 알리는 가장 기초적인 단계로서 준비과정에서 지원하는 회사를 면밀하게 분석하고, 자신의 능력과 경험을 효과적으로 제시하여 성실히 작성한다.

일반적인 입사지원서의 구성은 개인의 경력과 활동 등을 기재하는 이력서와 더욱 깊이 있는 관련 내용을 서술하는 자기소개서로 구성된다. 포트폴리오는 디자인이나 패션계열 등의 일부 직무에서 요구하는 경우가 많으므로 입사지원 전 미리 알아본다.

이력서는 자신에 대한 정보를 간략하게 요약하고, 자기소개서는 이력서에 제시된 내용과 관련하여 지원자로서의 자질과 적합성을 서술하여 부각시킨다. 그리고 최종적으로는 면접을 통하여 채용담당자와 지원자가 직접 의사소통을 하는 과정을 갖는다.

입사지원서의 유형은 기업에 따라 작성항목이 정해져 있는 기업양식과 별도의 양식없이 구성된 자유양식으로 나눌 수 있다. 대부분 대기업 및 공공기관은 지정된 양식을 사용하고, 중소기업은 자유형식으로 요구하는 경우가 많다. 기업양식은 지원회사가 요구하는 맞춤형 형식으로 모든 항목을 작성하고. 자유양식은 필수항목은 반드시 작성하고 지원직무와 관련하여 자신의 장점과 능력을 최대한 표현한다.

채용절차법에 의하면 이력서 및 자기소개서 등 기초심사자료에 직무와 무관한 개인정보를 기재하도록 요구하는 것은 불법이지만, 직무수행에 꼭 필요한 정보는 요구할 수 있다. 예를 들면 일반 사무직을 모집하는데 출신지역이나 키, 몸무게, 전세나 월세 등 주거상태, 부모나 형제의 직업 등을 요구한 기업은 처벌대상이 된다. 하지만 항공사의 승무원, 경호 인력, 모델 등 직무수행상 필요하다면 구직자의 키에 대한 정보를 요구하는 것은 가능하다. 고용노동부는 기초심사자료의 표준이력서 양식을 〈 표 10-1 〉과 같이 정하여 보급 및 권장하고 있다.

(2) 이력서

이력서는 개인의 경력, 역량 등을 개괄적으로 이해할 수 있는 자료가 된다. 그러므로 기업의 요구와 지원한 직무에 적합한 개인의 역량을 충실히 설명하는 내용으로 작성하도록 한다. 인사담당자들이 말하는 성공적인 지원서 작성법은 기업에서 선호할 만한 이력을 사실에 근거하여 제시하고 다른 지원자와는 차별화된 업무역량으로 면접관의 관심을 유도하는 것이다.

정해진 양식으로 작성하는 이력서는 임의수정이 불가능하므로 지원하고자 하는 기업이 요구하는 항목을 미리 적합하게 준비한다. 지원자의 사회생활은 동아리 활동, 해외연수, 아르바이트 경험, 봉사 활동 등에서 얻은 경험이 지원한 회사 및 직무에 어떻게 연관되는지를 기재하고, 최대한 능력과 상세한 경험, 미래의 발전 가능성을 이력서에 작성하도록 한다.

기본항목은 성실하게 작성하되 오타나 문맥의 오류가 없는지 꼼꼼히 재확인한다. 기업입장에서는 그 기업만을 위해 철저히 준비한 지원서를 선호하므로 하나의 이력서로 모든 기업과 직무에 지원하지 않는다.

① 인적사항

가. 개인의 주민등록번호, 학교명, 가족관계 등을 노출하지 않는다.

나. 지원자의 성명은 주민등록증과 동일해야 한다.

다. 현거주지와 연락처는 정확하게 명시한다.

② 사진

가. 사진부착은 법률상 금지대상에서 제외된 점과 구직자의 동일성을 확인할 필요가 있다는 점 등을 고려할 때 기업이 기초심사자료로 요구하거나 입증자료로 수집할 수 있다.

나. 사진규격은 지원사의 내규를 준수하여 첨부한다.

다. 사진은 최근 3개월 이내 촬영한 것을 사용하고, 헤어스타일에 큰 변화가 있었다면 다시 촬영한다.

라. 복장은 지원분야에 알맞게 착용하여 신뢰감을 줄 수 있도록 한다.

마. 사진배경은 직무에 적합하게 사용하여 긍정적인 분위기로 연출한다.

바. 지나친 사진보정은 면접 시 신뢰감을 잃게 하므로 가볍게 수정한다.

〈 그림 10-2 〉 이력서 사진

③ 경력사항

가. 경력사항은 가장 최근부터 기록한다.

나. 회사명은 홈페이지에 있는 공식 명칭을 적는다.

다. 근무기간은 년, 월까지 증빙서류와 동일하게 기재한다.

라. 지원분야와 연관되는 경력사항 중심으로 작성한다.

마. 담당업무는 보통 명사형으로 적는다.

바. 월평균 급여, 퇴직사유 등을 기재하는 빈칸은 솔직하게 작성한다.

사. 필요한 경우, 직무기술서 및 경력기술서를 작성하여 제출한다.

아. 디자인계열 등의 일부 직무에서는 포트폴리오를 요구하는 경우가 있으므로 입사지원 전 미리 준비한다.

④ 자격증 및 특기사항

가. 업무와 관련있는 자격증은 최근 취득한 순서로 작성한다.

나. 국가공인 자격증을 먼저 확인하여 작성하고 지원분야와 관련이 있는 민간자격증이 있다면 함께 첨부한다.

다. 자격명과 등급, 취득일, 발행처를 명확하게 적는다.

라. 발행호를 적어야 할 경우 자격증의 발급번호를 쓴다.

마. 컴퓨터 활용기술 및 역량은 프로그램명과 상, 중, 하로 표시한다.

바. 보유기술과 능력을 간략하고 정확하게 기재한다.

사. 외국어 능력은 공인시험 점수를 시험명과 점수, 취득 날짜를 적는다.

아. 외국어 수준은 보통 상중하로 작성한다.

자. 어학성적 별도 기입란이 없을 시에는 자격사항에 기재한다.

⑤ 활동사항 및 기타

가. 수상내용은 발급기관, 발급일 등 구체적으로 적는다.

나. 장학금 수상내역이 있다면 작성한다.

다. 지원기업과 관련 있는 동아리나 온라인 카페, SNS 등에서의 활동내용을 기재한다.

라. 공모전은 정부기관, 시·도에서 주최한 공신력 있는 기관의 활동을 위주로 작성하고, 그 외의 수상이 있다면 적는다.

마. 봉사활동 경험은 지원자의 인성과 대외활동 경험이므로 기재한다.

Tip 합격을 부르는 이력서 ABCDE 작성법

가. **Accurate(정확한)** 사실대로 정확하게 적는다.
허위로 기재할 경우 적발되어 합격이 취소될 수 있다.

나. **Briefly(간단히)** 짧고 명확하게 작성한다.
두서없이 나열식으로만 쓰면 핵심파악이 부족한 지원자로 보인다.

다. **Connect(연관성 있는)** 지원기업과 직무에 맞춰서 기재한다.
기업의 비전, 중장기 성장전략, 인재상을 파악하여 역량을 부각한다.

라. **Detailed(상세한)** 구체적인 성과를 중심으로 적는다.
모호한 표현보다는 수치화할 수 있는 성과중심으로 작성한다.

마. **Evaluate(평가한)** 자신의 역할을 평가한다.
기업 내에 자신의 위치에서 어떤 일을 했는지 구체적으로 기재한다.

(3) 자기소개서

자기소개서란 이력서에 기술된 개괄적인 내용을 더 상세히 설명할 수 있도록 성격, 경력, 경험 등을 채용담당자에게 알리기 위한 소개서이다. 즉, 채용담당자가 보았을 때 기업에 적합한 인재라고 느껴져야 한다. 실질적으로 소개는 자신의 가치를 보여주기 위하여 직무와 연계성이 있는 과거의 업적, 현재 가지고 있는 스킬과 경험, 미래의 기업성장에 도움이 될 수 있는 성공사례와 비전을 제시한다.

일반적으로 기업에서는 목표를 가지고 여러 사람과 함께 일하는 팀워크를 중요시한다. 자신의 성취를 돋보이게 쓰는 과정에서 팀워크를 조화롭게 이룰 수 있는 인재라는 것을 알린다. 또한 기업은 수동적이고 현실에 과도하게 타협하는 사람보다는 밝고 긍정적인 모습으로 문제를 해결해 나아가는 발전적인 사람을 선호한다. 향후, 면접에서 자기소개서는 지원자에 대한 정보를 바탕으로 질문하는 자료가 되므로 면접관의 관심과 궁금증을 유발하도록 작성하려는 노력이 필요하다. 그러기 위해서는 자신의 직무관련 경험과 스킬을 보여줄 수 있는 자료 등을 사전에 준비하여 정리하고 지원분야에 대한 철저한 분석이 선행되어야 한다.

자기소개서의 내용은 해당기업과 직무분야에 맞추어 유연성있게 작성하고, 성장과정, 성격의 장단점, 사회생활, 지원동기, 입사 후 포부 등을 기재한다. 경력응시자는 지원관련 업무와 경력사항을 상세히 적고, 채용절차법의 금지항목은 작성하지 않는다. 면접관의 관심을 유도하기 위해서는 항목별로 적합한 소제목을 사용하면 가시성이 높아지며 차별점이 생기는 장점이 있다. 인사채용의 원칙은 가장 우수한 사람이 아니라 조직구성원으로서 역량에 가장 부합하는 인재이므로 지원사와 직무분야에 적합하게 적는다.

① 성장과정

가. 성장과정을 지나치게 평범한 가정환경으로 시작하는 것 보다는
   학창시절 의미있는 경험위주로 작성한다.

나. 서두는 본인의 신념이나 비전, 좌우명, 특기 등으로 시작한다.

다. 현재 자신의 인생관, 가치관 형성에 영향을 준 과거의 구체적인 경험을
   바탕으로 설명한다.

라. 신체적 조건이나 출신지역, 재산, 본인의 직계존비속 및 형제자매의
   학력, 직업, 재산정보는 기재하지 않는다.

② 성격의 장단점

가. 지원분야와 직무에 적합하고 업무에 도움이 될 장점을 어필한다.

나. 장점을 쓸 때는 명확한 근거가 있어야 한다.
   자신의 대표적 성격 2~3가지로 경험사례를 예를 들어서 설명한다.

다. 장점과 특기사항뿐만 아니라 단점에 대해서도 언급한다.

라. 단점은 솔직하고 간단하게 기록하되, 업무에 관련된
   너무 극단적인 단점은 피한다.

마. 단점 작성의 핵심은 개선하려는 노력과 사례를 제시하고,
   미래를 위해 나아가는 마음가짐을 표현한다.

③ 사회생활 및 경력사항

가. 신입사원 지원 시, 작성시점은 대학입학 후 현재까지이다.

나. 지원직무 관련해서 어떤 경험과 노력을 하였는지 작성한다.

다. 지원분야와 연계되는 사회생활을 과정과 결과, 느낀점 순으로 기재한다.
   (어학연수, 배낭여행, 동아리, 프로젝트 경험, 공모전, 인턴십 등)

④ 지원동기

가. 기업에 지원하게 된 동기보다는 직무에 지원한 사유를 서술한다.

나. 지원기업과 직무분야에 대한 철저한 분석이 선행되어야 한다.
홈페이지, 뉴스, 경제연구소, 대한상공회의소 등의 자료를 참조한다.

다. 기업분석으로 도출된 키워드와 자신의 직무관련 역량을 연관지어 논리적으로 설명한다.

라. 회사의 경영철학, 인재상 등 자신과 직무의 연관성을 설명한다.

⑤ 입사 후 포부

가. 입사 후 직무에 임하는 자세와 목표의식을 기재한다.

나. 그 분야에 전문가가 된다고 기술하기보다는 직무를 수행하는 과정에서 자신이 이루고 싶은 현실성 있는 목표를 제시한다.

다. 지원하는 기업의 업종, 특성을 고려해 자신의 직무관련 포부와 비전을 명확히 제시하도록 한다.

라. 개인의 목표달성과 기업의 이익창출을 동시에 만족시킬 수 있는 포부를 선호한다.

Tip 매력적인 자기소개서 작성 요령

가. 작성한 자기소개서를 주기적으로 검토하고 더 나아지도록 수정한다.
나. 자기소개서 각 항목 위에 주제 문구를 눈에 띄게 독특한 구성을 한다.
다. 과도한 미사여구를 포함한 식상한 표현은 면접관의 관심을 받지 못한다.
라. 해당분야 경력이나 실적과 경험을 최근 중심으로 작성한다.
마. 지원분야에서 요구하는 직무관련 역량과 스킬의 특성에 맞게 작성한다.
바. 항목별 중복되지 않는 내용으로 문법에 맞고, 오타가 없어야 한다.
사. 문장의 설명이 논리적이고 경험사례 위주로 간결한 문장을 쓴다.

〈 표 10-1 〉 이력서 양식

<table>
<tr><td colspan="6">〈필수항목〉</td></tr>
<tr><td rowspan="2">지원자 성명</td><td>한글</td><td colspan="4"></td></tr>
<tr><td>영문</td><td colspan="4"></td></tr>
<tr><td>주소(현거주지)</td><td colspan="5">(우편번호)</td></tr>
<tr><td rowspan="2">연락처</td><td>전화번호</td><td colspan="2">전화</td><td colspan="2">휴대전화</td></tr>
<tr><td>전자우편</td><td colspan="4"></td></tr>
<tr><td rowspan="4">주요
경력사항</td><td>회사명</td><td colspan="2">담당 업무(직무내용)</td><td colspan="2">근무기간(연, 월)</td></tr>
<tr><td></td><td colspan="2"></td><td colspan="2">년 월 ~ 년 월</td></tr>
<tr><td></td><td colspan="2"></td><td colspan="2">년 월 ~ 년 월</td></tr>
<tr><td></td><td colspan="2"></td><td colspan="2">년 월 ~ 년 월</td></tr>
<tr><td rowspan="6">자격증
및
특기사항</td><td rowspan="3">관련 자격증</td><td colspan="2"></td><td colspan="2">년 월 취득</td></tr>
<tr><td colspan="2"></td><td colspan="2">년 월 취득</td></tr>
<tr><td colspan="2"></td><td colspan="2">년 월 취득</td></tr>
<tr><td rowspan="3">특기사항</td><td></td><td></td><td></td><td></td></tr>
<tr><td></td><td></td><td></td><td></td></tr>
<tr><td></td><td></td><td></td><td></td></tr>
<tr><td>자기소개 등
활동사항</td><td colspan="5"></td></tr>
<tr><td>취업지원
대상자 여부</td><td>보훈번호</td><td colspan="4"></td></tr>
<tr><td rowspan="2">장애인 여부</td><td>장애종별</td><td colspan="2">장애 정도</td><td colspan="2">장애인 등록번호</td></tr>
<tr><td></td><td colspan="2"></td><td colspan="2"></td></tr>
<tr><td rowspan="2">저소득층 여부</td><td>구분</td><td colspan="2">「국민기초생활보장법」상 수급자</td><td colspan="2">「한부모가족지원법」상 보호대상자</td></tr>
<tr><td></td><td colspan="2"></td><td colspan="2"></td></tr>
</table>

*출처: 고용노동부 자료실 https://www.moel.go.kr

〈 표 10-2 〉 자기소개서 양식

자 기 소 개 서	
성장과정	
성격의 장단점	
사회생활 및 경력사항	
지원동기 및 입사포부	

(4) 면접전형의 유형

급변하는 기업환경에서의 인재채용은 지원자의 창의성, 전문성, 문제해결 능력 등을 중시하여 면접방식도 다양한 형태로 이루어지고 있다. 1차적으로 서류에서 통과하였더라도 결국에는 면접의 단계를 넘어야 최종합격이 가능하다. 기업은 해를 거듭할수록 서류전형을 간소화하고, 면접의 중요도를 높이고 있으며 심층면접은 강화되는 추세이다.

면접은 채용담당자의 질문을 통해 지원자가 특정 직무에 적합한 사람인지 판단함과 동시에 지원자도 향후 일하게 될 기업문화가 자신의 커리어 비전과 적합한지를 파악할 수 있다. 획일화된 면접구조에서는 지원자의 능력이 온전히 발휘하기 어렵기 때문에 다채로운 면접상황을 자신의 역량을 보여줄 수 있는 긍정적인 기회로 생각하고 준비한다.

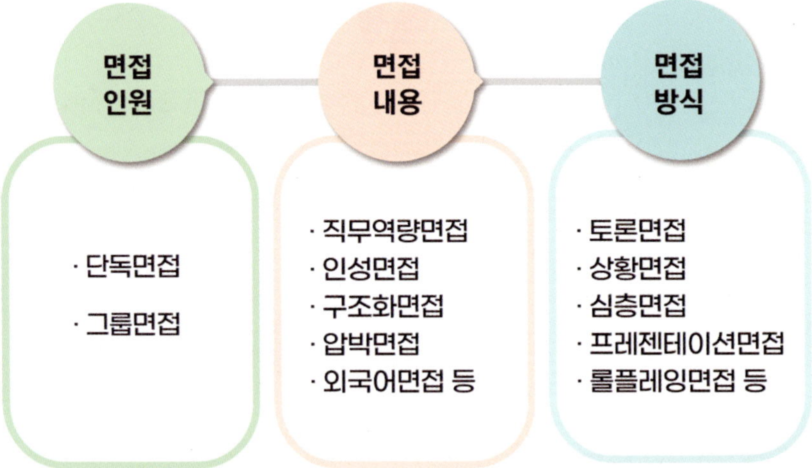

〈 그림 10-3 〉 면접의 유형

자신의 장점을 극대화하기 위해서 대면면접과 비대면면접, 다양한 형태의 면접방식에 대응할 전략과 역량이 요구된다. 성공적인 면접은 면접관을 효과적으로 설득하기 위한 논리력과 어떤 질문에도 당황하지 않는 순발력, 최근 트렌드에 따른 면접의 유형별 이해도가 필요하다. 또한 지원자의 호감가는 용모복장과 신뢰가는 매너, 그리고 설득력있는 스피치를 갖추어 긍정적이고 당당한 모습을 보여준다.

① 비대면면접

면접은 디지털의 발전과 사회적 요구에 따라 비대면면접으로 확대되었다. 비대면면접은 기존의 면접과 다른 환경에서 이루어지기 때문에, 면접관과 지원자 간의 커뮤니케이션 방식에 변수가 생길 수 있다. 비대면에서는 인적성 검사, AI 역량 검사, 직무역량 평가 등이 이루어진다. 기존의 면접은 기업이 공간과 환경을 제공하였다면, 비대면면접은 지원자가 직접 면접공간을 마련하여야 하는 경우도 있다. 그러므로 미리 면접장소, 인터넷 환경 및 송수신 상태의 사전점검, 면접복장 등을 체크하여 문제가 발생하지 않도록 철저히 준비한다.

가. 면접장소

성공적인 비대면면접의 장소는 소음이 없고 인터넷 연결이 원활한 독립적인 곳을 선택하며, 단색 배경의 벽이 있는 곳을 추천한다. 가정에서 면접을 볼 때 가족이나 반려동물, 가전기기나 실내 소음은 미리 차단하고, 어려울 때는 외부의 장소를 알아본다. 온라인면접은 인터넷 접속상태가 좋지 않아서 면접진행이 어려운 경우가 자주 발생하므로 반드시 연결상태가 양호한 곳을 선정한다. 장소가 아무리 적합하더라도 통신이 불안정하면 소통이 불가하므로 가능한 무선인터넷보다는 안정적인 유선인터넷을 연결한다.

나. 사전점검

면접을 위한 사전점검은 노트북이나 태블릿, 카메라, 마이크, 조명 등 필요한 장비를 미리 체크하고 준비한다. 면접관이 화면을 보았을 때 지원자의 상반신 정면이 보여야 하므로, 지원자가 화면의 정중앙에 위치하는지 확인하고 너무 가깝거나 멀리 보이지 않아야 한다. 정면의 위치를 맞추기 위해서는 노트북 받침대를 사용하고 휴대전화는 삼각대를 활용한다.

조명은 어두운 장소나 얼굴에 그림자가 생기는 위치는 피하고, 환한 인상을 주려면 조명을 적절하게 활용한다. 조명을 사용하면 면접관에게 지원자의 모습이 조금 더 깨끗하게 보이고 표정과 행동이 잘 보인다. 만약 조명이 없다면 실내등을 바라보는 방향에 앉거나, 일반 스탠드 조명을 카메라 위쪽에 두면 얼굴이 밝아 보이는 긍정적인 인상을 줄 수 있다.

면접스피치 시에 소리가 작게 들리거나 마이크 잡음 등이 발생하면 전달력이 저하될 수 있으므로 사전에 목소리가 잡음없이 뚜렷하게 들리는지 음질상태를 확인하고, 이어폰을 사용하여 외부 잡음을 차단하거나 별도의 마이크를 사용한다. 통신상황이나 마이크의 불안정한 상태에 따라서 목소리의 전달력이 떨어질 수 있으므로 정확한 발음과 목소리로 말한다.

면접 시 대부분 지원자는 화면에 비친 면접관을 바라보며 말하는 경우가 많으나, 면접관 입장에서는 지원자가 아이컨택을 하지 않고 면접을 하는 것으로 보인다. 비대면면접 시에 카메라 렌즈를 보며 말을 해야 면접관은 자신과 눈을 마주치는 느낌이 든다. 면접에 방해되지 않기 위해서는 미리 컴퓨터와 휴대전화의 알림 설정을 해제하고 불필요한 웹브라우저나 탭을 모두 닫아 놓도록 한다.

올바른 예시

잘못된 예시

너무 가까운 경우 멀리 떨어진 경우 얼짱 각도의 경우

〈 그림 10-4 〉 비대면 면접의 예시

다. 면접복장

비대면 면접복장은 대면면접과 동일하게 지원기업과 직무에 맞는 헤어스타일과 복장을 착용한다. 특히 배경색상과 비슷한 복장의 색상은 삼가하고, 너무 튀거나 화려한 패턴도 피하도록 한다. 헤어와 메이크업은 거울로 보는 자신의 모습과 카메라에 비추는 모습이 다를 수 있으므로 면접 전에 자신이 원하던 모습인지 미리 점검한다. 또한, 면접복장은 화면에 상체만 보이더라도 예외의 상황을 대비해서 상하의까지 모두 착용하는 것을 추천한다.

Tip 스마트한 비대면면접

가. 화상면접의 환경에 익숙해지자.
다양한 온라인 면접 프로그램을 다운로드하여 익숙해지도록 미리 사용해본다.
면접을 준비하는 지원자나 지인들과 모의면접을 진행해본다.

나. 화상면접의 배경화면에 신경을 쓰자.
실제로 보았을 때 괜찮은 배경일지라도 온라인으로 보았을 때 다를 수 있으므로
배경이 깔끔하게 보이는지 체크한다.

다. 적합한 복장을 갖추자.
지원기업과 직무에 적합한 복장을 착용하여 면접관에게 호감있는 첫인상을 준다.

라. 밝은 표정과 적절한 보디랭귀지를 사용하자.
대면면접과 비교하여 표정과 제스처가 역동적으로 전달되지 않을 수 있으므로
화면에 비친 자신의 표정을 중간중간 점검한다.
말하는 내용과 연계되는 자연스러운 보디랭귀지를 사용한다.
단, 화면 안에서 움직여야 면접관이 볼 수 있다.

마. 신뢰가는 목소리 톤과 정확한 발음으로 말하자.
대면으로 직접 말하는 것이 아니므로 스피커나 마이크의 상태,
인터넷 연결상태에 따라 잘 들리지 않을 수 있다.
차분한 목소리톤과 정확한 발음으로 준비한 답변을 말한다.
평상시 온라인을 이용하는 스피치 연습을 꾸준히 한다.

② 면접인원에 따른 유형

면접은 인원에 따라서 단독면접과 그룹면접으로 구분된다. 단독면접은 한 명의 지원자를 대상으로 한 명 이상의 면접관이 면접을 보는 방식이고, 그룹면접은 여러 명의 지원자를 두 명 이상의 면접관이 평가하는 형태이다. 면접인원에 따른 특징을 이해하고 체계적으로 준비한다.

가. **단독면접**(Exclusive Interview)

단독면접은 한 명의 지원자를 한 명 이상의 면접관이 면접을 보는 방식이다. 일반적으로 이력서와 자기소개서에 적힌 지원자의 정보를 조금 더 깊이 파악하려는 의도가 있다. 면접관이 여러 명일 경우 한 명의 지원자가 집중적으로 질문을 받기 때문에 지원자는 긴장감과 압박감을 크게 느낄 수 있다. 그 분야에 지식과 경험이 많다고 하더라도 준비가 안 된 상태에서 질문을

받으면 답변이 쉽게 떠오르지 않기에 철저히 준비한다. 평소에 예상질문에 대한 논리정연한 답변을 연습해보도록 한다.

나. 그룹면접(Group Interview)

그룹면접은 여러 명의 지원자를 두 명 이상의 면접관이 한꺼번에 평가하는 방식이다. 면접관의 질문에 지명순서에 따라 답변하거나 랜덤으로 질문과 대답을 하게 되므로 다른 지원자들 사이에서 자신의 강점과 열정을 얼마나 어필할 수 있는지에 따라 평가가 이루어진다. 면접할 때는 짧은 시간 안에 여러 명의 지원자가 답변해야 하므로 자신의 매력을 어필할 기회가 적을 수 있다. 개인별로 답변할 수 있는 시간이 충분하지 않으므로 자신의 장점을 간단명료하게 말하고, 지나치게 길거나 과한 답변은 면접관으로부터 외면받을 수 있으므로 주의한다. 또한, 다른 지원자가 말을 할 때는 경청하는 태도를 유지한다.

③ 면접내용에 따른 유형

면접은 내용에 따라서 직무역량면접, 인성면접, 구조화면접 등으로 구분된다. 최근 기업들은 탈스펙의 채용문화를 지향하려는 현상이 두드러지고 있다. 이에 따라 지원자의 직무관련 경험이 많은 실무형 인재인지를 판가름하는 직무역량면접이 있다. 그리고 인성, 가치관, 태도 등을 보는 인성면접과 면접질문의 내용과 방법, 답변유형에 따른 후속 질문과 평가점수 등이 구조화되어있는 구조화면접 등이 있다. 이에 관련한 특징과 준비를 알아보도록 한다.

가. 직무역량면접(Job Competency Interview)

직무역량면접은 지원자의 자격증, 학점, 외국어 등 정량적 요인들로는 직무 적합성을 알기에 한계를 느낀 기업들이 시행하고 있다. 지원자는 단순히 보여주는 식의 스펙보다는 직무관련 경험이 많은 실무형 인재임을 강조한다. 지원기업과 관련 산업현황, 직무조사의 철저한 분석과 역량을 파악하는 것이 먼저이다. 해당 기업이 채용하려는 직무능력을 상세히 파악하여 자신의 장단점을 고려해서 다각도로 질문에 대비한다.

나. 인성면접(Personality Interview)

인성면접은 지원자의 인성, 가치관, 태도 등을 파악하여 기업의 적합여부를 확인하기 위한 면접이다. 주로 기업이 요구하는 인재상과 지원직무에 가장 부합하는지를 평가한다. 다른 지원자보다 자신이 직무에 가장 적합하다는 것을 어필하는 것이 핵심이다. 다른 지원자보다 뛰어난 점을 강조하여도 지원직무에 도움이 안 되는 경우가 간혹 있으므로 기업이 요구하는 인재상과 적합한 특성을 밀접하게 접목시켜 답변을 생각해둔다. 또한, 자신의 역량 및 과거의 성공 사례 등을 바탕으로 필요한 인재임을 면접관에게 설득할 수 있도록 한다.

다. 구조화면접(Structured Interview)

구조화면접이란 질문의 내용과 방법, 답변 유형에 따른 후속 질문과 평가 점수가 시나리오로 정해져 있는 면접이다. 미리 질문내용과 방법을 정해놓고 진행된다. 지원자의 인성과 잠재역량. 돌발행동, 생각과 개성 등 방대한 부분을 구체적으로 파악할 수 있는 장점이 있다.

④ 면접방식에 따른 유형

면접방식에 따라서 토론면접, 프레젠테이션면접, 상황면접 등으로 나누고 일대일 또는 다수의 지원자들끼리 토론을 하는 토론면접과 특정한 주제에 일정시간 발표를 통해 내용을 평가하는 프레젠테이션 면접 그리고 가상의 업무상황을 면접대상에게 알려주고 그 상황에 따른 행동을 평가하는 상황면접 등이 있다. 면접방식의 특징을 이해하고 철저한 준비를 한다.

가. 토론면접(Discussion Interview)

토론면접은 일대일 또는 다대다로 지원자들끼리 토론을 하는 면접이다. 지원자의 팀워크와 명확성, 이해력, 논리력, 의견표현, 타인존중성, 문제해결 능력을 파악하는 면접으로 논리전개력이 중요하다. 이 면접의 핵심은 팀워크와 창의적인 상대방의 의견에 대한 존중이 성패를 좌우하므로, 상대방을 존중하는 자세로 말을 경청한다.

지나친 리더십을 보여주기 위한 언행이 단점이 될 수 있으므로 현명한 판단으로 대처한다. 상대방 지원자의 지원번호를 기억하고 언급하면 호감가는 인상을 줄 수 있다. 상대방이 자신에게 불쾌한 태도를 보이더라도 평정심을 잘 유지하여 논리적으로 의견을 수렴하고 전달한다.

나. 프레젠테이션면접(Presentation Interview)

프레젠테이션면접은 특정 주제에 주어진 시간동안 발표내용을 평가한다. 평가는 주로 배경지식, 문제해결 능력과 의사전달 능력, 기획 및 내용구상 능력 등을 전반적으로 평가한다. 보통 질문지에 작성하여 발표하거나 노트북이 지급되어 파워포인트로 간단한 프레젠테이션 내용을 만들어 발표한다. 특히 객관적인 수치나 데이터를 활용하여 기업에서 현실적으로 응용할 수 있는 방법을 추가한다면 채용담당자들에게 어필할 수 있다. 구술발표가 대다수이며 제한된 시간 동안 주제에 대해 지원자가 분석한 내용을 바탕으로 발표하는 면접형태로 면접 전에 자신이 발표할 내용을 논리정연하게 준비한다.

다. 상황면접(Situation Interview)

상황면접은 가상의 업무 상황을 면접대상에게 알려주고, 그 상황에서 어떻게 행동할 것인지를 질문함으로써 평가하는 면접방식이다. 예를 들어, 상사가 부당한 지시를 내린다면 어떻게 대처할 것인지를 묻는 식이다. 이 과정에서 면접관은 지원자의 답변과 행동 반응을 통해 역량을 평가하며 향후 일어날 직무행동을 예측한다.

2. 면접이미지의 실제

면접은 면접관과 지원자와의 커뮤니케이션이다. 지원자와 면접관이 대면하여 질의 응답하는 과정에서 지원자가 하는 답변의 내용과 태도는 매우 중요하다. 면접을 볼 때는 면접장에서 입장, 인사, 착석, 퇴장의 면접프로세스를 익혀두면 면접 시 긴장완화와 실수를 줄이는데 도움이 된다.

성공적인 합격을 위한 면접은 호감있는 첫인상을 위하여 적합한 복장을 착용하고 프로세스에 따른 신뢰가는 자세와 태도, 스피치를 하여 면접이미지메이킹을 하는 것이다.

1) 면접 이미지메이킹

면접은 짧은 시간에 이미지가 결정된다. 첫인상을 결정짓는 면접이미지는 밝고 부드러운 미소와 직무에 적합한 용모 그리고 매너를 갖춘 모습이다. 면접을 위한 대비는 헤어스타일과 메이크업, 복장 등의 전반적인 모습을 긍정적이고 신뢰가 있는 이미지를 연출한다. 최근에는 기업마다 요구하는 면접복장이 다양해지고 있다.

(1) 남성의 이미지 연출법

면접 시 단정한 헤어스타일과 옷차림은 면접관에게 신뢰감을 줄 뿐만 아니라 준비된 지원자의 기본자세를 보여준다. 남성복의 슈트나 셔츠, 넥타이나 구두는 트렌드에 맞고 실루엣을 세련되게 연출하여 호감가는 이미지가 되도록 한다.

① 헤어스타일

가. 깔끔하고 단정한 느낌으로 자연스럽게 연출한다.

나. 헤어제품을 이용해서 얼굴을 가리지 않게 연출한다.

다. 헤어컬러는 자연갈색이 무난하고, 직종에 따라 선택한다.

② 패션스타일

면접에서 자신의 능력과 신뢰감을 줄 수 있는 복장을 연출해야 한다. 그러므로 본인의 피부색과 체형에 적합한 디자인과 색상을 선택하고, 새로 구입한 복장이라면 자연스러운 분위기 연출을 위해서 면접일 전에 미리 착용하여 어색하지 않고 익숙해지도록 착장한다.

면접복장은 개인의 취향보다는 성공적인 면접을 위해 세련된 코디를 해보자.

가. 복장색상은 청색, 회색, 검은색계열을 착용한다.

나. 계절에 맞는 소재를 선택하고 광택이 심한 것은 피한다.

다. 셔츠는 흰색이나 연한 하늘색 등의 밝은 색상을 입는다.

라. 셔츠칼라와 소매는 겉옷 밖으로 1~1.5㎝정도 나오게 한다.

마. 넥타이 무늬는 솔리드, 스트라이프, 도트패턴이 무난하고,
벨트버클을 살짝 가리는 정도의 길이가 적당하다.

바. 넥타이 폭은 7~9cm 정도가 적당하다.

사. 바지길이는 구두 뒷굽라인에 맞추도록 한다.

아. 구두는 어두운 계열로 발등을 덮는 정도로 착용한다.

자. 양말은 발목이 보이지 않게 착용하고,
색상은 바지색과 동일하거나 진한 색을 선택한다.

(2) 여성의 이미지 연출법

면접이미지는 첫인상에서 결정되는 만큼 성공적인 면접을 위하여 밝고 자연스러운 표정과 자세, 지원기업에 적합한 복장을 갖추도록 한다. 그러기 위해서 자신의 이미지를 객관적으로 파악하여 신뢰감 있고 호감가는 스타일로 이미지화시킨다.

① 헤어스타일

가. 앞머리는 눈을 가리지 않게 하여 밝은 인상을 준다.
나. 단정하고 깔끔한 단발, 세미 커트, 포니테일 등이 이상적이다.
다. 헤어컬러는 자연갈색이 무난하고, 직종에 따라 선택한다.
라. 얼굴형에 어울리는 헤어스타일을 연출한다.

② 메이크업

가. 자연스럽고 밝은 이미지로 자신의 분위기와 맞게 표현한다.
나. 얼굴의 피부톤은 자신의 피부보다 한 톤 밝게 연출한다.
다. 눈썹은 모발색상이나 눈동자색과 동일색으로 자연스럽게 그린다.
라. 아이섀도는 피부색에 어울리는 내추럴한 색상을 선택한다.
마. 아이라인은 단정한 인상을 주기 위해서 깔끔하게 그려준다.
바. 볼화장은 너무 강하지 않도록 은은하게 혈색을 살려준다.
사. 립스틱은 어둡거나 진하지 않고 생기를 주는 컬러를 선택한다.
아. 과도한 화장은 가급적 피하도록 한다.

③ 패션스타일

가. 차분하고 단정한 클래식 분위기의 정장이 무난하다.
나. 슈트는 심플한 디자인이 무난하고, 직종에 따라 선택한다.
다. 면접복장의 색상은 청색, 검은색, 회색계열을 선택한다.
라. 체형에 따라서 블라우스, 셔츠와 재킷을 착용한다.
마. 스커트는 무릎 중간길이의 H라인 스커트를 입는다.
바. 바지정장은 활동적인 일자 정장바지가 적합하다.
사. 면접 시에는 여분의 스타킹을 준비한다.

아. 구두는 발등을 덮는 펌프스화로 5~7cm 정도의 굽을 신는다.

자. 액세서리는 눈에 띄지 않아야 하며, 귀걸이는 부착형을 착용한다.

2) 모의면접의 실전

면접은 지원하는 면접장에 입장하면서부터 시작된다. 면접상황에서 지원자의 어색한 자세와 태도, 서투르고 자신감없는 답변 등은 평가에 부정적인 요인이 된다. 그러므로 면접 시에는 자연스러운 눈맞춤, 표정, 보디랭귀지, 주의깊은 태도와 자세, 적합한 답변으로 긍정적인 인상을 주도록 한다. 면접관은 지원자의 자세와 태도를 면접장 입장에서 퇴장까지 눈여겨보고 있다는 것을 염두에 두고 면접을 마칠 때까지 긴장을 늦추지 않도록 주의한다.

〈 그림 10-5 〉 면접 자세

(1) 면접요령

면접은 다양한 형태로 제한된 시간 내에 기업에 적합한 인재임을 설득하는 과정이다. 면접에서 짧은 시간 내에 자신을 알려야 하므로 자신을 효율적으로 어필하기 위해서는 사전에 반복적인 모의면접의 연습이 필요하다. 지원회사에 대해 철저하게 준비하여 올바른 태도로서 면접관과 시선을 맞추고 신뢰감있는 목소리와 적절한 답변을 한다.

① 대답요령

가. 면접관과 눈을 마주 보면서 대답한다.

나. 질문은 마지막까지 잘 듣고 질문의 의도를 파악한다.

다. 답변은 결론부터 두괄식으로 간단하고 명료하게 한다.

라. 답변 시에는 논리정연하고 설득력 있게 이야기한다.

마. 질문을 정확하게 듣지 못한 경우 당황하지 말고 정중하게 다시 묻는다.

바. 차분하면서 당당하게 답변하며 적극적으로 자신을 PR한다.

② 행동요령

가. 면접장에 입장하기 전에 최종적으로 복장과 용모를 체크한다.

나. 호감가는 첫인상을 위해 밝은 표정과 예의 갖춘 인사를 한다.

다. 면접장 출입 후 문을 닫고, 인사한 후 면접관의 지시에 따라 앉는다.

라. 자신감 있고 열정적인 태도를 유지한다.

마. 불필요한 습관적인 행동을 하지 않는다.

바. 답변 시 말과 함께 적절한 제스처를 사용한다.

사. 긴장완화와 자신감있는 면접을 위하여 모의면접 연습을 반복한다.

(2) 면접대비 프로세스

면접에서 가장 긴장되는 순간은 면접장 입장이므로 입장에서 퇴장까지의 프로세스를 숙지하고 꾸준히 연습하여 익히도록 한다. 면접장 입장 전 심호흡을 한 후 밝은 미소와 정중한 자세로 입장하고 아래와 같은 순서에 의해 면접을 마무리한다. 일반적으로 면접은 대기→호명→입실→면접→퇴실의 순서에 의해서 진행된다. 실질적인 질의 및 응답은 면접장에서 이루어지지만, 대기실에서부터 퇴실까지의 행동 하나하나가 평가의 대상이 된다.

① 회사 도착

면접장에는 가급적 일찍 도착하는 것이 회사 분위기를 파악하는데 도움이 된다. 회사의 입구에 도착하는 순간부터 입사지원자라는 것을 생각하여 긴장감을 가지고 예의바르게 행동하는 것이 바람직하며, 침착하게 대기실을 찾는다.

② 대기실에서

면접대기실에서는 잡담을 나누거나 편안한 자세를 취하는 행동 등은 자제하고 바른 자세를 유지해야 하며 침착한 태도를 갖추어야 한다. 여성 면접자는 메이크업의 수정이 필요한 경우에 화장실에서 수정한다. 자신의 순서를 기다리는 동안 예상되는 질문에 대한 답변을 최종적으로 정리한다. 면접순서가 가까워지면 다시 한번 자신의 용모 복장 등을 점검하면서 긴장된 마음을 차분하게 유지하도록 노력한다.

③ 호출

면접대기실에서 담당직원이 지원자의 번호를 호명하면 자신의 순서를 말하면 대답하고, 조용히 일어서서 직원이 안내하는 면접실로 간다. 걸을 때는 자신감있게 어깨를 펴고 시선은 정면을 바라보며 무릎이 스치듯 자연스럽게 걷는다. 미소를 머금고 면접실 문을 두세 번 노크한 뒤 응답이 있으면 문을 열고 들어간다.

④ 입실

면접실에 들어서면 면접관을 향해 미소를 짓고 가볍게 목례를 한다. 밝은 표정으로 면접관에게 보통례로 인사를 한다. 면접관이 자리에 앉으라고 하면 '감사합니다.'라는 말과 함께 조용히 의자에 앉는다.

시선은 면접관을 향하고 어깨와 가슴을 펴고 허리를 반듯하게 세운다. 등을 바르게 펴되 등받이와 의자사이의 간격에 주먹하나가 들어갈 정도의 틈을 두고 앉는다. 남성은 다리를 어깨너비로 벌리고 두 손의 힘을 뺀 후, 달걀을 쥔 모양으로 가볍게 주먹을 쥐고 허벅지 위에 자연스럽게 올려놓는다. 여성은 다리를 모으고 손을 모아 가볍게 무릎위에 얹는다.

면접을 진행하는 동안 여러 명의 면접관이 있는 경우에는 한명의 면접관만 바라보지 않고, 차례대로 면접관에게 자연스럽게 시선을 옮기면서 바라본다.

⑤ 퇴실

면접관의 질문이 끝난 후에도 밝은 미소와 예의 바른 태도를 유지한다. 면접이 끝나면 '감사합니다.'라고 인사한 뒤 조용히 면접실을 나간다. 퇴실할 때는 면접이 끝났다는 생각에 자세가 흐트러지거나 질문에 대한 대답을 잘하지 못했다는 생각으로 아쉬운 표정을 짓거나 한숨을 내쉬지 않도록 한다. 면접관은 지원자의 입실에서부터 퇴실까지 전 과정을 주의 깊게 바라보고 있다는 것을 기억해야 한다.

〈 표 10-3 〉 업종별 면접요령

구 분	면접요령
언 론 기 관	• 개성과 독창성을 발휘하는 것이 좋다. • 어려운 상황에서도 극복하려고 노력하는 것을 보여준다. • 표준어와 바른말을 구사하도록 한다.
항 공 사	• 밝고 세련된 이미지와 긍정적인 마인드로 어필한다. • 표정, 말씨, 용모, 태도 등으로 환대서비스 정신 및 자질을 충분히 발휘한다.
금 융 사	• 보수적인 직업으로 단정하고 예의 바르게 임한다. • 고객유치의 적극성과 경제적 신뢰성을 줄 수 있는 자세를 보인다.
전 문 직	• 개성적이고 자신감 있는 연출이 호감을 줄 수 있다. • 프로다운 이미지를 어필한다.
공 무 원	• 인품, 교양, 예절을 중시해서 평가하므로 그에 맞게 행동한다. • 언어, 옷차림을 지나치게 튀지 않도록 한다.

기업에서 원하는 인재는 공통으로 갖추어야 할 역량과 업종별로 원하는 역량이 다르므로 각 기업과 직무별로 충분히 분석하고 준비한다. 각 업종별 면접요령은 〈표 10-3〉과 같이 면접요령을 파악하여 이미지메이킹에 관심을 갖는다. 언론기관은 시대의 흐름과 상황에 따른 변화가 많으므로 어떤 상황에서도 당황하지 않는 모습과 개성과 독창성을 원하고 있다.

항공사와 호텔은 최고수준의 고객서비스를 추구하는 곳이므로 밝고 세련된 이미지와 긍정적인 마인드로 올바른 태도와 말씨 등 종합적인 자질을 충분히 보여준다. 금융사는 보수적인 직업군으로 이성적인 판단과 단정하고 예의바른 태도를 표현하고, 공무원의 경우는 과도한 개성보다는 성실과 겸손, 품격있는 태도를 유지한다.

Tip 면접 시 주의 사항

가. 면접 시작 30분 전에 도착한다.
나. 지시가 있을 때 의자에 앉는다.
다. 옷차림에 지나치게 신경 쓰지 않는다.
라. 무의식적으로 손이나 발을 과도하게 움직이지 않는다.
마. 머리나 얼굴에 자주 손을 대지 않는다.
바. 잘못 답변 시 바로 정정한다.
사. 타 회사에 대해 비난하지 않는다.
아. 말을 과장되게 꾸미지 않는다.
자. 직원의 복지에 대한 지나친 질문은 삼간다.
차. 자신의 배경을 과시하지 않는다.

프로세스(그룹면접)

① 가장 먼저 입장하는 경우

② 중간에 입장하는 경우

③ 마지막으로 입장하는 경우

④ 입장완료 후 보통례를 한다.

면접 프로세스(개인면접)

① 밝은 표정으로 노크한다.

② 바른 자세로 문을 열고 들어선다.

③ 입장완료 후 몸을 돌려 두 손으로 문을 닫는다.

④ 면접관을 향해 몸을 돌려 미소를 짓고 가볍게 목례한다.

⑤ 미소를 머금고 의자로 향한다.

⑥ 의자 앞에서 웃는 표정으로 보통례를 한다.

⑦ 착석 시에는 '감사합니다'라고 말하며 앉는다.

퇴장 시에는 입장 시의
⑥ → ④ → ③의 그림과 같이
퇴장한다.

WORKSHEET

1. 면접에서 나오는 질문에 적합한 답변을 적어보자.

No		내 용
1	질문	1분 자기소개를 해보시오.
	답변	
2	질문	당신의 직업관 또는 인생관은 무엇입니까?
	답변	
3	질문	최근 신문이나 뉴스 중 인상 깊었던 기사는 무엇입니까?
	답변	
4	질문	주변 사람과 협동하여 문제를 해결한 경험이 있습니까?
	답변	
5	질문	본인의 경험과 해당 직무가 어떤 관련이 있는가?
	답변	
6	질문	직무 관련 자신의 강점을 설명하시오.
	답변	
7	질문	당신의 단점은 무엇이며, 그 단점을 개선하기 위해 어떠한 노력을 했습니까?
	답변	
8	질문	우리 회사에 지원한 이유는 무엇입니까?
	답변	

WORKSHEET

2. 면접복장 체크리스트를 통해 자신의 용모를 점검해보자.

번호	체 크 내 용 (남성)	Yes	No
1	머리색과 모양이 튀지 않는가?		
2	셔츠칼라가 목위로 1~1.5cm 정도 보이는가?		
3	셔츠소매는 슈트 밖으로 1~1.5cm 나왔는가?		
4	바지의 허리부분이 손가락 한두 개 정도 들어갈 여유가 있는가?		
5	바지길이는 구두창과 구두굽 사이 길이까지 오는가?		
6	양말은 바지색과 같거나 짙은가?		
7	셔츠 목둘레가 적당한가?		
8	V존의 색이 너무 화려하지 않고 조화를 이루고 있는가?		
9	안경테가 얼굴을 가릴 정도로 두껍지는 않은가?		
10	시계는 지나치게 크거나 화려하지 않은가?		
11	반지나 피어싱(귀걸이)을 착용하지 않았는가?		
12	면도를 깔끔하게 하였는가?		
13	정장 어깨부분에 먼지가 없는지 확인했는가?		
14	넥타이의 길이가 벨트까지 와 있는가?		
15	구두 장식이 화려하지 않은가?		
16	단추의 매듭이 잘 되었는지 확인했는가?		
17	향이 강한 향수를 뿌리지 않았는가?		
18	주머니 속에 두꺼운 물건은 꺼내 두었는가?		
19	정장의 소재가 광택이 심하지 않은가?		
20	전체적인 스타일을 거울 앞에서 최종적으로 확인했는가?		
	총점		

WORKSHEET

번호	체 크 내 용 (여성)	Yes	No
1	헤어스타일은 얼굴형에 어울리고 깔끔한가?		
2	앞머리가 눈을 가리지 않는가?		
3	스커트나 팬츠가 힙에 타이트한가?		
4	정장 밖으로 속옷이 보이지 않는가?		
5	목 주위가 답답해 보이지 않게 연출했는가?		
6	스커트가 무릎까지 오는 적당한 길이인가?		
7	스커트단이 풀려 내려오지 않았는가?		
8	정장의 색상이 무채색 계열이나 아이보리인가?		
9	서클렌즈, 컬러렌즈를 착용하지 않았는가?		
10	시계는 지나치게 화려하지 않은가?		
11	화려한 반지나 귀걸이를 착용하지 않았는가?		
12	메이크업이 복장과 조화롭게 어울리는가?		
13	정장의 어깨부분에 먼지가 없는지 확인했는가?		
14	스타킹의 색이 커피색이나 살구색인가?		
15	구두장식이 화려하거나 굽이 지나치게 높지 않은가?		
16	단추의 매듭이 잘 되었는지 확인했는가?		
17	향이 강한 향수를 뿌리지 않았는가?		
18	네일색이 지나치게 화려하지 않은가?		
19	예비 스타킹을 준비하였는가?		
20	전체적인 스타일을 거울 앞에서 최종적으로 확인했는가?		
총점			

▶ 진단결과 : 100점 만점, YES = 5점, NO = 0점
100점 = 준비된 면접자, 80점 이상 = 양호함, 50점 이상 = 노력필요, 50점 미만 = 부족함.

참고문헌

■ 단행본

강경화, 메이크유업, 도서출판국제, 2007.

강근영 외 2인, 메이크업디자인, 훈민사, 2003.

곽봉화, 취업과 사회생활을 성공으로 이끄는 직장예절, 새로미, 2012.

김경호, 이미지메이킹의 이론과 실제, 도서출판높은오름, 2020.

김남희, 기초메이크업, 예림, 2003.

김은성, 마음을 사로잡는 파워스피치, 위즈덤하우스, 2007.

김은정 · 문시정, 올댓매너, 백산출판사, 2020.

김창규, 비즈니스웨어, 남자의 옷, 안테나, 2014.

김혜리 · 이정원, 이미지경영론, 신아사, 2011.

김혜영 · 정봉희, 글로벌 비즈니스 매너와 에티켓, 한올출판사, 2019.

김효정 외 2인, 메이크업미용사필기, 에듀웨이, 2021.

김희숙 · 이은임, 메이크업과 패션, 수문사, 1996.

나승연, 세계를 감동시킨 나승연의 프레젠테이션, 21세기북스, 2012.

노희영 외 3인, 실용메이크업, 광문각, 2009.

대한상공회의소, 100대 기업이 원하는 인재상보고서, 대한상공회의소, 2018.

문병용, 이력서 자기소개서 상식사전, 2009.

미래서비스아카데미, 이미지메이킹, 새로미, 2014.

박보경, 이미지케이션으로 몸값을 올려라, 휴먼앤북스, 2008.

박영수, 색채의 상징, 색채의 심리, 살림출판사, 2003.

박혁종, CEO를 감동시키는 프리젠테이션의 비밀, 미래와 경영, 2011.

박혜정, 서비스맨의 이미지메이킹, 백산출판사, 2019.

변영희 외 2인, 퍼스널이미지메이킹, 청람, 2016.

사단법인한국색채학회, 이제는 색이다, 도서출판국제, 2002.

사사키치카 외 6인, 이미지메이킹(IMAGEMAKING), 예림, 2007.

색채정보연구소, 컬러이미지 사전, 도서출판국제, 2007.

신완선, 컬러리더십, 더난출판, 2002.

엄경아 외 2인, 서비스인을 위한 이미지메이킹, 지식인, 2016.
오선숙 외 3인, 고객서비스 실무, 한올출판사, 2021.
오선숙 외 4인, 퍼스널 이미지메이킹, 경춘사, 2017.
오수향, 황금말투, 미래의창, 2017.
윤천성 외 6인, 모발과 두피관리, 훈민사, 2004.
이덕수 외 3인, 경락의 이론과 실제, 훈민사, 2004.
이선경 외 2인, 퍼스널 이미지메이킹, 구민사, 2018.
이순철, 시선을 사로잡는 Hair Make Over, 담소, 2011.
이원경, 모발미용학, 청구문화사, 1998.
이인경, 인파워 & 서비스 이미지메이킹, 백산출판사, 2019.
이향정 · 강미라, 서비스와이미지메이킹,백산출판사, 2010.
이화순 외 4인, 메이크업미학, 경춘사, 2010.
임윤선, 채워도 채워지지 않는 미친 존재감의 심리옷장의 비밀, 나비의 활주로, 2014.
장창훈, 남성 패션스타일1. 차라리 옷장을 통째로 버려라. 미디어북, 2021.
정미영 외 3인, 이미지메이킹과 서비스매너, 도서출판 청람, 2006.
정지수, 이미지메이킹 파워, 백산출판사, 2011.
지희진 외 4인, 퍼스널이미지와 매너, 양성원, 2016.
최승리 외 2인, 승무원 이미지메이킹, 한올출판사, 2021.
한규석, 사회심리학의 이해, 학지사, 2018.
한성진 외 5인, 업스타일 아티스트 자격검정실기패턴, 한국업스타일전문가협회, 2018.
한영숙 외 6인, 피부미용학, 청구문화사, 2008.
Anna Starmer(문완묵 외 역), 아름다운 배색, 도서출판국제, 2007.
Healing hair care institute, Hair Care Art, 현문사, 2002.
Inger Naess(김정숙역), 삶을 풍요롭게 하는 컬러에너지, Sri Krishnadass Ashram, 2006.
Lilian Verner Bonds(환창환역), 몸과 마음을 치료하는 색채, 도서출판국제, 2008.
Narendra mehta, 인도의 헤드마사지, 현문사, 2002.
hmas, Rosanne J(서메리역), 태도의 품격, 다산북스, 2018.

James M. Cox, Low Back Pain: Mechanism, Diagnosis and Treatment, LWW; Seventh Edition, 2011.

■ 논문

김관옥 · 김성남(2011), 탈모요인 자가인식이 건강관리와 두피·모발관리에 미치는 영향, 한국디자인문화학회지, 제17권 2호.

김도은 · 김영삼(2020), 립스틱 색채를 이용한 퍼스널컬러유형 분류 연구, 아시안뷰티화장품학술지, 제18권 3호.

김미경(2014), 퍼스널이미지의 구성요소와 셀프리더십과의 관계 연구, 패션비즈니스학회지, 제18권 4호.

김재식(2002), 비즈니스매너에 대한 대학생의 인식에 관한 연구, 한국비서학회, 제11권 2호.

김재윤(2005), 취업커뮤니케이션에 관한 연구, 이화여자대학교 정보과학대학원 석사학위논문.

노효경(2002), 메이크업과 얼굴의 조화를 통한 이미지메이킹에 관한 연구, 한국인체예술학회지, 제3권 2호.

김화연 · 이형룡(2014), 서비스직원의 언어적, 비언어적 커뮤니케이션이 브랜드이미지에 미치는 영향, 호텔경영학연구, 제20권 2호.

박성철(2009), 네티켓과 현실공간 커뮤니케이션 규범의 대비연구, 한국수사학회, 제11권.

박용 · 이승자(2013), 퍼스널컬러 인지와 헤어컬러시술 인지와의 관계에 대한 연구, 대한미용학회지, 제9권 2호.

서란숙(2018), 퍼스널이미지 컬러진단에 따른 메이크업과 헤어이미지메이킹 연구, 한국미용학회지, 제24권 4호.

송은영(2009), 얼굴 이미지메이킹 프로그램이 자아 존중감, 긍정적 사고, 얼굴이미지 효능감에 미치는 효과분석, 명지대학교대학원 박사학위논문

오윤경 · 이경희(2006), 퍼스널스타일의 유형분석과 이미지연구, 한국의류학회지, 제30권 1호.

우형진(2017), 온라인상의 부정적 의사표현 행위의도에 영향을 미치는 변인들에 대한 탐색적 연구, 언론중재위원회, 제3권 1호.

유희 · 최선형(2010), 직장인의 외모관리를 위한 프로패셔널 이미지개념 연구(제1보), 한국의류학회

지, 제34권 10호.

이수경(2005), 이미지메이킹의 의미에 관한 연구, 한국미용학회지, 제18권 4호.

이재윤(2007), 이미지메이킹 메이크업에 대한 남녀선호도 연구, 한국미용교육학회, 제2권 1호.

이종찬(2019), 취업역량에 관한 대학생교육 요구도 분석, 한국취업진로학회, 제9권 2호.

임경복(2009), 사회적 자아와 신체이미지가 외모관리 행동에 미치는 영향, 대한가정학회지, 제47권 6호.

임은지 외 2인(2017), 퍼스널컬러의 인식과 활용 및 뷰티스타일링의 상관관계, 대한미용학회지, 제13권 4호.

지희진 · 최윤동(2013), 골프장캐디의 언어적·비언어적 커뮤니케이션이 브랜드이미지와 고객만족에 미치는 영향, 한국골프학회지, 제7권 2호.

진형여 · 김지연(2003), 이미지메이킹교육의 인식도와 필요성에 관한 연구, 대한미용문화예술학회지, 제2권 1호.

표민경 외 2인(2013), 배색기법 유행에 따른 메이크업이미지 구축, 한국미용예술학회지, 제7권 2호.

O'Connor, J.J. Met al,.(2014), Social Dialect and Men's Voice Pitch Influences Women's Mate Preferences, Evolution and Human Behavior, 35(5).

Smith, D. Set al,.(2012), A Modulatory Effect of Male Voice Pitch on Long-term Memory in Women: Evidence of Adaption for Mate Choice Memory and Cognition, 40(1).

■ 이미지자료 출처

http://book.joyy.kr/book/70216/9788998439750

http://cafe.daum.net

http://cafe.daum.net/subdued20club/ReHf/3549443?q

http://cafe.naver.com

http://hqcenter.snu.ac.kr/archives/jiphyunjeon

http://kr.blog.yahoo.com/seathesky

http://realfoods.co.kr/view.php?ud=20141007000791

http://section.cafe.naver.com

http://www.coloz.co.kr

http://www.hkrecruit.co.kr

http://www.jonghapnews.com/news/articleView.html?idxno=320364

http://www.naver.com

http://www.svc-world.com

https://blog.lgchem.com/2018/10/24_business-maner

https://blog.naver.com/dontbotherme/220258218356

https://blog.naver.com/incruit1

https://blog.naver.com/jayuyu/222610890176

https://blog.naver.com/jewqdsacxz/222545220368

https://blog.naver.com/jinnha2/221793493430

https://blog.naver.com/kjjlsb/221647795559

https://blog.naver.com/mlyoo71/222465570290

https://blog.naver.com/personalcolor/220575095692

https://blog.naver.com/qmfosej/222573491955

https://blog.naver.com/saellina/222329050356

https://blog.naver.com/tamiym/222555684675

https://blog.naver.com/witaesun/221542231129

https://blog.naver.com/wldbsflsk/222225341802

https://cafe.daum.net/art-good/1qDS/53?q

https://cafe.daum.net/Essayyoungdae/RQtE/144?q

https://goodthought.tistory.com/227

https://icooon-mono.com

https://jmagazine.joins.com/economist/view/331575

https://m.health.chosun.com

https://m.cafe.daum.net/4715023/_rec

https://m.health.chosun.com/svc/news_view.html?contid=2021082501958

https://m.post.naver.com/viewer/postView.nhn?volumeNo
https://news.ebs.co.kr/ebsnews
https://news.sktelecom.com
https://terms.naver.com
https://trendw.kr/2020-03266061.t1m
https://www.gettyimagesbank.com
https://www.gqkorea.co.kr/2015/11/25/trend-hunter/
https://www.hani.co.kr
https://www.iclickart.co.kr
https://www.instagram.com/hoosimjung
https://www.iposture.net/238
https://www.jobkorea.co.kr
https://www.joongang.co.kr/article/21098648
https://www.joongang.co.kr/article/21715809#home
https://www.kukinews.com
https://www.mimint.co.kr/mpic/view.asp?bidx=3528299
https://www.pinterest.co.kr
https://www.saramin.co.kr
https://zdnet.co.kr/view/?no=20110819191334
https://m.cafe.daum.net/4715023/_rec(유순옥작가)
https://news.incruit.com
https://www.moel.go.kr

저자 소개

오선숙(Oh, Sun-Sook) osshg@naver.com

현) 원광보건대학교 글로벌호텔관광과 교수
원광대학교 대학원 석사졸업
경희대학교 대학원 박사졸업
갤러리 웰니스 힐링센터장
글로벌라이프비전연구소장
한류문화교류협회 공동대표
사)한국외식산업학회 상임이사
사)한국호텔관광학회 이사
사)한국의료관광호텔업협회 부회장
저서) 퍼스널 이미지메이킹 / 고객서비스 실무 외

홍성순(Hong, Sung-Sun) sshong@kimpo.ac.kr

현) 김포대학교 패션콘텐츠과
경희대학교 대학원 이학석사
경희대학교 대학원 이학박사
국가직무능력표준 기반 학습모듈 집필
아마존닷컴 PRIME PB브랜드 아트디렉터
사)한국패션비즈니스학회 이사
사)한중패션산학협회 부회장 역임
저서) 프로패셔널 이미지메이킹 / 사고력기반의 문제해결 실제 외

김지양(Kim, Ji-Yang) iim@iim.co.kr

현) 매력브랜드랩 대표
성균관대학교 디자인대학원 패션학과 석사졸업
건국대학교 일반대학원 휴먼이미지학과 박사과정
동덕여자대학교 외래교수
한국기술교육대학교 능력개발교육원 교육개발
사)한국미술협회 정책연구원 연구위원
사)한국패션비즈니스학회 정회원
사)한국심리학회 준회원
저서) 퍼스널 이미지메이킹 / 프로패셔널 이미지메이킹 외

김순하(Kim, Soon-Ha) kimsha@sewc.ac.kr

현) 숭의여자대학교 식품영양과 교수
일본 게이오대학교 상학 석사졸업
일본 게이오대학교 상학 박사수료
세종대학교 외식경영학 박사졸업
사)한국커피학회 명예회장
사)한국외식산업학회 부회장
일본 푸드서비스학회 회원
일본 호스피탈리티관광교육학회 회원
저서) 퍼스널 이미지메이킹 / 최신외식경영론 외

이지현(Lee, Ji-Hyun) dodo1750@naver.com

현) 국민대학교 컨버전스학과 외래교수
서경대학교 경영행정대학원 미용경영 석사졸업
서경대학교 일반대학원 문화예술 박사졸업
부천대학교 융합학과 외래교수
서경대학교 미용예술학과 외래교수
사)한국헤나협회 조직위원(메이크업 자문위원)
사)한국방송뷰티코디네이트 진흥원 운영위원
저서) 패션스타일리스트 문제집 / 모발과 두피관리 외

강정민(Kang, Jung-Min) kangjm2050@naver.com

현) 드림유컨설팅 대표
고려대학교 대학원 석사졸업
경희대학교 대학원 박사수료
우송정보대학 호텔관광과 겸임교수
한국영상대학교 중국항공서비스과 외래교수
대한한공 객실승무원 역임
사)관광레저학회 정회원
사)한국항공경영학회 정회원
저서) 고객서비스실무 / CS리더스 관리사 외

이미지메이킹
FIND YOUR IMAGE

지은이 오선숙, 홍성순, 김지양, 김순하, 이지현, 강정민
발행인 안민웅
발행처 도서출판 경춘사
등록번호 제1987-000013(1987. 11. 28)

인쇄 2022년 12월 10일
발행 2022년 12월 20일

서울시 마포구 마포대로 14길 31-9
경춘빌딩 101호

전화 (02)716-2502, 714-5246
팩스 (02)704-0688
www.kcpub.co.kr

값 **20,000**원

ISBN 978-89-5895-197-1 93590